"十二五"职业教育国家规划教材
经全国职业教育教材审定委员会审定
21世纪高职高专汽车系列技能型规划教材
国家级精品课程"汽车构造"配套教材

汽车构造(下册)——底盘构造(第2版)

鲍远通　罗灯明　主　编
邱全进　娄宗勇　副主编
张全逾　赵海新　参　编
　　　　王世震　主　审

北京大学出版社
PEKING UNIVERSITY PRESS

内容简介

本书主要介绍汽车传动系统、汽车行驶系统、汽车转向系统、汽车制动系统及汽车车身附属装置等内容。示例车型以轿车为主，视需要兼顾货车结构。

本书在内容上突出高等职业教育的特点，注重理论联系实际，强调汽车构造知识在职业岗位中的针对性和应用性，避免理论分析，删减已淘汰的技术，增加了新结构和新技术。

本书可作为高等职业院校、高等专科学校、成人院校、民办高校及本科院校举办的二级职业技术学院相关专业的教材，也可作为五年制高职、中职相关专业的教材，还可作为社会从业人士的业务参考书。

图书在版编目(CIP)数据

汽车构造. 下册, 底盘构造/鲍远通, 罗灯明主编. —2版. —北京：北京大学出版社, 2015.5
(21世纪高职高专汽车系列技能型规划教材)
ISBN 978-7-301-25529-2

Ⅰ. ①汽… Ⅱ. ①鲍…②罗… Ⅲ. ①汽车—构造—高等职业教育—教材②汽车—底盘—结构—高等职业教育—教材 Ⅳ. ①U463

中国版本图书馆CIP数据核字(2015)第033877号

书　　　名	汽车构造（下册）——底盘构造（第2版）
著作责任者	鲍远通　罗灯明　主编
策划编辑	刘晓东
责任编辑	黄红珍
标准书号	ISBN 978-7-301-25529-2
出版发行	北京大学出版社
地　　　址	北京市海淀区成府路205号　100871
网　　　址	http://www.pup.cn　　新浪微博：@北京大学出版社
电子信箱	pup_6@163.com
电　　　话	邮购部 62752015　发行部 62750672　编辑部 62750667
印刷者	北京虎彩文化传播有限公司
经销者	新华书店
	787毫米×1092毫米　16开本　17.75印张　408千字
	2011年1月第1版　2015年5月第2版
	2023年7月修订　2023年7月第6次印刷
定　　　价	46.00元

未经许可，不得以任何方式复制或抄袭本书之部分或全部内容。
版权所有，侵权必究
举报电话：010-62752024　电子信箱：fd@pup.pku.edu.cn
图书如有印装质量问题，请与出版部联系，电话：010-62756370

第 2 版前言

根据北京大学出版社"21世纪全国高职高专汽车系列技能型规划教材"的编写要求，以及为了融合承德石油高等专科学校国家级精品课程"汽车构造"的建设成果，我们组织编写了《汽车构造（上册）——发动机构造（第2版）》《汽车构造（下册）——底盘构造（第2版）》，旨在满足全国高等职业教育技能型紧缺人才培养工程中汽车类技能型人才培养的需要。

本书主要特色：坚持职业教育知识够用为度的原则，注重理论联系实际；保证汽车结构知识与技术的完整性，兼顾与后续课程汽车电器、汽车电控技术等相关内容的衔接；结合典型车型介绍汽车新结构和新技术的同时，注意删减淘汰技术的内容。此外，本书在修订时融入了党的二十大报告内容，突出职业素养的培养，全面贯彻党的二十大精神。

本书重点介绍汽车传动系统、行驶系统、转向系统和制动系统的分类组成、系统工作过程及主要零部件的结构和工作原理，同时还介绍了无级变速器（CVT）、汽车驱动防滑系统（ASR）、电子车身稳定装置（ESP）等新技术内容。

汽车车身附属装置属于后续课程汽车电器的重点内容，本书仅介绍其组成、功用及系统工作过程，不介绍零部件的结构原理。

汽车底盘新技术 CVT、ASR、ESP 等内容重点介绍系统的组成、功用及工作控制过程，其主要电控元件结构原理及控制电路属于后续课程汽车电控技术的相关内容，本书不做详细介绍。

本书建议授课课时安排如下。

	授 课 章 节	建议学时
汽车底盘构造	第1章 汽车底盘概述	2
	第2章 离合器	2
	第3章 变速器与分动器	4
	第4章 自动变速器	4
	第5章 万向传动装置	2
	第6章 驱动桥	4
	第7章 车架和车身	2
	第8章 车桥	2
	第9章 车轮与轮胎	2
	第10章 悬架	4
	第11章 汽车转向系统	6
	第12章 汽车制动系统	8
汽车车身附属装置	第13章 汽车车身附属装置	2
共 计		44

本书由承德石油高等专科学校鲍远通、湖南汽车工程职业学院罗灯明主编,承德石油高等专科学校邱全进、娄宗勇副主编。其中第1章、第2章、第4章、第10章由鲍远通编写;第6章、第11章由罗灯明编写;第12章由邱全进编写;第5、8、9章由娄宗勇编写;第3、7章由承德石油高等专科学校张全逾编写;第13章由承德石油高等专科学校赵海新编写。全书由鲍远通统稿。

本书由承德石油高等专科学校王世震主审,并提出了许多宝贵意见,在此表示衷心的感谢。本书编写过程中得到了常州宝尊汽车销售服务有限公司总经理杨泽光、大众汽车(中国)销售有限公司高级技术培训师祖彦的大力支持与帮助,在此一并表示感谢。

由于编者经验不足,书中难免有不妥之处,殷切期望读者给予批评指正。

编 者

目录 CONTENTS

第1章 汽车底盘概述 ·· 1
 1.1 汽车底盘的基本组成 ·· 2
 1.2 汽车的布置形式 ·· 6
 1.3 汽车的行驶原理 ·· 10
 1.4 汽车的主要尺寸和性能指标 ·· 11
 思考题 ·· 13

第2章 离合器 ·· 14
 2.1 离合器概述 ··· 15
 2.2 摩擦式离合器 ·· 17
 2.3 离合器的操纵机构 ··· 24
 思考题 ·· 27

第3章 变速器与分动器 ··· 28
 3.1 概述 ··· 29
 3.2 变速器的变速传动机构 ··· 30
 3.3 同步器 ·· 37
 3.4 变速器的操纵机构 ··· 42
 3.5 分动器 ·· 45
 思考题 ·· 48

第4章 自动变速器 ··· 49
 4.1 概述 ··· 50
 4.2 液力变矩器 ··· 53
 4.3 齿轮变速机构 ·· 56
 4.4 电控液压操纵系统 ··· 66
 4.5 电控机械无级变速器 ·· 73
 4.6 直接换挡离合器 ·· 86
 思考题 ·· 95

第5章 万向传动装置 ·· 97
 5.1 概述 ··· 98
 5.2 万向节 ·· 99
 5.3 传动轴和中间支承 ··· 106
 思考题 ·· 107

第6章 驱动桥 ·· 108
 6.1 概述 ··· 109

  6.2 主减速器 ………………………………………………………………………………… 110
  6.3 差速器 …………………………………………………………………………………… 116
  6.4 半轴与驱动桥桥壳 ……………………………………………………………………… 122
  6.5 四驱技术 ………………………………………………………………………………… 125
  思考题 ………………………………………………………………………………………… 131

第7章 车架和车身 ……………………………………………………………………………… 132
  7.1 车架 ……………………………………………………………………………………… 133
  7.2 车身 ……………………………………………………………………………………… 135
  思考题 ………………………………………………………………………………………… 142

第8章 车桥 ……………………………………………………………………………………… 143
  8.1 转向桥与支承桥 ………………………………………………………………………… 144
  8.2 转向驱动桥 ……………………………………………………………………………… 146
  8.3 转向车轮定位 …………………………………………………………………………… 148
  思考题 ………………………………………………………………………………………… 152

第9章 车轮与轮胎 ……………………………………………………………………………… 153
  9.1 车轮 ……………………………………………………………………………………… 154
  9.2 轮胎 ……………………………………………………………………………………… 158
  思考题 ………………………………………………………………………………………… 162

第10章 悬架 ……………………………………………………………………………………… 163
  10.1 概述 …………………………………………………………………………………… 164
  10.2 弹性元件 ……………………………………………………………………………… 165
  10.3 减振器 ………………………………………………………………………………… 169
  10.4 非独立悬架 …………………………………………………………………………… 174
  10.5 独立悬架 ……………………………………………………………………………… 178
  10.6 电子控制悬架系统 …………………………………………………………………… 185
  思考题 ………………………………………………………………………………………… 189

第11章 汽车转向系统 …………………………………………………………………………… 190
  11.1 概述 …………………………………………………………………………………… 191
  11.2 机械转向系统 ………………………………………………………………………… 193
  11.3 动力转向系统 ………………………………………………………………………… 201
  11.4 四轮转向系统 ………………………………………………………………………… 210
  思考题 ………………………………………………………………………………………… 216

第12章 汽车制动系统 …………………………………………………………………………… 217
  12.1 概述 …………………………………………………………………………………… 218
  12.2 制动器 ………………………………………………………………………………… 220
  12.3 制动传动装置 ………………………………………………………………………… 226
  12.4 制动力调节装置 ……………………………………………………………………… 235
  12.5 制动助力器 …………………………………………………………………………… 239
  12.6 汽车主动安全系统 …………………………………………………………………… 242
  思考题 ………………………………………………………………………………………… 257

第 13 章　汽车车身附属装置 ·· 258
　　13.1　车身外部附件 ·· 259
　　13.2　车身内饰件 ·· 264
　　思考题 ··· 270
参考文献 ··· 271

第1章 汽车底盘概述

教学提示

底盘是汽车的骨架,用来支承车身和安装所有部件。底盘分为4个部分:传动系统、行驶系统、转向系统和制动系统。本章主要介绍汽车底盘的组成、汽车的布置形式、汽车的行驶原理及汽车的主要尺寸参数和性能参数。

教学目标

掌握汽车底盘四大系统的功用及组成;重点掌握汽车的布置形式;理解汽车的行驶原理;了解汽车的主要尺寸参数和性能指标。

知 识 点	技 能 点
1. 汽车底盘四大系统的基本组成及功用 2. 汽车的5种布置形式及应用特点 3. 汽车的简单行驶原理 4. 汽车的主要尺寸和主要性能指标	能够在原车识别汽车底盘四大系统的主要部件位置,识别车辆属于FR、FF、MR、RR及4WD哪种布置形式

底盘的作用是支承、安装汽车发动机及其各部件、总成，形成汽车的整体造型，并接收发动机的动力，使汽车产生运动，保证正常行驶。底盘由传动系统、行驶系统、转向系统和制动系统4个部分组成。作为汽车的基体，发动机、车身、电气设备及各种附属设备都直接或间接地安装在底盘上。图1.1所示为一款四轮驱动轿车的基本结构示意图。

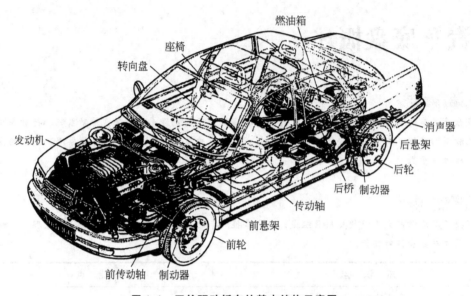

图1.1 四轮驱动轿车的基本结构示意图

1.1 汽车底盘的基本组成

1.1.1 传动系统概述

汽车传动系统的基本功用是将发动机产生的动力传给驱动轮，是发动机与驱动轮之间动力传递装置的总称。按结构和传动方式不同，传动系统的形式有机械式、液力机械式、静液式和电力式等。本书主要介绍目前汽车上普遍采用的机械式和液力机械式传动系统。传动系统必须具有动力平稳接合及迅速分离、减速和变速、倒车、左右驱动车轮差速转动等功能。传动系统主要包括离合器、变速器、万向传动装置、主减速器及差速器等部分。

1. 机械式传动系统

图1.2所示为普通双轴货车上采用的机械式传动系统。发动机纵向安置在汽车前部，后轮为驱动轮。传动系统由离合器1、变速器2、传动轴8和万向节3组成的万向传动装置及安装在驱动桥壳7中的主减速器4、差速器5和半轴6等组成。发动机产生的动力依次经离合器、变速器、万向传动装置、主减速器、差速器和半轴，最后传给驱动轮。传动系统各组成的基本功用如下所述。

（1）离合器：按需要适时地切断或接合发动机与传动系统之间的动力传递。

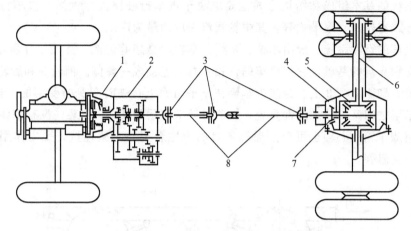

图 1.2　CA1092 型货车传动系统组成示意图

1—离合器；2—变速器；3—万向节；4—主减速器；5—差速器；6—半轴；
7—驱动桥壳；8—传动轴

（2）变速器：改变发动机输出转速的高低、转矩的大小及输出轴的旋转方向，也可以用于切断动力。

（3）万向节：将变速器输出的动力传给主减速器，并适应两者之间距离和轴线夹角的变化。

（4）主减速器：降低转速，增大转矩，改变动力的传递方向（90°）。

（5）差速器：将主减速器传来的动力分配给左右两半轴，并允许左右两半轴以不同角速度旋转，以满足左右两驱动轮在行驶过程中差速的需要。

（6）半轴：将差速器传来的动力传给驱动轮，使驱动轮获得旋转的动力。

2. 液力机械式传动系统

液力机械式传动系统的特点是组合运用液力传动和机械传动。该传动系统以液力机械变速器取代机械式传动系统中的摩擦式离合器和普通齿轮式变速器，其他组成部件及布置形式均与机械式传动系统相同。

液力机械变速器（即液力自动变速器）由液力传动装置和有级式机械变速器组成。液力传动装置有液力耦合器和液力变矩器两种。液力耦合器只能传递转矩而不能改变转矩大小，可以代替离合器的部分功用。液力变矩器除具有液力耦合器的全部功用外，还能在一定范围内实现无级变速，因此目前应用较为广泛。但是，液力变矩器传动比的变化范围还不能满足使用要求，故一般在其后面再串联一个有级式机械变速器。

1.1.2　行驶系统概述

汽车行驶系统的主要功用是：接收由传动系统传来的转矩，并通过驱动轮与路面间附着作用，产生路面对汽车的牵引力；传递并承受路面作用于车轮上的各种反力及其所形成的力矩；尽可能地缓和行驶时由于路面不平对车身造成的冲击和振动，并且与转向系统很好地配合，实现汽车行驶方向的正确控制，从而保证汽车行驶的平顺性和操纵的稳定性。

行驶系统的基本组成和结构形式主要取决于汽车行驶路面的性质。汽车行驶系统的主要结构形式有轮式、履带式等，其中轮式汽车应用最为广泛。

轮式汽车的行驶系统一般由车架、车桥、车轮和悬架等组成，如图 1.3 所示。车架 1 是全车装配和支承的基础，它将汽车的各相关总成连接成一整体。前轮 5 和后轮 4 分别安装在从动桥 6 和驱动桥 3 上。为减少车辆在不平路面上行驶时车身所受到的冲击和振动，在车桥与车架之间又安装了弹性系统——前悬架 7 和后悬架 2。在某些没有整体车桥的行驶系中，两侧车轮的心轴也可分别通过各自的弹性悬架与车架连接，受力作用时互不干扰，称为独立悬架。

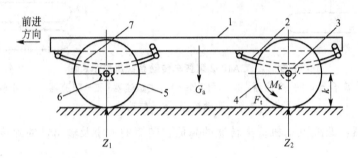

图 1.3　行驶系统的组成及部分受力示意图

1—车架；2—后悬架；3—驱动桥；4—后轮；5—前轮；6—从动桥；7—前悬架

汽车行驶系统的受力情况如图 1.3 所示，在垂直方向上，汽车总重力 G_a 通过前、后车轮传到地面，引起地面作用于前轮和后轮上的垂直反力 Z_1 和 Z_2；在水平方向上，当汽车动力通过传动系统传到驱动轮 4 上时，产生转矩 M_k，通过车轮与路面的附着作用，产生推动汽车前进的纵向反力——驱动力 F_t；在汽车制动时，同时产生一个与 M_k 相反的制动力矩，作用于车轮上便产生一个与汽车行驶方向相反的制动力，迫使汽车减速或停车。

汽车的驱动力 F_t 一部分必须用以克服驱动轮本身的滚动阻力，其余大部分则依次通过驱动桥壳、后悬架传到车架 1，用来克服作用于汽车上的空气阻力、坡道阻力和加速阻力；还有一部分驱动力由车架经过前悬架传至从动桥，作用于自由支承在从动桥两端转向节上的从动轮中心，使前轮克服滚动阻力向前滚动。只有当驱动力足以克服上述各种阻力之和时，汽车才能保持前进。

1.1.3　转向系统概述

汽车通过传动系统和行驶系统，将发动机的动力转变为汽车行驶的驱动力，使汽车产生运动。汽车在行驶中，经常需要改变行驶方向，汽车上用来改变汽车行驶方向的机构称为汽车转向系统。

汽车行驶方向的改变是由驾驶人通过操纵转向系统来改变转向轮（一般是前轮）的偏转角度实现的。转向系统不仅可以改变汽车的行驶方向，使其按驾驶人规定的方向行驶，而且还可以克服由于路面侧向干扰力使车轮自行产生的转向，恢复汽车原来的行驶方向。

汽车转向系统一般由转向操纵机构、转向器、转向传动机构3部分组成，但由于转向系统的类型不同，其结构组成又有所差异。

转向系统的类型按转向能源的不同分为机械转向系统和动力转向系统两大类。图1.4所示是轿车的机械转向系统示意图。

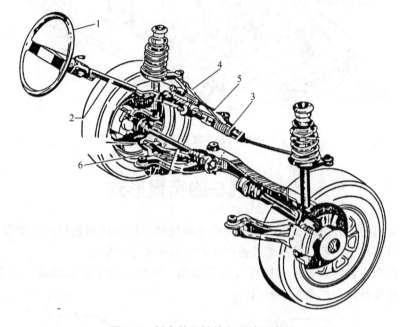

图1.4 轿车的机械转向系统示意图

1—转向盘；2—安全转向柱；3—转向器；4—转向横拉杆；5—转向减振器；6—悬架臂

1.1.4 制动系统概述

汽车制动系统的功能是使行驶中的车辆减速或停车及实现可靠驻车，制动系统是汽车装设的全部制动和减速系统的总称。汽车的制动性能是汽车的主要性能之一，重大交通事故往往与制动距离过长、紧急制动时发生侧滑等情况有关，所以汽车的制动性能是汽车安全行驶的重要保障。

给行驶中的汽车施加行驶阻力的装置称为行车制动系统，一般由驾驶人用脚控制，又称脚制动。让静止的汽车驻留原地不动的装置称为驻车制动系统，一般由驾驶人用手操纵，又称手制动。

车轮制动器对车轮施加制动力矩，通过轮胎与路面附着作用，才能产生路面对汽车的制动力，使汽车减速或停车。一旦在潮湿或冰雪路面上行驶，制动时制动力达到附着力数值时，车轮即被抱死停止转动而沿路面滑拖，导致制动距离增长，转向失去操纵，后轮产生甩尾现象和侧滑的危险。为此现代汽车制动系统中增设有制动防抱死（ABS）装置。图1.5所示为带ABS的轿车制动系统的组成示意图。

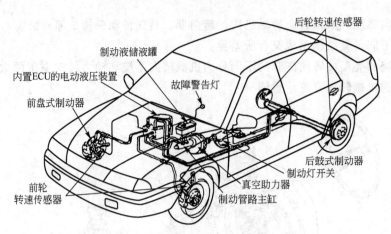

图 1.5 带 ABS 的轿车制动系统的组成示意图

1.2 汽车的布置形式

汽车发动机的动力是经过传动系统传给驱动轮的,汽车的布置形式主要反映发动机、驱动桥和车身的相互关系,对汽车的使用性能也有很重要的影响。

常见的汽车布置形式有发动机前置后轮驱动、发动机前置前轮驱动、发动机后置后轮驱动和全轮驱动等,如图 1.6 所示。

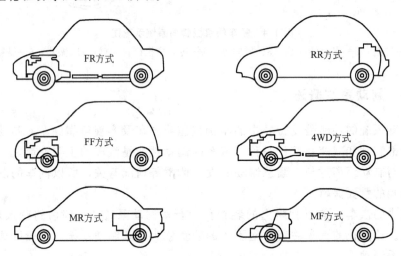

图 1.6 汽车的布置形式

汽车的驱动形式通常用汽车车轮总数×驱动车轮数来表示。普通汽车一般装 4 个车轮,其中只有两个为驱动轮,则其驱动形式为 4×2。越野汽车的全部车轮都可作为驱动轮,根据车轮总数不同,常见的驱动形式有 4×4、6×6。此外,也有用汽车车桥总数×驱动车桥数来表示汽车的驱动形式。

1. 发动机前置前轮驱动

发动机前置前轮驱动(FF 方式)将发动机、变速器和驱动桥装置置于汽车前部,如

图 1.6 所示,简称为前置前驱。其优点是发动机和动力传动系统布置紧凑,由于没有传动轴可使车身底板低而平,可减轻质量,使驾驶室内宽敞,在车身布置上这种方式十分合理。大多数轿车采用 FF 形式。

很多 FF 方式车辆是发动机横置(即发动机曲轴与车身呈横向设置),如图 1.7 所示。这样可以有效地利用发动机室内的空间,而且无须在动力传动系统的中途扭转 90°,动力传递效率高。

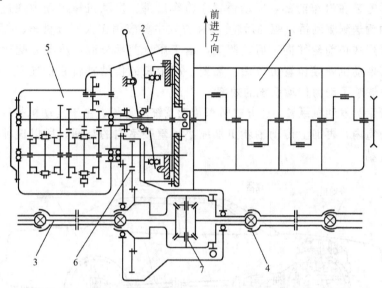

图 1.7 发动机横置 FF 方式轿车传动系统示意图

1—发动机;2—离合器;3—半轴;4—万向节;5—变速器;6—主减速器;7—差速器

由于 FF 方式车辆的重心处于前方,前轮的质量较大,故有时也将发动机纵置,如图 1.8 所示。

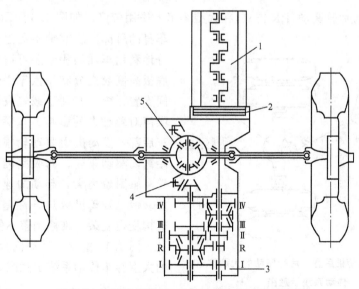

图 1.8 发动机纵置 FF 方式轿车传动系统示意图

1—发动机;2—离合器;3—4 挡变速器(1、2、3、4 挡有同步器);4—主减速器;5—差速器

FF方式也存在不足，上坡时前轮附着力减小易打滑，前轮既是转向轮又是驱动轮，使得结构复杂，前轮负担大轮胎易磨损，前轮制动力的负担也相应增大，很难实现前后轮的平衡。

2．发动机前置后轮驱动

发动机前置后轮驱动（FR方式）是一种传动的布置形式，如图1.6所示。发动机、离合器及变速器等装在汽车前部，驱动桥置于汽车后部，发动机输出动力通过离合器、变速器、传动轴输送到驱动桥，驱动后轮。FR方式主要应用于大部分货车、部分轿车和客车。这种布置形式是前轮转向、后轮驱动，由于质量前后分散，质量分配比较均匀。但是，驱动轮与发动机安装位置分开后，需要一根很长的传动轴将它们连起，这样不仅增加了车重，也影响了动力传动系统的效率。

图1.9所示为发动机纵置FR方式轿车传动系统示意图。由于发动机是纵置，所以变速器伸入驾驶室内，再加上传动轴就更加缩小了驾驶室内的空间，所以这种方式对于空间利用不太有利。

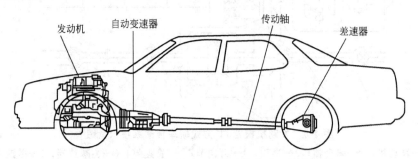

图1.9　发动机纵置FR方式轿车传动系统示意图

3．发动机后置后轮驱动

发动机后置后轮驱动（RR方式）在大型客车上采用较多，如图1.6所示。发动机装于车身的后部，使前轴不易过载，并能更充分地利用车厢面积，还可以有效降低车身底板高度或充分利用汽车中部地板下的空间安置行李，有利于减轻发动机的高温和噪声对驾驶人的影响。车辆质量集中于汽车后部，发动机距驱动轮很近，可在最短距离内驱动车轮，驾驶室内宽敞，驱动后轮车轴附着力大，起动加速时的牵引力良好。但是发动机散热条件差，远距离操纵机构变得复杂，维修调整不便。

图1.10所示为发动机后置、后轮驱动的大型客车传动系统示意图。

4．全轮驱动

全轮驱动（4WD方式）起源于以前的军

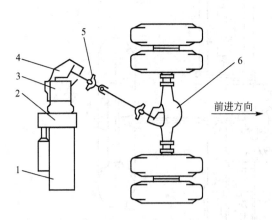

图1.10　发动机后置、后轮驱动的大型客车传动系统示意图

1—发动机；2—离合器；3—变速器；4—角传动装置；5—万向传动装置；6—驱动桥

用车。与其他方式相比，它的特点是向路面传递驱动力的能力强，善于行驶坏路，爬坡能力好。4WD方式主要用于越野车，与发动机前置、后轮驱动的4×2汽车相比较，其前桥既是转向桥也是驱动桥。

图1.11所示为4×4越野汽车传动系统示意图。为了将发动机传给变速器的动力分配给前后两驱动桥，在变速器后增设了分动器5，并相应地增设了从变速器通向分动器、从分动器通向前后两驱动桥之间的万向传动装置。由于前驱动桥又是转向桥，所以左右两根半轴均分为两段，并用万向节8相连。

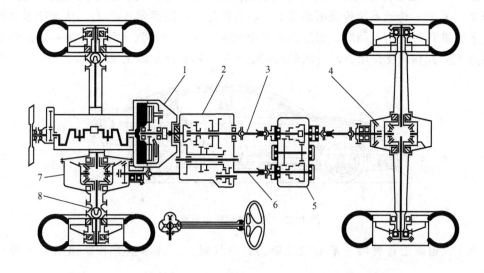

图1.11　4×4越野汽车传动系统示意图

1—离合器；2—变速器；3、6—万向传动装置；4、7—主减速器和差速器；
5—分动器；8—等角速万向节

另外还有发动机中置后轮驱动（MR方式）和发动机中置前轮驱动（MF方式），分别如图1.6所示。这两种方式在赛车上应用较多，主要是有利于实现前后较为理想的质量分配。部分大中型客车也有采用这种布置方式的，由于发动机占据了部分使用空间，因此一般轿车很少采用这种传动方式。图1.12所示为采用MR方式的赛车传动系统示意图，发动机和变速器等很重的部件集中于车身的重心部位。

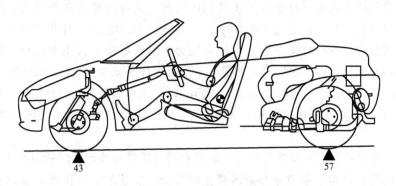

图1.12　MR方式的赛车传动系统示意图

1.3 汽车的行驶原理

1. 行驶驱动力与阻力

汽车要运动,并以一定的速度行驶,必须由外界沿汽车行驶方向施加一个驱动力,用以克服汽车行驶中所受到的各种阻力。

驱动力 F_t 是由发动机的转矩经传动系统传至驱动轮得到的。汽车发动机产生的有效转矩 T_e,经汽车传动系统传到驱动轮上,在驱动轮上作用得到转矩 T_t,从而产生对地面的一个圆周力 F_0,与此同时,引起地面对驱动轮产生一个与汽车行驶方向一致的切向反作用力 F_t,此切向反作用力即为汽车的驱动力 F_t。示意图如图 1.13 所示。

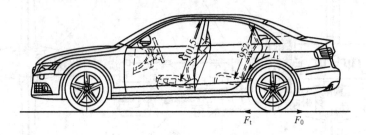

图 1.13 汽车的驱动力示意图

汽车在道路上行驶时一般有滚动阻力、空气阻力、坡道阻力和加速阻力 4 种行驶阻力。

(1) 滚动阻力 F_f:滚动阻力是当车轮在路面上滚动时,由于两者间的相互作用力和相应变形所引起的能量损失的总称。当汽车在硬路面上行驶时,车轮滚动,轮胎圆周的各个部分被不断地压缩、变形,然后又不断地恢复变形。在这个变形过程中,橡胶分子之间发生摩擦,伴随摩擦而发热,并且向大气散发,使轮胎变形所做的功不能全部回收,从而消耗了汽车的输出功率。这部分功率损失称为轮胎的弹性迟滞损失。当汽车在软路面上行驶时,其滚动阻力则来自松软路面变形和轮胎弹性变形的迟滞损失。

(2) 空气阻力 F_w:汽车是在空气介质中行驶的,汽车相对于空气运动时,空气作用力在行驶方向上的分力称为空气阻力。空气阻力分为摩擦阻力与压力阻力两部分。摩擦阻力是由于空气的黏性在车身表面产生的切向力的合力在行驶方向的分力,摩擦阻力与车身表面质量及表面有关,占空气阻力的 8%~10%。压力阻力是作用在汽车外形表面上的法向压力的合力在行驶方向的分力,压力阻力中的形状阻力占主要部分,所以车身主体形状是影响空气阻力的主要因素,改进车身流线形体是减少空气阻力的有效途径。

(3) 坡道阻力 F_i:汽车在纵向坡道上坡行驶时,汽车质量产生与地面平行的分力,其分力方向与汽车行驶方向相反,即形成汽车的上坡阻力。汽车的上坡阻力与坡度值成正比。

(4) 加速阻力 F_j:汽车加速行驶时,需要克服其质量加速运动时的惯性力,就是加速阻力。汽车的质量分为平移质量和旋转质量两部分。加速时,不仅要克服汽车平移质量在加速过程中产生的惯性力,同时还要克服旋转质量产生的惯性力偶矩。

2. 汽车的行驶方程式

汽车行驶时，必须满足驱动和附着条件，即汽车的驱动力应与阻力相平衡，由此得到汽车行驶方程式

$$F_t = F_f + F_w + F_i + F_j$$

上述各阻力中，滚动阻力和空气阻力始终作用于行驶的汽车上，坡道阻力和加速阻力仅在相应行驶条件下存在。在水平道路上等速行驶时就没有坡道阻力和加速阻力。汽车下坡时 F_i 为负值，这时汽车重力沿路面方向的分力已不是汽车的行驶阻力而是动力；汽车减速行驶时，惯性作用力是使汽车前进的力，此时 F_j 也为负值。

3. 汽车行驶的条件

为保证汽车在道路上正常行驶，必须具有克服各种行驶阻力的足够驱动力，这就是汽车的驱动条件；使汽车驱动轮与路面不产生滑动与滑移的条件，就是汽车行驶的附着条件。

汽车行驶的驱动条件：即汽车驱动力大于滚动阻力、空气阻力、上坡阻力之和时，汽车加速行驶；驱动力等于上述阻力之和时，汽车等速行驶；驱动力小于上述阻力之和时，汽车减速行驶直至停车。汽车的驱动条件可写成

$$F_t \geqslant F_f + F_w + F_i$$

汽车行驶的附着条件：通常把轮胎不滑转时，地面对车轮的最大切向反作用力的极限值，称为附着力 F_ϕ。使附着力大于或等于最大驱动力，这就是汽车行驶的附着条件。汽车行驶的附着条件可写成

$$F_t \leqslant F_\phi$$

式中：$F_\phi = F_z \phi$，ϕ 称为附着系数，它是由路面和轮胎决定的；F_z 为驱动轮法向反作用力。

1.4 汽车的主要尺寸和性能指标

1.4.1 汽车的主要尺寸参数

汽车的主要尺寸参数包括轴距、轮距、总长、总宽、总高、前悬、后悬、接近角、离去角、最小离地间隙等，如图 1.14 所示。

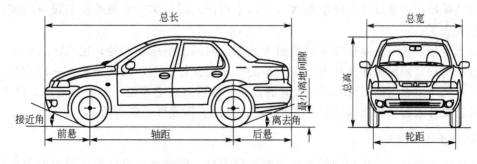

图 1.14 汽车的主要尺寸参数

轴距：前后车轴之间的距离(mm)。
轮距：前(后)轮左右两车轮的中心距离(mm)。
前悬：汽车的前端至前轮中心线的水平距离(mm)。
后悬：汽车的后端至后轮中心线的水平距离(mm)。
接近角：通过汽车最前端最低处做前轮切线与地面所成的交角(°)。
离去角：通过汽车最后端最低处做后轮切线与地面所成的交角(°)。
最小离地间隙：汽车中间区域内最低点与地面之间的距离(mm)。

1.4.2 汽车的主要性能指标

汽车的性能是指汽车能适应各种使用条件而发挥最大工作效率的能力。其主要性能有动力性、经济性、制动性、操纵稳定性、平顺性和通过性等。

1. 汽车的动力性

汽车动力性的评价指标主要有汽车的最高车速、加速时间、最大爬坡度和比功率等。

（1）汽车的最高车速是指汽车在水平的良好路面上行驶时所能达到的最高行驶速度。载货汽车的最高车速一般在110～130km/h之间；轿车的最高车速一般在180～220km/h之间，甚至更高。

（2）汽车的加速时间是指汽车原地起步，并迅速换挡达到某一车速时所需要的时间，或者汽车从某一速度迅速达到另一速度时所需要的时间。轿车从原地起步加速到100km/h，一般需要10～12s，有的甚至低于10s。

（3）汽车的最大爬坡度是指汽车在满载状态下，以最低挡在良好的路面上行驶时所能爬过的最大坡度。汽车的爬坡度常用百分数表示，普通汽车的最大爬坡度一般在25%～35%之间，越野车的最大爬坡度较大，最大可达60%。

（4）汽车的比功率(kW/kg)是指汽车发动机的最大输出功率与汽车总质量之比，它是衡量汽车动力性的综合评价指标。一般来说，汽车的比功率越大，汽车的动力性就越好。

2. 汽车的经济性

我国及欧洲各国采用的指标为单位行驶里程的燃油消耗量，即百公里耗油量(L/100km)。美国采用的指标是单位燃油消耗量的行驶里程，即公里(英里)数/升(加仑)。

汽车的燃油经济性有两种测定法：一种是在平坦道路上和一定条件下进行等速油耗试验；另一种是行驶试验法。

制造厂标出的车的油耗一般指的是该车在经济车速时最省油的百公里耗油量。其实，这样的油耗指标在平日的驾驶中是永远也达不到的，因为实际驾驶情况与设定的实验条件相差太大了。

由于等速油耗与实际行驶情况有很大差别，实际上不能全面地评定汽车的燃油经济性，现在一般都采用循环油耗来评定汽车的燃油经济性。循环油耗是指在一段指定的典型路段内汽车以设定的不同工况行驶时的油耗，起码要规定等速、加速和减速3种工况，复杂的还要计入起动和怠速停驶等多种工况，然后折算成百公里油耗。

3. 汽车的制动性

汽车的制动性一般用制动距离、制动热稳定性、制动水稳定性和制动时的方向稳定性来表示。

（1）制动距离是指汽车在良好的水平路面上以一定的初速度强烈制动时的制动距离。制动距离越短，制动效果越好。制动距离与汽车行驶速度、汽车总质量有关。

（2）制动的热稳定性是指汽车制动后制动器的温度升高，而温度升高会使制动器所产生的制动力下降，下降程度越小，热稳定性越好。当停止制动时，制动器的效能得以恢复，恢复得越快，热稳定性越好。

（3）制动的水稳定性是指在制动器受到水、油等污染物污染后，制动效能下降，消除污染后制动效能又迅速恢复。下降程度越小，恢复能力越强，水稳定性越好。

（4）制动时的方向稳定性是指汽车制动时不发生跑偏、侧滑和失去转向的能力。

4．汽车的操纵稳定性

汽车的操纵稳定性包括操纵性和稳定性。操纵性是指汽车能够确切地响应驾驶人的操纵指令的能力；稳定性是指汽车抵抗各种干扰、保持稳定（不翻车、不侧滑、不失控）的能力。

汽车的操纵稳定性与轮胎、转向系统、传动系统、悬架系统等底盘组成部分密切相关。汽车的重心高度越低，轴距越长，操纵稳定性越好。

5．汽车的平顺性

汽车的平顺性是指汽车在行驶过程中乘客所处的环境具有一定舒适性的能力，以及使货物保持完好的性能，又称乘坐舒适性。

其评价指标主要有汽车车身的固有频率、汽车振动的加速度等。通过合理设置座椅，合理设计汽车的悬架系统，提高减振效果，加长轴距、降低重心高度，合理分配汽车的轴荷，合理选用轮胎等措施，可以提高汽车的平顺性。

6．汽车的通过性

汽车的通过性是指汽车通过各种坏路、弯道或野外无路地带及坎坷不平地段和各种障碍的能力。

汽车通过性的评价指标主要有最小离地间隙、接近角、离去角、纵向通过角和横向通过半径及越过台阶、壕沟的能力等。汽车的通过性取决于汽车的总体布置及汽车的外部尺寸、轴距、轮距和车轮的尺寸等。

思考题

1. 汽车底盘由哪几部分组成？起什么作用？
2. 简述汽车传动系统的功用及基本组成。
3. 简述汽车行驶系统的功用及其基本组成。
4. 简述汽车转向系统的功用及其基本组成。
5. 简述汽车制动系统的功用及其基本组成。
6. 汽车有几种布置形式？各有什么特点？
7. 汽车行驶的驱动条件和附着条件分别是什么？
8. 汽车有哪些主要尺寸参数和主要性能指标？

第 2 章

离 合 器

教学提示

离合器是传动系中直接与发动机联系的总成。本章首先介绍离合器的功能、组成和工作原理,并在此基础上介绍周布弹簧离合器和膜片弹簧离合器的具体结构和典型特点。

教学目标

了解离合器的功能和工作原理;掌握离合器的结构和具体组成部分;重点掌握周布弹簧离合器和膜片弹簧离合器的结构特点。

知 识 点	技 能 点
1. 膜片弹簧离合器结构原理 2. 周布弹簧离合器结构原理 3. 离合器机械式和液压式操纵机构组成	1. 能够正确调整离合器自由间隙 2. 能够正确调整离合器踏板自由行程

第2章 离合器

2.1 离合器概述

离合器位于发动机与变速器之间,是汽车传动系统中直接与发动机相联系的总成,用来切断和实现发动机对传动系统的动力传递。在汽车机械式传动系统中广泛采用的是摩擦式离合器。

2.1.1 离合器的功用

离合器是汽车传动系统的重要组成部分,安装在发动机与变速器之间,其功用如下。

1. 保证汽车平稳起步

汽车由静止到行驶的过程,其速度由零逐渐增大。有了离合器,在汽车起步时离合器逐渐接合(与此同时,逐渐踩下加速踏板以增加发动机的输出转矩),这样,离合器所能传递的转矩也就逐渐增大。于是发动机的转矩便可由小变大地传给传动系,当牵引力足以克服汽车的行驶阻力时,汽车便由静止状态开始缓慢地加速,实现平稳起步。

2. 保证传动系换挡时工作平顺

汽车在行驶过程中,为了适应行驶条件的变化,变速器需要经常换用不同的挡位工作。而普通齿轮式变速器的换挡是通过拨动换挡机构来实现的,即在用挡位的一对齿轮副退出啮合,待用挡位的一对齿轮副进入啮合。换挡时,如果没有离合器将发动机与变速器之间的动力暂时切断,在用挡位齿轮副之间将因压力很大而难以脱开,待用挡位的齿轮副将因两者圆周速度不等而难以进入啮合,即使能进入啮合也会产生很大的冲击和噪声,损坏零部件。装设了离合器后,换挡前先使离合器分离,暂时切断传动系的动力传递,然后再进行换挡操作,以保证换挡操作过程的顺利进行,并减轻或消除换挡时的冲击。

3. 防止传动系统过载

当汽车紧急制动时,车轮突然紧急降速。若发动机与传动系统刚性连接,将迫使发动机也随着急剧降速,其所有运动件将产生很大的惯性力矩(其数值可能大大超过发动机正常工作时所产生的最大转矩)。这一力矩作用于传动系,会造成传动系过载而使其零部件损坏。有了离合器,当传动系承受的载荷超过离合器所能传递的最大转矩时,离合器会自动打滑以消除这一危险,从而起到过载保护的作用。

2.1.2 对离合器的要求

根据离合器的功用,它应满足下列主要要求。
(1) 具有合适的储备能力,既能保证传递发动机的最大转矩又能防止传动系过载。
(2) 接合平顺柔和,以保证汽车平稳起步。
(3) 分离迅速、彻底,便于发动机起动和变速器换挡。
(4) 具有良好的散热能力。由于离合器接合过程中,主、从动部分有相对的滑转,在使用频繁时会产生大量的热量,如不及时散出,会严重影响其使用寿命和工作的可靠性。

(5) 操纵轻便,以减轻驾驶人的疲劳。

(6) 从动部分的转动惯量应尽量小,以减小换挡时的冲击。

2.1.3 摩擦式离合器的结构组成和工作原理

1. 摩擦式离合器的组成

离合器由主动部分、从动部分、压紧装置、分离机构和操纵机构 5 部分组成,如图 2.1 所示。

离合器盖用螺钉固定在飞轮上,压盘后端圆周上的凸台伸入离合器盖的窗孔中,并可沿窗孔轴向滑动。这样,曲轴旋转,便通过飞轮、离合器盖带动压盘一起转动,构成离合器的主动部分。双面带摩擦衬片的从动盘是从动部分,从动盘通过滑动花键毂装在从动轴(变速器输入轴)上,轴前端采用轴承支承于曲轴后端的中心孔中,安装在离合器盖和压盘之间。沿圆周均布的压紧弹簧组成离合器的压紧装置,压紧弹簧将压盘和从动盘压向飞轮,使压盘与从动盘、飞轮与从动盘的两个摩擦面压紧。分离杠杆是离合器分离机构的组成零件,分离杠杆外端与压盘铰接,中部通过铰接支承在离合器盖上。分离轴承、分离套筒、分离拨叉、拉杆、离合器踏板组成离合器的操纵机构,分离轴承和分离套筒压装成一体,松套在从动轴的轴套上,分离拨叉中部支承在飞轮壳上。

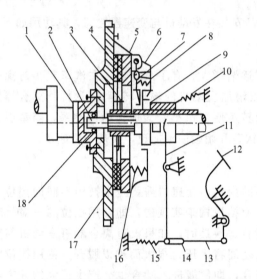

图 2.1 离合器的结构组成和工作原理示意图

1—曲轴;2—从动轴;3—从动盘;4—飞轮;
5—压盘;6—离合器盖;7—分离杠杆;8—弹簧;
9—分离轴承;10、15—复位弹簧;11—分离拨叉;
12—踏板;13—拉杆;14—调节叉;16—压紧弹簧;
17—从动盘摩擦片;18—轴承

2. 离合器的工作原理

1) 接合状态

离合器在接合状态时,压紧弹簧将压盘、从动盘、飞轮互相压紧。发动机的转矩经飞轮及压盘通过摩擦面的摩擦力矩传到从动盘,再经从动轴向传动系输出。

离合器除了在结构与尺寸上保证传递最大转矩外,设计时还考虑到离合器在使用过程中,因摩擦因数的下降、摩擦件磨损变薄和弹簧本身的疲劳致使弹力下降等因素的影响,造成离合器所能传递的最大转矩下降,因此离合器所能传递的最大转矩 M_c 应适当地高于发动机的最大转矩 M_{emax},其间的关系为

$$M_c = ZP_\Sigma \mu R_c = \beta M_{emax}$$

式中:Z——摩擦面数;

P_Σ——压盘对摩擦片的总压紧力;

μ——摩擦因数；

R_c——摩擦片的平均摩擦半径；

β——后备系数，轿车及轻型货车 $\beta=1.25\sim1.75$；中型及重型货车 $\beta=1.60\sim2.25$；带拖挂的重型货车及牵引车 $\beta=2.0\sim4.0$。

但后备系数也不宜过高，以便在紧急制动时，能通过滑磨来防止传动系统过载。

2) 分离过程

踩下离合器踏板时，拉杆拉动分离拨叉外端向右(后)移动，分离拨叉内端则通过分离轴承推动分离杠杆的内端向前移动，分离杠杆外端便拉动压盘向后移动，使其在进一步压缩压紧弹簧的同时，解除对从动盘的压力。于是离合器的主、从动部分处于分离状态而中断动力的传递。

3) 接合过程

当需要恢复动力传递时，缓慢地抬起离合器踏板，分离轴承减小对分离杠杆内端的压力，压盘便在压紧弹簧作用下逐渐压紧从动盘，并使所传递的转矩逐渐增大。当所能传递的转矩小于汽车起步阻力时，汽车不动，从动盘不转，主、从动摩擦面间完全打滑；当所能传递的转矩达到足以克服汽车开始起步的阻力时，从动盘开始旋转，汽车开始移动，但仍低于飞轮的转速，即摩擦面间仍存在着部分打滑现象。随着压力的不断增加和汽车的不断加速，主、从动部分的转速差逐渐减小，直到转速相等、滑磨现象消失、离合器完全接合为止，接合过程即结束。

由此可知，汽车平稳起步是靠离合器逐渐接合过程中滑磨程度的变化来实现的。

接合后，在复位弹簧的作用下，踏板回到最高位置，分离拨叉内端回至最右位置，分离轴承则在复位弹簧的作用下离开分离杠杆，向右紧靠在分离拨叉上。

3. 压盘的传动、导向和定心方式

压盘是离合器主动部分的重要组成零件之一，工作过程中既要接收离合器盖传来的动力，又要在分离与接合过程中轴向移动。为了将离合器盖的动力顺利传递给压盘，并保证压盘只做沿轴线方向的平动而不发生歪斜，通常压盘的传动、导向和定心方式有传动片式、凸台窗孔式、传动块式和传动销式。

2.1.4 离合器的自由间隙和离合器踏板的自由行程

离合器处于接合状态时，分离轴承与分离杠杆内端之间预留的间隙称为离合器的自由间隙。其作用是防止从动盘摩擦片磨损变薄后压盘不能向前移动而造成离合器打滑。

消除离合器的自由间隙和分离机构、操纵机构零件的弹性变形所需要的离合器踏板的行程称为离合器踏板的自由行程。可以通过改变拉杆的工作长度来调整其自由行程。

2.2 摩擦式离合器

摩擦式离合器因其结构简单、性能可靠、维修方便，目前为绝大多数汽车所采用。

摩擦式离合器的类型较多，分类如下：

(1) 按从动盘的数目可分为单片式、双片式和多片式。

（2）按压紧弹簧的形式及布置形式可分为周布螺旋弹簧式、中央弹簧式、膜片弹簧式和斜置弹簧式等。

（3）按操纵机构可分为机械式（杆式和绳式）、液压式、气压式和空气助力式等。

摩擦式离合器的种类虽多，但其组成和工作原理基本相同，都由主动部分、从动部分、压紧装置、分离机构和操纵机构5部分组成。

2.2.1 膜片弹簧离合器的构造和工作原理

膜片弹簧离合器所用的压紧弹簧是一个用薄弹簧钢板制成的带有一定锥度，中心部分开有许多均布径向槽的圆锥形弹簧片。膜片弹簧是碟形弹簧的一种，它可以看成由碟簧部分和分离指部分所组成。膜片弹簧离合器是采用膜片弹簧作为压紧元件的离合器。根据分离杠杆端受力情况分为推式和拉式两种。

1. 推式膜片弹簧离合器

图2.2为奥迪100型轿车的膜片弹簧离合器。其结构特点是压紧弹簧是用薄弹簧钢板制成的带有锥度的膜片弹簧3，它靠中心部分开有18条径向切口，末端接近外缘处加工成圆孔，形成18根弹性杠杆。支承铆钉8穿过膜片弹簧末端圆孔铆接在离合器盖1上。膜片弹簧外缘抵靠在压盘5的环形凸起上。膜片弹簧两侧有钢丝支承环2、4作为膜片弹簧的支点。转矩通过传动片6和离合器盖1传至压盘5。

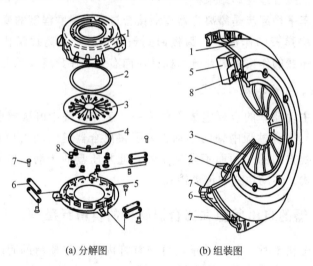

(a)分解图　　　　　(b)组装图

图2.2　奥迪100型轿车的膜片弹簧离合器

1—离合器盖；2、4—钢丝支承环；3—膜片弹簧；5—压盘；6—传动片；7—铆钉；8—支承铆钉

膜片弹簧离合器的工作原理如图2.3所示。膜片弹簧两侧有钢丝支承圈5、7，用6个铆钉8将其安装在离合器盖2上。在离合器盖未固定到飞轮1上时，膜片弹簧不受力，处于自由状态，如图2.3(a)所示，此时离合器盖2与飞轮1安装面间有一距离l。当将离合器盖用螺钉固定到飞轮上时，如图2.3(b)所示，由于离合器盖靠向飞轮，钢丝支承圈7压膜片弹簧4使之发生弹性变形（锥角变小），同时在膜片弹簧外端对压盘3产生压紧力而使离合器处于接合状态。当分离离合器时，分离轴承9左移，如图2.3(c)所示，膜片弹

簧4被压在钢丝支承圈5上,其径向截面以支承圈为支点转动(膜片弹簧呈反锥形),于是膜片弹簧外端右移,并通过分离弹簧钩6拉动压盘使离合器分离。

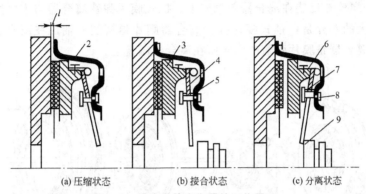

图2.3 膜片弹簧离合器的工作原理
1—飞轮;2—离合器盖;3—压盘;4—膜片弹簧;5、7—支承圈;
6—分离弹簧钩;8—铆钉;9—分离轴承

2. 拉式膜片弹簧离合器

捷达离合器是一种采用推式操纵的拉式膜片弹簧离合器。其结构特点是膜片弹簧反装(接合状态下锥顶向前),分离离合器时,须通过分离套筒将膜片中央部分向后拉。它主要由主、从动部分(图2.4和图2.5)和操纵机构组成。捷达离合器的工作原理如

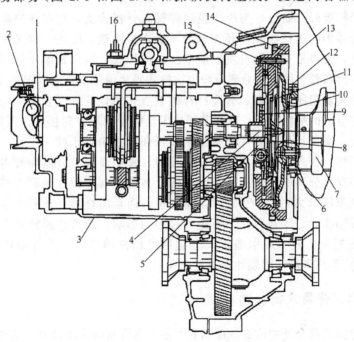

图2.4 离合器结构及工作原理示意图
1—离合器分离轴承;2—离合器分离臂;3—变速器总成;4—变速器输入轴;5—离合器分离推杆;
6—螺栓;7—发动机曲轴;8—压板;9—从动盘;10—中间板;11—卡环;12—螺栓;
13—离合器踏板;14—飞轮;15—离合器盖总成;16—倒车灯开关

图2.4所示。离合器盖总成通过6个螺栓6和中间板10固定在发动机曲轴7上。压板8通过卡环11卡在膜片弹簧上的3个定位爪上。从动盘9的花键毂与传动器输入轴4配合,飞轮14由9个螺栓6反装在离合器盖总成上。拉式膜片弹簧离合器与推式膜片弹簧离合器在结构上最大的差异是:推式膜片弹簧离合器膜片弹簧的外端压在离合器压盘上,而拉式膜片弹簧离合器是膜片弹簧的内端压在离合器压盘上。

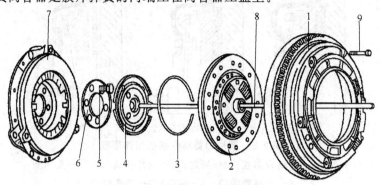

图2.5 离合器零部件分解图

1—离合器盖总成;2—离合器从动盘;3—卡环;4—压板;5—螺栓;
6—中间板;7—离合器盖总成;8—离合器分离推杆;9—螺栓

由于拉式膜片弹簧离合器支承环移到膜片弹簧外端,使其支承结构大为简化(省去了铆钉等),在提高转矩容量、分离效率以及减轻操作强度、冲击和噪声,提高寿命等方面,都比推式结构要好。而且,与推式膜片弹簧离合器相比,在同样的磨损情况下,拉式膜片弹簧离合器仍能保持与支承环接触而不会产生间隙。因此,拉式膜片弹簧离合器的应用十分广泛,且将是一种很有发展前途的结构形式。但拉式膜片弹簧离合器结构较为复杂,安装与拆卸较为困难,分离行程也比推式膜片弹簧离合器要求稍大一点。

由于膜片弹簧兼起压紧弹簧和分离杠杆的双重作用,使得离合器结构大为简化,并显著地缩短了离合器的轴向尺寸;膜片弹簧与压盘整个圆周方向接触,压紧力分布均匀,摩擦片接触良好,磨损均匀;膜片弹簧由制造保证其内端处于同一平面,不存在分离杠杆工作高度的调整;在离合器分离和接合过程中,膜片弹簧与分离弹簧钩及支承环之间为接触传力,不存在分离杠杆的运动干涉;膜片弹簧具有非线性的弹性特征,能随摩擦片的磨损自动调节压紧力,传动可靠,不易打滑,而且离合器分离时操纵轻便;膜片弹簧中心位于旋转轴线上,压紧力几乎不受离心力的影响。因膜片弹簧离合器具有上述众多优点,因此在轿车、轻型及中型货车上应用得越来越广泛。上海桑塔纳、一汽奥迪100、南京依维柯等汽车均采用膜片弹簧离合器。

2.2.2 周布弹簧式离合器

单片周布弹簧式离合器的构造如图2.6所示。离合器的主动部分、从动部分和压紧机构安装在发动机后部的离合器壳内,而操纵机构的各个部分分别位于离合器壳内部、外部和驾驶室中。

1. 主动部分

离合器盖是用低碳钢冲压成的,为了保证离合器与飞轮同心,离合器盖通过定位销

第 2 章 离 合 器

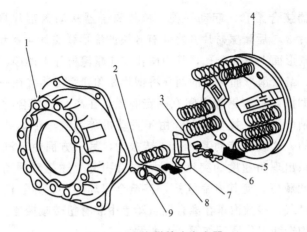

图 2.6 周布弹簧式离合器
1—离合器盖；2—压紧弹簧；3—滚子；4—压盘；5—销；6—环头螺栓；
7—分离杠杆；8—支承片；9—分离杠杆弹簧

定位，固装在飞轮上。为了散热，离合器盖的侧面制有通风口，当离合器旋转时，热空气就由此抽出，以加强通风。压盘的平面和飞轮的平面一起组成了主动件的摩擦面，该平面要平整并经磨光。压盘承受很大的机械负荷和热负荷，为防止使用中变形，常用强度和刚度都较大且耐磨性和耐热性能都比较好的高强度铸铁制成。

压盘和离合器盖之间是通过周向均布的 4 组传动片来传递扭矩的，传动片用弹簧钢片制成，每组两片，其一端用铆钉铆在离合器盖上，另一端则用螺钉与压盘相连接。在离合器分离或接合过程中，依靠弹簧片的弯曲变形，使压盘前后移动。正常工作时，离合器盖通过传动片拉动压盘旋转。

2. 从动部分

从动部分的主要部件是从动盘。从动盘的基本结构是由两片摩擦衬片 1 和 6 与从动钢片 3、从动盘毂 5 组成（图 2.7）。从动盘钢片 3 通常是用薄弹簧钢板制成，并与从动盘毂铆在一起，其上开有辐射状的槽，可防止热变形。摩擦衬片 1 和 6 应有较大的摩擦系数、良好的耐磨性和耐热性。衬片和从动钢片之间一般用铜或铝铆钉铆合，也有的用树脂粘

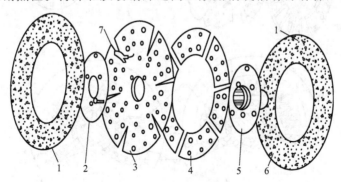

图 2.7 从动盘的组成
1—前摩擦衬片；2—压片；3—从动盘钢片；4—波浪形弹簧钢片；
5—从动盘毂；6—后摩擦衬片；7—平衡片

接的。为了使离合器接合柔和、起动平稳,单片离合器从动盘钢片具有轴向弹性结构。图 2.7 中从动盘钢片 3 与后摩擦衬片 6 之间有 6 块波浪形弹簧片 4 就起这个作用。钢片 3 辐射状切槽之间的扇形面上有 6 个孔,其中两孔与前摩擦衬片 1 铆接,弹簧片 4 有两孔与后摩擦衬片 6 铆接,最后扇形面中间的两孔将钢片 3 和弹簧 4 铆接在一起。这样,从动盘在自由状态时,后摩擦衬片与钢片之间有一定间隙。在离合器接合时,弹性变形使压紧力逐渐增加,产生轴向弹性,接合柔和。由于发动机传到汽车传动系统的转速和扭矩是周期性地不断变化的,这就使传动系产生扭转振动,另一方面由于汽车行驶在不平的道路上,使汽车传动系出现角速度的突然变化,也会引起上述扭转振动。这些都会对传动系零件造成冲击性载荷,使其寿命缩短,甚至会损坏零件。为了消除扭转振动和避免共振,防止传动系过载,多数汽车在离合器从动盘中装有扭转减振器。

扭转减振器的构造和工作原理如图 2.8 所示。

从动盘和从动盘毂 6 通过弹簧 8 弹性地连接在一起,构成减振器的缓冲机构,从动盘毂 6 夹在钢片 3 和减振器盘 9 之间,在从动盘毂 6 与钢片 3 和减振器盘 9 之间还夹有环状摩擦片 4,摩擦片 4 是减振器的阻尼耗能元件。从动盘毂 6、钢片 3 和减振器盘 9 上都有 6 个圆周均布的窗孔,减振弹簧 8 装在孔中。特种铆钉 5 将钢片 3 和减振器盘 9 铆接成一体,但铆钉中部和毂上的缺口存在一定的距离,从动盘毂可相对钢片和从动盘作一定量的转动。

如图 2.8(b)所示,当从动盘受转矩作用时,由摩擦衬片 1 和 10 传来的转矩首先传到钢片 3 和 9,再经弹簧传给毂,这时弹簧被进一步压缩,如图 2.8(c)所示。因而,由发动机曲轴传来的扭转振动所产生的冲击即被弹簧所缓和及摩擦片吸收,而不会传到变速器以后总成部件上;同样,汽车行驶于不平路面上所引起传动系统角速度的变化也不会影响发动机。

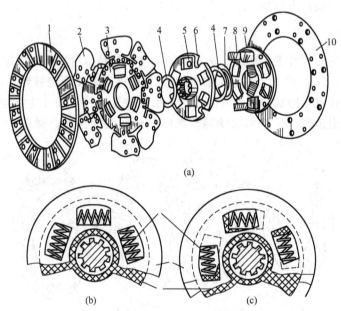

图 2.8 扭转减振器的构造及工作原理示意图

1、10—摩擦衬片;2—波浪形弹簧钢片;3—从动盘钢片;4—摩擦片;5—特种铆钉;
6—从动盘毂;7—调整垫片;8—减振器弹簧;9—减振器盘

有些汽车上采用刚度不等（圈数不同）的弹簧，并使装弹簧的窗孔长度尺寸不一，从而使弹簧起作用的时间先后不一而获得变刚度的特性，可避免传动系统的共振和降低传动系统的噪声。另外，也有采用橡胶弹性元件的。

离合器从动盘在安装时，应具有方向性，以避免连接长度不足（花键毂处）、摩擦片悬空、顶分离轴承等现象。

3. 压紧装置

周布弹簧式离合器的压紧装置由若干根螺旋弹簧组成，螺旋弹簧沿压盘周向对称布置，装在压盘与离合器盖之间。

为了减小压盘向弹簧传热，引起退火及弹力降低，在压盘的弹簧座处做成凸起的十字形筋条，以减小接触面积，或加隔热垫。

4. 分离机构

（1）分离叉。分离叉与其转轴制成一体，轴的两端靠衬套支承在离合器壳上。

（2）分离杠杆。分离杠杆用薄钢板冲压制成，采用了支点移动、重点摆动的综合式防干涉机构，如图 2.9 所示，支承柱前端松插入压盘相应的孔中。分离杠杆的中部通过浮动销支承在方孔的平面 A 上，并用扭簧使它们靠紧。凹字形的摆动支承片用刀口支承于分离杠杆外端和压盘凸块之间。这样就可利用浮动销在平面 A 上的滚动和摆动支承片的摆动来消除运动干涉。这种方式结构简单，且分离杠杆的高度是通过螺母来调整支点高度的。

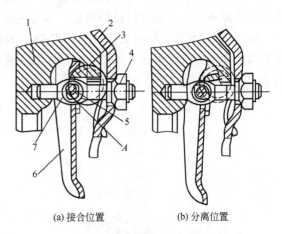

(a) 接合位置　　(b) 分离位置

图 2.9　综合式防干涉分离杠杆及其工作情况

1—压盘；2—盖；3—摆动支承片；4—调整螺母；
5—浮动销；6—分离杠杆；7—支承柱

5. 分离轴承

分离杠杆是随离合器主动部分一起绕其中心转动的，而分离套筒则沿其轴线移动，因此二者之间装有分离轴承。分离轴承广泛采用轴向或径向推力轴承，其多为润滑脂在轴承装配之前一次加足的封闭式，即预润滑轴承。

在小尺寸的离合器上也采用结构简单的石墨滑动轴承，为降低滑动接触面的单位压力，减小磨损，在分离杠杆内端用卡簧浮动地安装一个与之一起转动的分离环，利用其环形平面与分离轴承接触传动。

分离杠杆与分离轴承间有周向滑动，也有径向滑动，当二者在旋转中不同心时，径向滑动加剧。为了消除因不同心引起的磨损，在膜片弹簧式离合器中广泛采用自动调心式分离轴承。

6. 离合器壳

离合器在发动机与变速器之间，用离合器壳（也称飞轮壳）连接起来。大多数离合器壳是单独用铸铁或铝合金制成的。前端面与气缸体的后端面间用定位套（销）定位，并用螺栓紧固。变速器用螺栓紧固于离合器壳后端面,并用变速器第一轴(即离合器从动轴)的轴承盖凸缘与离合器壳后孔定心。为了保证变速器第一轴与曲轴的同轴度,离合器壳安装在气缸体上,其后端应与曲轴轴线垂直,其后孔应与曲轴轴线同轴。

2.3 离合器的操纵机构

目前汽车离合器广泛采用机械式或液压式操纵机构,在一些重型汽车上,则采用了以这两种操纵机构为基础的油压和气压混合式操纵机构。

2.3.1 机械式操纵机构

机械式操纵机构有杆式传动和绳索式传动两种。图2.1所示是最简单的杆式传动操纵机构,它由踏板、拉杆、调节叉及踏板复位弹簧等组成。拉杆调节叉用螺纹与拉杆连接,从而可通过调节叉来调节拉杆的长度,以实现踏板自由行程的调整。

如图2.10所示,绳索式传动操纵机构可消除位移和变形等缺点,而且可在一些杆式传动布置比较困难的情况下采用,多用于微、轻型汽车。

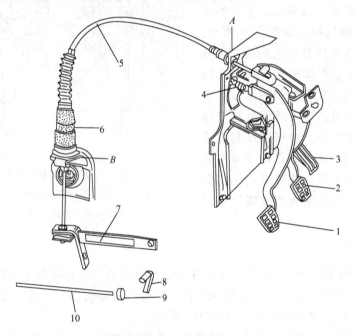

图2.10 捷达轿车离合器绳索式操纵机构示意图
1—离合器踏板;2—制动踏板;3—加速踏板;4—助力弹簧;5—绳索总成;6—绳索自动调节装置;
7—离合器操纵臂;8—离合器分离臂;9—分离轴承;10—分离推杆;
A、B—与车身的安装面

2.3.2 液压式操纵机构

液压式操纵机构以油液作为传力介质,主要由离合器主缸、工作缸以及管路系统组成。由于液压式操纵机构摩擦阻力小、质量小、布置方便,接合柔和,并不受车架或车身变形的影响,故应用日益广泛。

离合器液压式操纵机构如图 2.11 所示,它一般由离合器踏板 8、储液罐 4、进油软管 5、主缸 10、工作缸 3、油管总成 9、分离叉 2、分离轴承 11 等组成。储液罐有两个出油孔,用来把制动液分别供给制动总泵和离合器液压操纵系统。

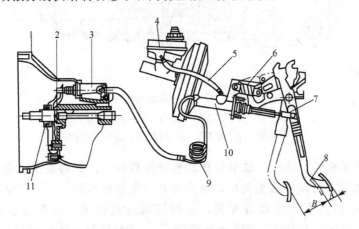

图 2.11 离合器液压操纵机构

1—变速箱壳体;2—分离叉;3—工作缸;4—储液罐;5—进油软管;6—回位弹簧;
7—推杆接头;8—离合器踏板;9—油管总成;10—主缸;
11—分离轴承;A—踏板自由行程;B—踏板有效行程

离合器主缸构造如图 2.12 所示。主缸体借补偿孔 A、进油孔 B 通过进油软管与储液罐相通。主缸体内装有活塞,活塞中部较细且为"十"字形断面,使活塞右方的主缸内腔形成油室。活塞两端装有皮碗。活塞左端中部装有止回阀,经小孔与活塞右方主缸内腔的油室相通。当离合器踏板处于初始位置时,活塞左端皮碗位于补偿孔 A 与进油孔 B 之间,两孔均开放。

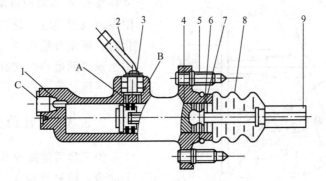

图 2.12 离合器主缸构造

1—壳体;2—管接头;3—皮碗;4—阀芯;5—固定螺栓;
6—卡簧;7—挡圈;8—护套;9—推杆;
A—补偿孔;B—进油孔;C—出油口

工作缸构造如图 2.13 所示。缸内装有活塞、皮碗、推杆等,缸体上还设有放气螺塞。当管路内有空气存在而影响离合器操纵时,可拧松放气螺塞放气。

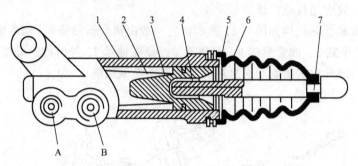

图 2.13 工作缸的构造

1—壳体；2—活塞；3—管接头；4—皮碗；5—挡圈；
6—护套；7—推杆；A—放气孔；B—进油孔

踩下离合器踏板时，通过主缸推杆使活塞向左移动，止回阀关闭。当皮碗将补偿孔 A（图 2.12）关闭后，管路中油液受压，压力升高。在油压作用下，工作缸活塞被推向右移，工作缸推杆顶头直接推动分离板，从而带动分离轴承，使离合器分离。桑塔纳 2000GSi 型汽车离合器工作缸活塞直径为 22.2mm，主缸活塞直径为 19.05mm。由于前者略大于后者，故液压系统稍有增力作用，以补偿液流通道的压力损失。

通过调节主缸推杆接头 7（图 2.11）在踏板臂上的连接位置，可以调节推杆 9（图 2.12）在缸内的位置即关闭补偿孔 A 的时刻，从而调整了踏板的自由行程。

当迅速放松离合器踏板时，踏板回位弹簧通过主缸推杆使主缸活塞较快右移，由于油液在管路中流动有一定阻力，流动较慢，使活塞左面可能形成一定的真空度。在左右压力差的作用下，少量油液通过进油孔经过主缸活塞的止回阀流到左面弥补真空。在原先已由主缸压到工作缸去的油液又重新流回到主缸时，由于已有少量补偿油液经止回阀流入，故总油量过多。这多余的油液即从补偿孔 A 流回储液罐。当液压系统中因漏油或因温度变化引起油液的容积变化时，则借补偿孔 A 适时地使整个油路中油量得到适当的增减，以保证正常油压和液压系统工作的可靠性。

2.3.3 弹簧助力式操纵机构

为了尽可能减小作用于离合器踏板上的力，减轻驾驶人的劳动强度，在离合器的操纵机构中采用了弹簧助力式操纵机构。

如图 2.14 所示，助力弹簧的两端分别挂在固定于支架和三角板上的两支承销上，三角板可以绕其销轴转动，当离合器踏板完全放松、离合器处于接合

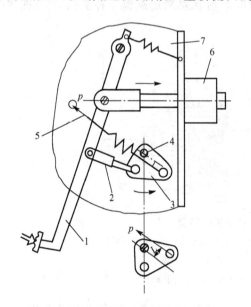

图 2.14 离合器弹簧助力式操纵机构

1—离合器踏板；2—长度可调推杆；3—可转三角板；
4—销轴；5—助力弹簧；6—主缸；7—支架板

位置时，助力弹簧的轴线位于三角板销轴的下方。

当踩下踏板时，通过可调推杆推动三角板绕其销轴逆时针转动。这时，助力弹簧的拉力对销轴的力矩实际上是阻碍踏板和三角板运动的反力矩，该反力矩随着离合器踏板下移而减小，当三角板转到使弹簧轴线通过销轴中心时，弹簧反力矩为零。踏板继续下移到使助力弹簧的拉力对三角板轴销的力矩方向转为与踏板力对踏板轴的力矩方向一致时，就能起到助力作用。在踏板处于最低位置时，这一助力作用最大。

助力弹簧的助力作用由负变正的过程是允许的，因为在踏板的前一段行程中，要消除自由间隙，离合器压紧弹簧的压缩力还不大，总的阻力也在允许范围内，在踏板后段行程中，压紧弹簧的压缩量和相应的作用力继续增大到最大值。在离合器彻底分离以后，为了变速器换挡或制动，往往需要将踏板在最低位置保持一段时间，由此导致驾驶人疲劳，因而最需要助力的作用。

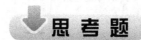

1. 汽车传动系中为什么要装离合器？摩擦式离合器分为哪些类型？
2. 简述离合器的基本组成和工作原理。
3. 什么是离合器踏板的自由行程？为什么要有自由行程？
4. 压盘的传动方式有哪些结构形式？各有什么特点？
5. 膜片弹簧离合器有什么特点？
6. 简述带扭转减振器的从动盘的构造和工作情况。
7. 离合器的操纵机构有哪些类型？各有什么特点？

第 3 章

变速器与分动器

📖 **教学提示**

变速器是汽车传动系统中最主要的部件之一，分动器用于多轴驱动的汽车。本章重点介绍两轴和三轴变速器的结构特点和工作原理，并对同步器进行详细介绍。

教学目标

了解变速器和分动器的功用；掌握两轴和三轴变速器的组成和工作原理；理解同步器的工作原理；掌握锁环式同步器的结构和工作过程。

知 识 点	技 能 点
1. 三轴式变速器结构组成和各挡动力传递路线及传动比 2. 二轴式变速器结构组成和各挡动力传递路线及传动比 3. 锁环式惯性同步器的构造和工作过程 4. 锁销式惯性同步器的构造和工作过程 5. 变速器操纵机构及安全装置构造原理 6. 分动器类型及结构原理	1. 按照工艺流程拆装手动变速器的基本技能 2. 正确操纵手动变速器的技能

3.1 概　　述

1. 变速器的功用

汽车上广泛使用的往复活塞式发动机，其输出的转矩和转速变化范围很小，而汽车在行驶时所遇到的复杂的道路条件和使用条件要求汽车的驱动力和车速能在相当大的范围内变化。为此，在汽车的传动系统中设置了变速器。变速器的主要功用如下。

（1）在较大的范围内改变汽车的行驶速度和汽车驱动轮上转矩的数值。

（2）在发动机旋转方向不变的前提下，利用倒挡实现汽车倒向行驶。

（3）在发动机不熄火的情况下，利用空挡中断动力传递，可以使驾驶人松开离合器踏板离开驾驶位置，而且便于汽车起动、怠速、换挡和动力输出。

2. 变速器的分类

按传动比变化方式的不同，变速器可分为有级式变速器、无级式变速器和综合式变速器 3 种。

（1）有级式变速器。有级式变速器应用最为广泛，传动方式采用齿轮传动(包括普通齿轮传动和行星齿轮传动)。它具有若干个数值一定的传动比，传动比的变化呈阶梯式或跳跃式。目前，轿车和轻、中型载货汽车装用的有级式变速器多为 3~6 个前进挡和 1 个倒挡。

（2）无级式变速器。无级式变速器常用的有电力式和液力式两种，传动部件分别为直流串励电动机和液力变矩器。它的传动比在一定数值范围内可以连续多级变化。

（3）综合式变速器。综合式变速器是由液力变矩器和齿轮式有级变速器组成的液力机械式变速器，其传动比可以在最大值和最小值之间的几个间断的范围内做无级变化。

按操纵方式不同，变速器还可分为强制操纵式变速器、自动操纵式变速器和半自动操纵式变速器 3 种类型。

在多轴驱动的汽车上，还配有分动器，通过分动器可以将动力分别传到不同的驱动轴上。

3. 普通齿轮变速器的基本工作原理

普通齿轮变速器又称定轴式变速器，它由一个外壳、固定的几根轴和若干齿轮组成，可实现变速、变扭和改变旋转方向。

（1）变速原理。一对齿数不同的齿轮啮合传动时，若小齿轮为主动齿轮，带动大齿轮转动，转速就降低了；若大齿轮驱动小齿轮，转速升高。这就是齿轮传动的变速原理。汽车变速器就是根据这一原理利用若干大小不同的齿轮副传动来实现变速的。

如图 3.1 所示，发动机的转矩经输入轴Ⅰ输入，经两对齿轮传动，由输出轴Ⅱ输出，其中第一对齿轮，1 为主动轮，2 为从动轮；第二对齿轮，3 为主动轮，4 为从动轮。

由于 $i = n_{in}/n_{out}$，而 $P \propto T_{tq}n$，降速则转矩增大，增速则转矩减小。汽车变速器就是利用这一原理通过改变速比来适应汽车行驶阻力变化的需要。

（2）换挡原理。若将图 3.1 中齿轮 3 与 4 脱开，再将齿轮 6 与 5 啮合，传动比变化，输出轴Ⅱ的转速、转矩也发生变化，即挡位改变。当齿轮 4、6 都不与中间轴上的齿轮 3、

5啮合时，动力不能传到输出轴，这就是变速器的空挡。

(3) 变向原理。齿轮传动的变向关系如图3.2所示。相啮合的一对齿轮旋转方向相反，每经一传动副，其轴改变一次转向。图3.2(a)所示的两对齿轮传动(1和2、3和4)，其输出轴与输入轴的转向相同，这是普通三轴式变速器前进挡的传动情况。图3.2(b)所示的齿轮4装在中间轴与输出轴之间的倒挡轴上，三对传动副(1和2、3和4、4和5)传递动力，输出轴与输入轴的转向相反，这是三轴式变速器倒挡的传动情况。齿轮4称为倒挡轮或惰轮。

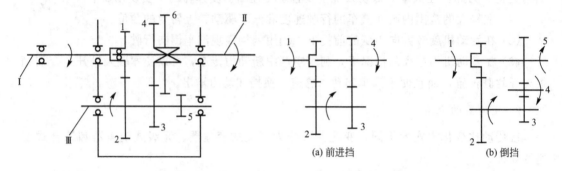

图3.1 两极齿轮传动简图
Ⅰ—输入轴；Ⅱ—输出轴；Ⅲ—中间轴；
1、3、5—主动齿轮；2、4、6—从动齿轮

图3.2 齿轮传动的变向关系
1、3—主动齿轮；2、5—从动齿轮；
4—倒挡齿轮

3.2 变速器的变速传动机构

变速器包括变速传动机构和操纵机构两部分。按变速器的轴数分，有三轴式变速器和两轴式变速器。

3.2.1 三轴式变速器

图3.3所示为解放CA1092型汽车的六挡变速器传动示意图，它是一种典型的三轴式变速器。图3.4为其实际结构图。变速器的三根主要轴分别为第一轴1、第二轴26和中间轴30。第一轴1为变速器的输入轴，其前端的花键部分安装离合器的从动盘，借此与发动机曲轴相连，以接收发动机的动力。第一轴后端的齿轮2与轴制成一体，与中间轴上的齿轮38组成常啮合齿轮副，构成变速器各挡(直接挡除外)的第一级齿轮传动。第一轴最前端轴颈由滚柱轴承支承在曲轴后端的轴承孔内；后端轴颈则由滚柱轴承支承在变速器壳前壁的轴承孔内，轴承外圈装有弹性挡圈，可挡住轴承不能向壳体内移动，并且靠轴承盖46压住轴承外圈端面，使之不能向外移动，从而保证第一轴的轴向定位。中间轴30的两端均由滚柱轴承支承在壳体上，齿轮37、38通过半圆键固定在中间轴上，齿轮29、33、34、35和36与中间轴制成一体。除齿轮38之外，中间轴上的其他齿轮都作为主动轮分别与第二轴上相应的齿轮相互啮合，构成变速器各挡的第二级齿轮传动。第二轴26为变速器的输出轴，其后端通过凸缘43与万向传动装置相连，将动力输出。其前端轴颈用滚针轴承支承在第一轴后端轴承孔内，后端轴颈则由滚柱轴承支承在壳体后壁的

轴承孔内。后端轴承外圈也装有弹性挡圈，对第二轴进行轴向定位。第二轴上的各挡齿轮与中间轴相应的各挡齿轮均为常啮合齿轮副，所以第二轴上的齿轮都通过衬套或滚针轴承空套在轴上。

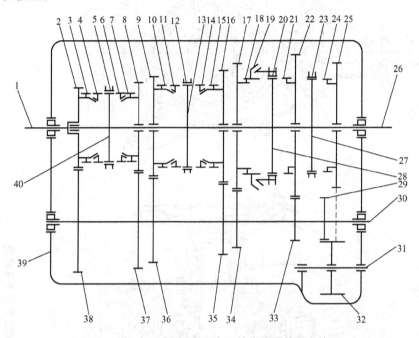

图 3.3 解放 CA1092 型汽车 6 挡变速器传动示意图

1—第一轴；2—第一轴常啮合传动齿轮；3—第一轴接合齿圈；4—6 挡同步器锁环；5、12、20、23—接合套；6—5 挡同步器锁环；7—5 挡齿轮接合套齿圈；8—第二轴 5 挡齿轮；9—第二轴 4 挡齿轮；10—4 挡齿轮接合齿圈；11—4 挡同步器锁环；13、27、28、40—花键毂；14—3 挡同步器锁环；15—3 挡齿轮接合齿圈；16—第二轴 3 挡齿轮；17—第二轴 2 挡齿轮；18—2 挡齿轮接合齿圈；19—2 挡同步器锁环；21—1 挡齿轮接合齿圈；22—第二轴 1 挡齿轮；24—倒挡齿轮接合齿圈；25—第二轴倒挡齿轮；26—第二轴；29—中间轴倒挡齿轮；30—中间轴；31—倒挡轴；32—倒挡中间齿轮；33—中间轴 1 挡齿轮；34—中间轴 2 挡齿轮；35—中间轴 3 挡齿轮；36—中间轴 4 挡齿轮；37—中间轴 5 挡齿轮；38—中间轴常啮合传动齿轮；39—变速器壳体

为了使这些齿轮在挂挡后与第二轴连接起来传递动力，在各齿轮的一侧均制有接合齿圈，并在第二轴上相应地装有花键毂和接合套或同步器等换挡装置。

除了上述 3 根主要轴外，在中间轴的一侧还装有一根较短的倒挡轴 31。它是固定式轴，其轴端与壳体上的轴承孔为过盈配合以防止漏油，轴外端还用锁片固定在壳体上，防止其转动和轴向移动。倒挡中间齿轮 32 通过滚针轴承空套在倒挡轴上，它同时与第二轴上的倒挡齿轮 25 及中间轴上的倒挡齿轮 29 常啮合。它作为惰轮置于齿轮 25 与齿轮 29 之间，可使第二轴旋转方向与第一轴旋转方向相反，即可以实现倒向行驶。

这种变速器的最高挡为直接挡，即其最小传动比为 1。另外，有些汽车变速器的最小传动比小于 1，即在直接挡之后还设有超速挡。超速挡式变速器适用于经常在良好路面上轻载行驶的车辆，可以提高汽车的行驶速度，从而提高汽车运行的经济性。

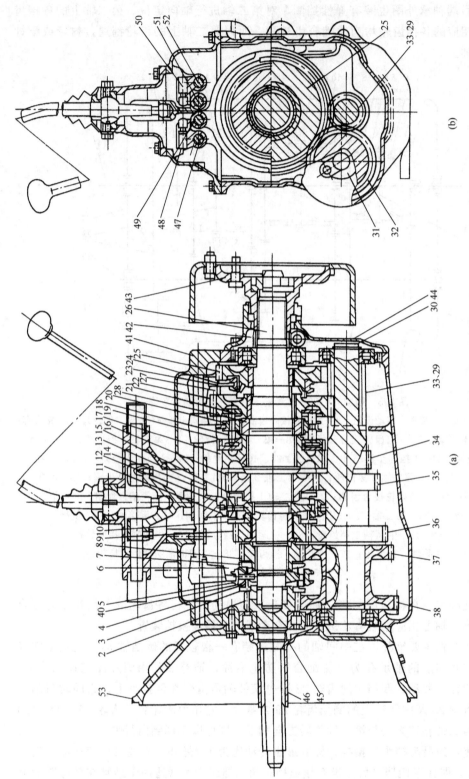

图 3.4 解放 CA1092 型汽车变速器

图注 1~40 同图 3.3；41—变速器盖；42—车速表驱动蜗杆；43—第二轴凸缘；44—变速器后盖；45—第二轴油封；46—第二轴轴承盖；47—倒挡拨叉轴；48—倒挡锁销；49—1、2挡拨叉轴；50—5、6挡油封；51—3、4挡拨叉轴；52—5、6挡拨叉轴；53—离合器壳

第3章 变速器与分动器

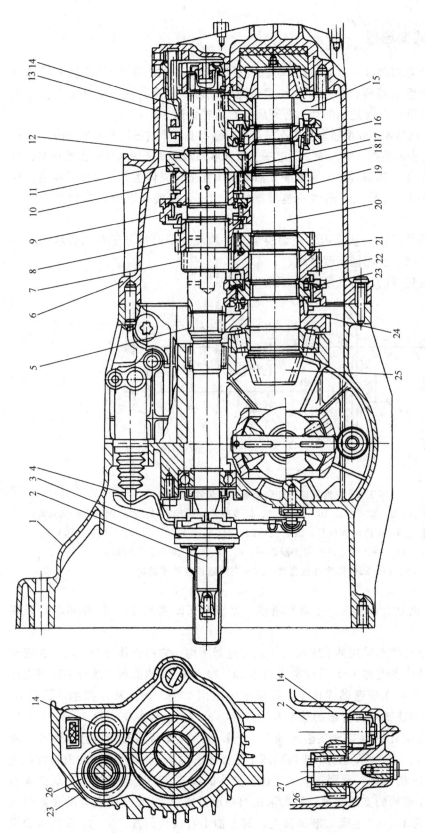

图 3.5 一汽奥迪 100 型轿车变速器

1—变速器前壳；2—输入轴；3—分离轴承；4—分离杠杆；5—输入轴1挡齿轮；6—变速器后壳；7—输入轴2挡齿轮；8—输入轴3挡齿轮；9、16、23—接合套；10—输入轴倒挡齿轮；11、18—隔离套；12—输入轴5挡齿轮；13—集油器；14—输入轴4挡齿轮；15—输出轴倒挡齿轮；17—输出轴5挡齿轮；19—输出轴4挡齿轮；20—输出轴；21—输出轴3挡齿轮；22—输出轴2挡齿轮；24—输出轴1挡齿轮；25—主减速器主动锥齿轮；26—倒挡中间齿轮；27—倒挡中间轴

3.2.2 两轴式变速器

在发动机前置前轮驱动(FF方式)或发动机后置后轮驱动(RR方式)的中级和普通型轿车上,由于总体布置的需要,采用了两轴式变速器。这种变速器的特点是输入轴与输出轴平行,且无中间轴,各前进挡的动力分别经一对齿轮传递。

图3.5所示是一汽奥迪100型轿车变速器,该变速器具有5个前进挡和1个倒挡,所有挡均用锁环式惯性同步器换挡。输入轴2通过一个球轴承和两个滚子轴承3点支承在前、后壳体1和6上。输出轴20则通过两个圆锥滚子轴承支承在上述壳体上。离合器从动盘将动力传给变速器输入轴2,驾驶人可通过变速器操纵机构、各挡接合套及同步器挂上所需各挡。

该变速器各个挡位的主、从动齿轮均为斜齿圆柱齿轮,平时均处于常啮合状态。在各个挡位接合或脱开时,全用同步器操纵。

一汽奥迪100变速器动力传动示意图如图3.6所示。

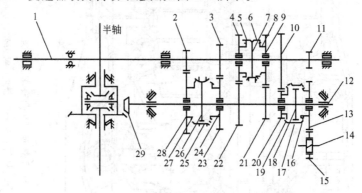

图3.6 一汽奥迪100变速器动力传动示意图
1—输入轴;12—输出轴;2、3、4、9、10—1、2、3、4、5挡主动齿轮;11、13—倒挡主、从动齿轮;
14—倒挡齿轮轴;15—倒挡中间齿轮;28、23、22、21、20—1、2、3、4、5挡从动齿轮;
5、8、16、19、24、27—同步器锁环;7、18、26—同步器花键毂;
6、17、25—同步器接合套;29—主减速器主动锥齿轮

红旗CA7220、捷达、高尔夫、上海桑塔纳、富康及天津夏利TJ7100型轿车均采用二轴式变速器。

图3.7所示为捷达轿车采用的02KA型5挡变速器结构。它的壳体分为3段,在变速器壳体5的前面有离合器壳体11,后面有后壳体28。输入轴13的前后两端分别利用滚针轴承12和球轴承2支承在变速器壳体上,在轴上加工出2挡、倒挡和1挡主动齿轮8、9、10,轴前部加工出花键与离合器的从动盘毂连接。3、4、5挡主动齿轮7、3、1上加工出接合齿圈,通过滚针轴承空套在输入轴上。滚针轴承的保持架有切口且有弹性,便于装配。输出轴24由3个轴承支承,前端的两个圆锥滚子轴承14、15大端向内布置在主减速器主小齿轮16的两侧,分别支承在变速器壳体的前部和离合器壳体上,承受着轴向力并提高了主动小齿轮的支承刚度,后端采用圆柱滚子轴承27支承在变速器壳体的后部。1、2挡从动齿轮18、20空套在输出轴上,其上加工有接合齿圈,3、4、5挡从动齿

轮 21、23、25 通过花键和轴用挡圈与输出轴固定在一起，而输出轴上的倒挡从动齿轮 19 与 1、2 挡的接合套做成一体，节省了轴向空间。接合套 4、29 及倒挡齿轮 19 分别套在各自花键毂的外面。花键毂（图 3.7 中未示出）以其内花键与轴上的外花键紧配合，并且不能做轴向移动（用卡环限位），其外圆表面上均制有与其相邻齿轮的接合齿圈齿形完全相同的外花键，分别与相应的具有内花键的接合套相接合。接合套可在花键毂上轴向滑动。

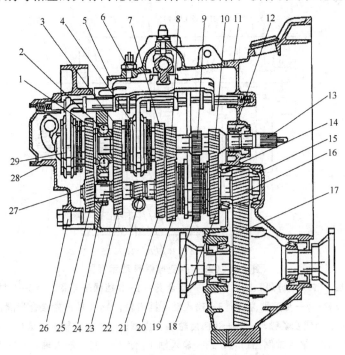

图 3.7　捷达轿车 02KA 型变速器结构

1—输入轴 5 挡齿轮；2、12、14、15、27—轴承；3—输入轴 4 挡齿轮；4、29—接合套；5—变速器壳体；6—通气塞；7—输入轴 3 挡齿轮；8—输入轴 2 挡齿轮；9—输入轴倒挡齿轮；10—输入轴 1 挡齿轮；11—离合器壳体；13—输入轴；16—主减速器主动齿轮；17—主减速器从动齿轮；18—输出轴 1 挡齿轮；19—输出轴倒挡齿轮；20—输出轴 2 挡齿轮；21—输出轴 3 挡齿轮；22—车速里程表传动齿轮；23—输出轴 4 挡齿轮；24—输出轴；25—输出轴 5 挡齿轮；26—放油塞；28—后壳体

为实现汽车的倒退行驶，在输入轴的一侧还设置了一根较短的倒挡轴（图 3.7 中不可见）。倒挡轴的两端支承在变速器壳体上，在支承位置处加工有一个径向小孔，从壳体底部拧入一个螺钉使头部卡在小孔上，防止其转动和轴向移动。倒挡中间齿轮空套在该轴上，可轴向滑动，空挡时与输入轴和输出轴的倒挡齿轮不在同一平面上。

为了减少摩擦引起的零件磨损及功率损耗，须在壳体内注入润滑油。该结构采用了飞溅润滑方式润滑各齿轮副、轴与轴承等零件的工作表面，因此，后壳体上开有加油口，壳体底部有放油塞 26。油面高度即由加油口位置控制，一般应超出输出轴的中心线。工作时齿轮转动将润滑油甩起来，使变速器内部充满油雾和油滴，实现对各工作表面的润滑。为防止润滑油从输入轴与轴承盖之间的间隙流入离合器而影响其摩擦性能，在轴承盖内安装了油封总成，轴承盖内孔中有回油槽，可以防止漏油。为防止变速器工作时由于油温升高，气压增大而造成润滑油渗漏现象，在变速器壳体上面装有通气塞6。

图3.8所示为捷达轿车02KA型变速器的传动示意图。空挡情况下，当输入轴19旋转时，固定在轴上的齿轮16、17、18及常啮合齿轮32、22一起转动。由于各挡位的传动齿轮中总有一个是空套在轴上的，因此输出轴21不能被驱动。要想输出动力，必须利用换挡机构挂上相应的挡位。

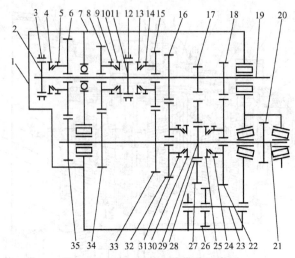

图3.8　02KA型变速器传动示意图

1—后壳体；2、11、29—花键毂；3、12、28—接合套；4—5挡同步器锁环；5—5挡齿轮接合齿圈；6—输入轴5挡齿轮；7—变速器壳体；8—输入轴4挡齿轮；9—4挡齿轮接合齿圈；10—4挡同步器锁环；13—3挡同步器锁环；14—3挡齿轮接合齿圈；15—输入轴3挡齿轮；16—输入轴2挡齿轮；17—输入轴倒挡齿轮；18—输入轴1挡齿轮；19—输入轴；20—主减速器主动齿轮；21—输出轴；22—输出轴1挡齿轮；23—倒挡轴；24—1挡齿轮接合齿圈；25—1挡同步器锁环；26—倒挡中间齿轮；27—输出轴倒挡齿轮；30—2挡同步器锁环；31—2挡齿轮接合齿圈；32—输出轴2挡齿轮；33—输出轴3挡齿轮；34—输出轴4挡齿轮轴；35—输出轴5挡齿轮

变速器常用的换挡方式有直齿滑动齿轮换挡、接合套换挡和同步器换挡。直齿滑动齿轮换挡方式的结构简单，但换挡时相互接合的齿轮之间由于速度不同将产生很大的冲击，容易破坏齿轮，一般只用于倒挡。接合套换挡方式是利用接合套的内花键与齿轮接合齿圈相接合实现挂挡的，减少了冲击，并可将输入轴和输出轴上相啮合的传动齿轮制成常啮合的斜齿轮，从而减小变速器工作时的噪声。同步器是一种加装了一套同步装置的接合套换挡机构，其同步装置可使变速器在汽车行进中换挡时不发生齿间冲击，其结构和工作原理将在后面的内容中阐述。在图3.8所示的变速器中，除倒挡采用直齿滑动齿轮换挡外，其余各挡均采用同步器换挡。常啮合斜齿轮副的主动齿轮都是右旋，从动齿轮都是左旋。

欲挂上1挡，可操纵变速杆，通过操纵机构使拨叉推动接合套28右移，使其内花键的右半部分穿过1挡同步器锁环25的花键齿圈与输出轴1挡齿轮22的接合齿圈24接合，而其左半部分仍然与花键毂相接合，这样动力便可从输入轴依次经齿轮18、22，接合齿圈24，接合套28及花键毂29，传给输出轴21输出。1挡传动比为3.45。1挡指的是传动比最大的前进挡,以下类推。

欲脱开1挡,可通过拨叉使接合套28左移,与接合齿圈24脱离啮合,则变速器退回空挡位置。

欲挂上2挡,可通过拨叉使接合套28左移,使之穿过2挡同步器锁环30的花键齿圈与输出轴2挡齿轮接合齿圈31接合后,变速器便从1挡换入了2挡。此时,动力从输入轴依次经齿轮16、32,接合齿圈31,接合套28及花键毂29,最后传给输出轴。2挡传动比为1.94。

同理,使接合套12右移到与接合齿圈14接合,则可得到3挡,传动比为1.37。

若使接合套12左移到与接合齿圈9接合,则换入4挡,其传动比为1.03。

5挡通过齿轮6、35将动力传给输出轴,其传动比为0.85。

由于5挡传动比小于1,输出轴转速高于输入轴,所以该挡称为超速挡。超速挡主要用于在良好的路面上轻载或空载行驶的场合,借此提高汽车的燃油经济性。但如果发动机功率不高,则超速挡使用率很低,节油效果不明显,甚至影响汽车的动力性。超速挡的传动比一般为0.7~0.85。

欲挂倒挡时,通过倒挡拨叉使倒挡中间齿轮26左移,与倒挡齿轮17、27同时啮合,即得到倒挡。动力从输入轴经齿轮17、26、27及花键毂29传到输出轴。由于增加了一级齿轮传动,输出轴的旋转方向与挂前进挡时的旋转方向相反,汽车便倒退行驶。倒挡传动比为3.17。其值一般与1挡的相近。这是考虑到安全,希望倒车时速度尽可能低些。

两轴式变速器的结构简单、紧凑,容易布置。它多用于发动机前置前轮驱动或发动机后置后轮驱动的普通级和中级轿车上。

3.3 同 步 器

同步器是在接合套换挡机构基础上发展起来的,其中除了接合套、花键毂、对应齿轮上的接合齿圈外,还增设了使接合套与对应齿圈的圆周速度迅速达到并保持一致(同步)的机构,以阻止两者在达到同步之前即接合的结构。

同步器都是利用摩擦原理来实现同步的,同步器有常压式、惯性式、自行增力式等种类。目前广泛采用的是惯性式同步器,它可以从结构上保证接合套与待接合的花键齿圈在达到同步之前不可能接触,以避免齿间冲击和噪声。根据摩擦锁止元件的不同,惯性式同步器又分为锁环式和锁销式两种。以下就对这两种同步器的结构和工作原理进行介绍。

3.3.1 锁环式惯性同步器

解放CA1091中型载货汽车的变速器中3、4挡和5、6挡均采用了锁环式惯性同步器(图3.9)。现以该变速器的5、6挡同步器为例说明其结构和工作原理。花键毂15的内花键与第二轴14的外花键配合,并用卡环18轴向固定。接合套7的内花键齿与花键毂的外花键齿滑动配合,可轴向移动。在花键毂两端与齿圈3和9之间,各有一个青铜制成的锁环(也称同步环)4和8,锁环上有断续的短花键齿圈,如图3.9(b)所示,花键齿的断面齿廓、尺寸与齿圈3、9及花键毂的外花键齿均相同,能够与接合套齿相啮合。锁环上的花键齿在对着接合套的一端都有倒角(称锁止角),并且与接合套齿端的倒角相同。锁环套在齿圈外端的锥面上，具有与齿圈锥面锥度相同的内锥面，并制出细牙螺旋槽，以便两锥面接触后能破坏油膜，增加锥面间的摩擦，缩短同步时间。3个滑块5分别嵌合在花键毂的3个轴向槽b内，可轴向滑动，其两端伸入锁环的3个缺口c中。3个定位销6分别插入3个滑块的通孔中，在弹簧16的作用下，定位销压向接合套，其端部的球面正好嵌在接合套中部的凹槽a中，起到空挡定位作用，即保证同步器处于正确的空挡位置，并可使滑块在接合套的带动下作小的轴向移动。锁环的3个凸起部分d分别伸入花键毂的3个通槽e中，通槽宽度为锁环凸起部分d的宽度加上接合套的一个齿厚A。如图3.10所示，当凸起部分d位于通槽e的中央时，接合套与锁环的内、外花键齿正好对正，可进入啮合状态；若凸起部分d靠着通槽e的一侧，则接合套与锁环的花键齿错开半个齿，不能进入啮合状态。

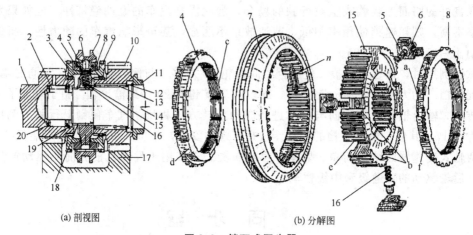

图3.9 锁环式同步器

1—第一轴；2、13—滚针轴承；3—6挡接合齿圈；4、8—锁环(同步环)；5—滑块；6—定位销；
7—接合套；9—5挡接合齿圈；10—第二轴5挡齿轮；11—衬套；12、18、19—卡环；
14—第二轴；15—花键毂；16—弹簧；17—中间轴5挡齿轮；20—挡圈

图3.10所示为变速器由5挡挂入6挡时，该同步器的工作过程。换挡时离合器处于分离状态。当接合套7刚从5挡退到空挡时[图3.10(a)]，齿圈3和接合套都在其本身及其所联系的一系列运动件的惯性作用下，继续沿原方向旋转。锁环4在轴向是自由的(无轴向压紧力)，在花键毂的15的带动下在齿圈3的外锥面上空转。设齿圈、接合套和锁环的转速分别为n_3、n_7和n_4，则此时$n_4=n_7$，$n_3>n_7$，即$n_3>n_4$。

若要挂入6挡，可通过5、6挡换挡拨叉拨动接合套，通过定位销6带动滑块5一起向左移动。当滑块左端面与锁环4的缺口c[图3.9(b)]端面接触时，便推动锁环移向齿圈3，具有转速差($n_3>n_4$)的两锥面一经压紧便产生很大的摩擦力。齿圈通过摩擦作用带动锁环相对于接合套超前转过一个角度，直到锁环的凸起部分d与花键毂通槽e的另一侧面接触时，花键毂便挡住锁环并使之与它同步转动。此时，接合套的齿与锁环的齿错开了半个齿厚，从而使接合套的齿端倒角与锁环相应的齿端倒角正好互相抵触而不能进入啮合。

在上述锁环与接合套齿端倒角相互抵触的情况下，若要接合套齿圈与锁环的齿圈接合上，必须使锁环相对于接合套后退一个角度(相当于半个齿)。由于驾驶人始终对接合套施加一个轴向力，使接合套齿端倒角压紧锁环齿端倒角，于是在锁环的锁止角斜面上

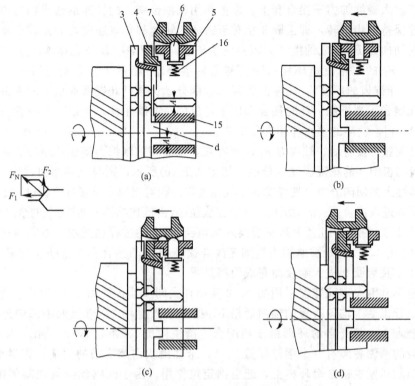

图 3.10 惯性同步器工作过程示意图(图注同图 3.9)

作用有法向压力 F_N[图 3.10(b)局部放大图]。力 F_N 可分解为轴向力 F_1 和切向力 F_2。切向力 F_2 所形成的力矩试图使锁环相对于接合套向后退转,称为拨环力矩。轴向力 F_1 则使锁环 4 与齿圈 3 的锥面相互压紧产生摩擦力矩,使二者转速迅速接近,并且实际上可认为 n_4 不变,只是 n_3 趋近于 n_4。这是因为锁环 4 连同接合套 7 通过花键毂 15 与整个汽车相联系,转动惯量很大,转速下降很慢;而齿圈 3 仅与离合器从动部分相联系,转动惯量很小,速度降低较前者快得多。可见,如果离合器从动部分转动惯量小,则二者同步所需的时间就少。这就是要求离合器从动部分转动惯量尽可能小的原因。

因为齿圈 3 是减速旋转,根据惯性原理,所产生惯性力矩的方向与旋转方向相同。此惯性力矩通过摩擦锥面作用到锁环上,阻止锁环相对接合套向后旋转。即在锁环上作用着两个方向相反的力矩:其一为切向力 F_2 形成的力试图使锁环相对于接合套向后退转的拨环力矩 M_2;另一个为摩擦锥面上阻止锁环向后退转的惯性力矩 M_1。如果 $M_2 > M_1$,则锁环 4 即可相对于接合套向后退转一个角度,以便二者进入接合;若 $M_2 < M_1$,则二者不可能进入接合。在 n_3 尚未等于 n_4 之前,两个锥面间摩擦力矩的数值与齿圈 3 的惯性力矩 M_1 相等,它与轴向力 F_1 的垂直于摩擦锥面的分力成正比,而 M_2 则与切向力 F_2 成正比。F_1 和 F_2 都是法向压力 F_N 的分力,二者的比值取决于花键齿锁止角的大小。因此,在设计同步器时,适当的选择锁止角和摩擦锥面的锥角,便能保证在达到同步之前,齿圈 3 施加在锁环 4 上的惯性力矩 M_1 总是大于切向力 F_2 形成的拨环力矩 M_2,因而不论驾驶人通过操纵机构加在接合套上的轴向推力有多大,接合套齿端与锁环齿端总是相互抵触而不能接合。这说明锁环 4 对接合套的锁止作用是齿圈 3 的惯性力矩造成的,这就是"惯性式"名称的由来。

只要驾驶人继续加力于接合套上,摩擦作用就使齿圈 3 的转速迅速降到与锁环 4 的转速相同,并保持同步旋转,即齿圈 3 相对于锁环的转速和角减速度均为零,于是惯性力矩消失。此时切向力 F_2 形成的拨环力矩便使锁环连同齿圈 3 以及与之相连的所有零件一起(因为轴向力 F_1 的作用使锁环和齿圈仍然紧密接合着)相对于接合套向后退转一个角度(相当于半个花键齿的厚度),相应的锁环凸起部分 d 又移到花键毂通槽 e 的中央,接合套与锁环的花键齿不再抵触。此时接合套压下定位销 6 继续左移,与锁环的花键齿圈进入接合[图 3.10(c)],锁环的锁止作用即行消失。

接合套与锁环接合后,轴向力 F_1 不再存在,锥面间的摩擦力矩也就消失。如果此时接合套花键齿与齿圈 3 的花键齿发生抵触,如图 3.10(c)所示,则与上述相似,作用在齿圈 3 花键齿端斜面上的切向分力,使齿圈 3 及其相连零件相对于锁环及接合套转过一个角度,接合套与齿圈 3 进入接合[图 3.10(d)],从而完成换挡(由低速挡换入高速挡)的全过程。

如果是由 6 挡换入 5 挡(由高速挡换入低速挡),上述过程也适用。不同的是此时齿圈 9 和齿轮 10[图 3.9(a)]是被摩擦力矩加速到与锁环 8(即与接合套 7)同步,从而使接合套先后与锁环 8 及齿圈 9 进入啮合而完成换挡过程。

捷达轿车 02KA 型变速器采用的 1、2 挡锁环式同步器,如图 3.11 所示。在花键毂 4 的外圆面上开出 3 个均匀布置的轴向通槽 b,槽里放入滑块 2。滑块的中部向外凸起,以斜面与接合套 1 中部开出的环形槽 a 相配合。滑块内侧(即下边)两端凸出,中间形成宽槽。花键毂的两侧各装有一个钢丝弹簧 3、5,卡在滑块内侧宽槽的两端,将滑块向外推,使其中部凸起压紧在接合套环槽上,起空挡定位作用。由于两钢丝弹簧之间的距离(滑块内侧槽的轴向宽度)大于花键毂中部的厚度,使接合套、滑块和钢丝弹簧可以相对于花键毂轴向移动一定距离。锁环 6 对着接合套的一侧有 3 个缺口 c,缺口的宽度等于滑块宽度加上一个接合套花键齿的宽度,装配后 3 个滑块插入到缺口中。换挡时,滑块既可通过端部推动锁环轴向移动压紧接合齿圈锥面,又可带动(或挡住)锁环保持同步转动,并保证在接合套与锁环同步之前,二者的花键齿总是错开半个齿,不能实现挂挡。该同步器的工作原理与前面所述基本相同,其结构更加简单。

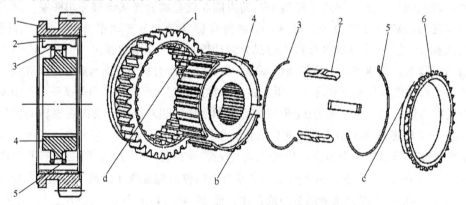

图 3.11 捷达轿车 02KA 型变速器 1、2 挡锁环式同步器
1—接合套;2—滑块;3、5—钢丝弹簧;4—花键毂;6—锁环

锁环式同步器结构紧凑,但因径向尺寸小,锥面间产生的摩擦力矩较小,而且锁止面是锁环的接合齿端面,使用中会使齿端面磨损而失效。故它适用于传递转矩不大的轿车和轻型货车的变速器。在中型货车以上的变速器中,尤其是低速挡最好采用锁销式惯性同步器。

3.3.2 锁销式惯性同步器

锁销式惯性同步器在结构上允许采用直径较大的摩擦锥面，因此可产生较大的摩擦力矩，缩短了同步时间。当变速器第二轴上的常啮合齿轮及其接合齿圈直径较大时，装用锁销式同步器将使齿轮的结构形式更加合理。解放 CA1091 型汽车 6 挡变速器的 1、2 挡和东风 EQ1090E 型汽车 5 挡变速器的 2 至 5 挡中都采用了锁销式惯性同步器。

图 3.12 所示为东风 EQ1090E 型汽车 5 挡变速器中的 4、5 挡同步器。两个有内锥面的摩擦锥盘 2 分别固定在带有外花键齿圈的斜齿轮 1 和 6 上，随齿轮一同旋转。与之相配合的两个有外锥面的摩擦锥环 3 通过 3 个锁销 8 和 3 个定位销 4 与接合套 5 连接。锁销与定位销在同一圆周上相互间隔地均匀分布。锁销的两端固定在摩擦锥环的孔中，其直径与接合套凸缘上相应孔的内径相等。锁销中部直径较小，轴肩处和接合套上相应的销孔两端都制有角度相同的倒角——锁止角。只有在锁销和接合套孔对中时，锁止角才不相抵触，接合套方能轴向移动进行挂挡。在接合套上的定位销孔中部钻有斜孔（如 A—A 剖面图所示），内装弹簧 11，把钢球 10 顶向定位销 4 并卡在其中部的环槽中，起空挡定位作用，并可使定位销随接合套轴向移动一定距离。定位销两端插入锥环内侧面，但有间隙，故二者在圆周方向上可以有小的相对转动，使固定在摩擦锥环上的锁销可以相对接合套转动一定角度。锁销式同步器的工作原理与上述锁环式同步器基本相同。在由 4 挡换入 5 挡时，接合套 5 受到拨叉的轴向推力作用，通过钢球 10 和定位销 4 带动摩擦锥环 3 向左移动，使之与对应的摩擦锥盘 2 的锥面相接触。具有转速差的摩擦锥环与摩擦锥盘一经接触，靠接触面间的摩擦使锥环连同锁销 8 一起相对接合套和定位销转过一个角度，使锁销的轴线相对接合套上销孔的轴线产生偏移，于是锁销中部倒角与销孔端部的倒角互相抵触，阻止接合套继续前移。此时，锁止面

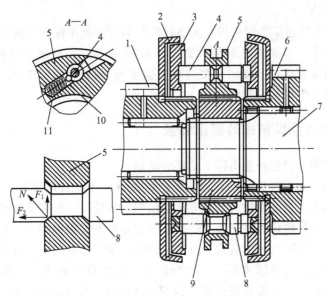

图 3.12　锁销式惯性同步器

1—第一轴齿轮；2—摩擦锥盘；3—摩擦锥环；4—定位销；
5—接合套；6—第二轴 4 挡齿轮；7—第二轴；
8—锁销；9—花键毂；10—钢球；11—弹簧

(即相抵触的倒角斜面)上法向压紧力 F_N 的轴向分力 F_2 通过锁销作用在锥环上并使之与锥盘压紧，因而接合套与待接合的花键齿圈迅速达到同步。只有达到同步时，起锁止作用的惯性力矩消失，作用在锁销上的切向分力 F_1 才能通过锁销使摩擦锥环、摩擦锥盘和齿轮1一同相对于接合套转过一个角度，使锁销重新与销孔对中。于是，接合套便将钢球10压回到孔中并沿定位销轴向移动，直至与齿轮1的花键齿圈接合，实现挂挡。

3.4 变速器的操纵机构

3.4.1 变速器操纵机构的作用与要求

变速器操纵机构的功用是根据汽车使用条件，驾驶人可随时将变速器换上或摘下某个挡位。为了保证在任何情况下变速器都能准确、安全、可靠地工作，对变速器操纵机构提出以下要求。

(1) 设自锁装置，防止变速器自动脱挡，并保证轮齿以全齿宽啮合。

(2) 设互锁装置，防止变速器同时挂入两个挡位，以免造成发动机熄火或损坏零部件。

(3) 设倒挡锁，防止误挂倒挡，否则会发生安全事故。

3.4.2 变速器操纵机构的构造

按操纵杆与变速器的相互位置，变速器操纵机构可分为远距离操纵式和直接操纵式两大类。

(1) 远距离操纵式变速器操纵机构。当驾驶人座位离变速器较远或变速杆布置在转向盘下方(某些轿车)的转向管柱上时，通常在变速杆与换挡拨叉之间增加若干个传动件，组成远距离操纵机构。

(2) 直接操纵式变速器操作机构。大多数汽车的变速器布置在驾驶人座位附近，变速杆由驾驶室底板伸出，驾驶人可直接操纵。这种操纵机构一般由变速杆、拨块、拨叉、拨叉轴及安全装置等组成，多集装于变速器上盖或侧盖内。图3.13所示为解放CA1092型汽车6挡变速器操纵机构示意图。

3.4.3 变速器操纵机构的锁止装置

变速器操纵机构的锁止装置由以下几部分组成。

(1) 自锁装置。多数变速器的自锁装置由自锁钢球1和自锁弹簧2组成，如图3.14所示。每根拨叉轴的上表面沿轴向分布有3个凹槽，当任何一根拨叉轴连同拨叉轴向移动到空挡或某一工作挡位的位置时，必有一个凹槽正好对准自锁钢球1。于是自锁钢球在自锁弹簧2的压力作用下嵌入该凹槽内，拨叉轴的轴向位置即被固定，从而拨叉连同滑动齿轮(或接合套)也被固定在空挡或某一工作挡位上，不能自行脱出。换挡时，驾驶人对拨叉轴施加一定的轴向力，克服自锁弹簧2的压力将钢球由拨叉轴的凹槽中挤出推回孔中，拨叉轴和拨叉轴向移动。

(2) 互锁装置。图3.14所示为锁球式互锁装置，主要由互锁钢球4及互锁销5组成。互锁销5装在中间拨叉轴的孔中，其长度相当于拨叉轴直径减去互锁钢球的半径，互锁钢

第 3 章 变速器与分动器

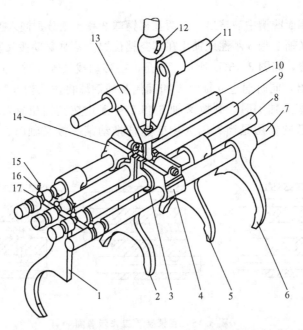

图 3.13 解放 CA1092 型汽车 6 挡变速器操纵机构示意图

1—5、6 挡拨叉；2—3、4 挡拨叉；3—1、2 挡拨块；4—倒挡拨块；5—1、2 挡拨叉；
6—倒挡拨叉；7—倒挡拨叉轴；8—1、2 挡拨叉轴；9—3、4 挡拨叉轴；
10—5、6 挡拨叉轴；11—换挡轴；12—变速杆；13—叉形拨杆；
14—5、6 挡拨块；15—自锁弹簧；16—自锁钢球；17—自锁销

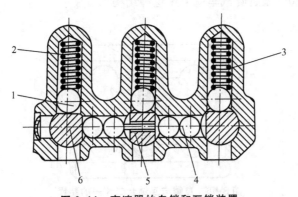

图 3.14 变速器的自锁和互锁装置

1—自锁钢球；2—自锁弹簧；3—变速器盖；4—互锁钢球；5—互锁销；6—拨叉轴

球 4 装于变速器盖 3 的横向孔中。在空挡位置时，左右拨叉轴在对着钢球 4 处开有深度相当于钢球半径的凹槽，中间拨叉轴则左右均开有凹槽，凹槽中开有装锁销 5 的孔。这种互锁装置可以保证变速杆只有在空挡位置时，驾驶人才可以移动任一个拨叉轴挂挡。若某一拨叉轴被移动而挂挡时，另两个拨叉轴便被互锁装置固定在空挡位置，不可能再轴向移动了。

互锁装置的工作原理如图 3.15 所示。变速器处于空挡时，所有的拨叉轴的侧面凹槽同互锁钢球、互锁销都在同一条直线上。当移动中间拨叉轴 6 时如图 3.15(a)所示，拨叉轴 6

两侧的内钢球从其侧面凹槽中被挤出，而两互锁钢球 2 和 4 则分别嵌入拨叉轴 1 和 5 的侧面凹槽中，因而将拨叉轴 1 和 5 刚性地锁止在其空挡位置。若欲移动拨叉轴 5，则应先将拨叉轴 6 退回到空挡位置，如图 3.15(b)所示。于是，在移动拨叉轴 5 时，互锁钢球 4 便从拨叉轴 5 的凹槽中被挤出，同时通过互锁销 3 和其他互锁钢球将拨叉轴 6 和 1 均锁止在空挡位置。同理，当移动拨叉轴 1 时，则拨叉轴 6 和 5 被锁止在空挡位置，如图 3.15(c)所示。由此可知，互锁装置的作用是当驾驶人用变速杆推动某一拨叉轴时，自动锁止其他所有拨叉轴。

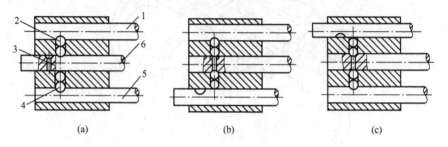

图 3.15 互锁装置工作示意图

1、5、6—拨叉轴 ；2、4—互锁钢球；3—互锁销

有的变速器操纵机构将自锁装置与互锁装置合二为一，如图 3.16 所示。空心锁销 1 内装有自锁弹簧 2。图中所示位置为空挡，此时两锁销内端面距离 a 等于槽深 b，不可能同时拨动两根拨叉轴，起互锁作用，另外，自锁弹簧的预紧力和锁销 1 对拨叉轴又起到自锁作用。北京 BJ2020N 型越野汽车就采用这种结构。

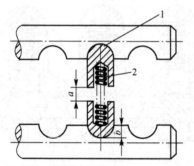

图 3.16 自锁与互锁合二为一的装置

1—锁销；2—自锁弹簧

（3）倒挡锁。倒挡锁的作用是驾驶人挂倒挡时，必须对变速杆施加较大的力，才可换上倒挡，起提醒作用，以防误挂倒挡。变速器上多采用弹簧锁销式倒挡锁，如图 3.17 所示。该倒挡锁主要由倒挡锁销 1 和倒挡锁弹簧 2 组成。倒挡锁销 1 的杆部装有倒挡锁弹簧 2，其右端的螺母可调整弹簧的预紧力和倒挡锁销的长度。驾驶人要挂倒挡时，必须用较大的力使变速杆 4 的下端压缩倒挡弹簧 2，将倒挡锁销 1 推向右方后，才能使变速杆下端进入倒挡拨块 3 的凹槽内，以拨动倒挡拨叉轴而推入倒挡。

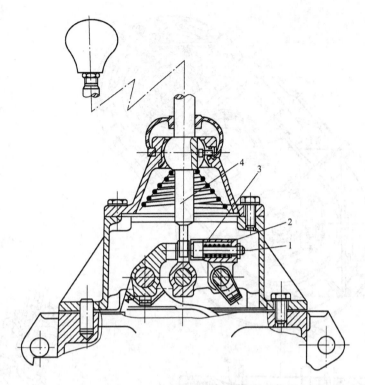

图 3.17 弹簧锁销式倒挡锁
1—倒挡锁销；2—倒挡锁弹簧；3—倒挡拨块；4—变速杆

3.5 分 动 器

3.5.1 分动器的功用

多轴驱动的越野汽车装有分动器。其功用是将变速器输出的动力分配到各驱动桥。其基本结构也是齿轮传动系统，输入轴直接或通过万向传动装置与变速器第二轴相连，其输出轴有若干个，分别经万向传动装置与各驱动桥连接。

目前，多数越野汽车装用两挡分动器，分动器兼起副变速器的作用。

3.5.2 分动器的结构

分动器由齿轮传动机构和操纵机构两部分组成。

1. 齿轮传动机构

(1) 三输出轴式分动器。图 3.18 所示为东风 EQ2080 型越野汽车装用的三输出轴式分动器，其结构简图如图 3.19 所示。

该分动器可将动力分别传给前桥、中桥和后桥。当换挡接合套 4 向右移动与齿轮 9 前端接合齿圈相套合时，便挂上了低速挡。此时变速器第二轴的动力经万向传动装置传给输

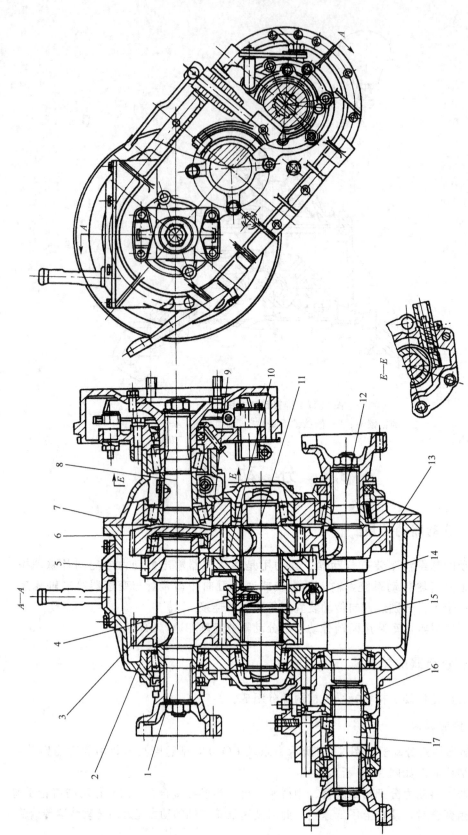

图 3.18 东风 EQ2080 型越野汽车装用的三输出轴式分动器

1—输入轴；2—分动器壳；3、5、6、9、10、13、15—齿轮；4—换挡接合套；7—分动器盖；8—通往后驱动桥的输出轴；11—中间轴；12—通往中驱动桥的输出轴；14—换挡拨叉轴；16—前桥接合套；17—通往前驱动桥的输出轴

入轴 1，经齿轮 5 和齿轮 9 及换挡接合套 4 传给中间轴 11，中间轴后端的齿轮 10 再驱动齿轮 6 和齿轮 13，因而使通往后驱动桥的输出轴 8 及通往中驱动桥的输出轴 12 被驱动。此时，由于前桥接合套 16 也先被向后移动，通往中驱动桥的输出轴 12 便通过前桥接合套 16 使通往前驱动桥的输出轴 17 也被驱动。

换挡接合套 4 向左移动使之与齿轮 15 的接合齿圈相套合时，分动器挂上高速挡。

（2）两输出轴式分动器。多数越野汽车装用两输出轴式分动器，分别驱动前桥和后桥。这种分动器齿轮机构有普通齿轮式和行星齿轮式两种。图 3.20 所示为行星齿轮式分动器结构示意图，其工作原理与液力机械变速器中的行星齿轮机构相同。

两输出轴式分动器的动力传递过程如下。

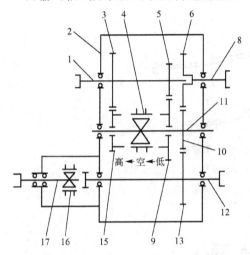

图 3.19　三输出轴式分动器结构示意图
1—输入轴；2—分动器壳；3、5、6、9、10、13、15—齿轮；
4—换挡接合套器盖；8—后桥输出轴；11—中间轴；
12—中桥输出轴；14—换挡拨叉轴；
16—前桥接合套；17—前桥输出轴

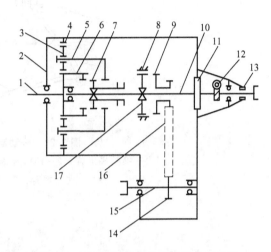

图 3.20　两输出轴式分动器结构示意图
1—输入轴；2—分动器壳；3—行星轮；4—齿圈；
5—行星架；6—太阳轮；7—换挡齿毂；8—接合套；9、14—齿轮；10—后驱动桥输出轴；
11—转子式油泵；12—里程表驱动齿轮；
13—油封；15—前驱动桥输出轴；
16—锯齿式链条；17—花键毂

换挡齿毂 7 左移与太阳轮 6 内齿接合时，换入高速挡。此时的动力传递路线是：输入轴 1→太阳轮 6→换挡齿毂 7→后桥输出轴 10（齿圈 4 固定在分动器壳 2 上，行星轮 3 和行星架 5 空转）。此过程为两轮驱动高挡。

当接合套 8 右移与齿轮 9 接合时，换挡齿毂 7 右移与行星架 5 接合，此时分动器处于四轮驱动低挡。其动力传递路线是：输入轴 1→太阳轮 6→行星轮 3→行星架 5→换挡齿毂 7→后桥输出轴 10→花键毂 17、后桥→齿轮 9→锯齿式链条 16→齿轮 14→前桥输出轴 15。后桥输出轴 10 与前桥输出轴 15 转速相同。

2．操纵机构

分动器的操纵机构由操纵杆、传动杆、摇臂及轴等组成。

操纵分动器时，若换入低速挡，输出转矩较大。为避免中、后桥超载，前桥需参加驱动，分担一部分载荷。为此，分动器的操纵机构应保证：接上前桥前，不得挂上低速挡；低速挡退出前，不得摘下前桥。

为满足上述对分动器操纵机构的要求，应从其结构上予以保证。图 3.21 所示为分动器操纵机构示意图。

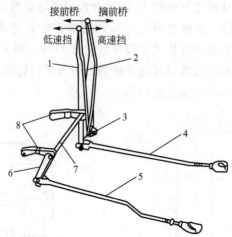

图 3.21　分动器操纵机构示意图
1—换挡操纵杆；2—前桥操纵杆；3—螺钉；4、5—传动杆；
6—摇臂；7—轴；8—支承臂

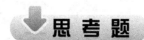

1. 变速器有什么功用？有哪些类型？
2. 三轴式变速器由哪些部件组成？其工作过程是怎样的？
3. 两轴式变速器有什么特点？
4. 变速器换挡装置有哪些结构形式？防止自动脱挡的结构有哪些？
5. 同步器的作用是什么？以锁环式为例说明同步器的结构和工作过程。
6. 变速器操纵机构的定位锁止装置有哪些？各有什么作用？
7. 分动器的作用是什么？其操纵特点是什么？

第 4 章

自动变速器

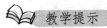 教学提示

自动变速器是汽车传动系中重要的组成部分。本章主要介绍电控液力自动变速器的液力变矩器、齿轮变速机构和电控液压操纵系统及无级变速器(CVT)。

 教学目标

理解液力变矩器的功能和工作原理;重点掌握行星齿轮变速机构的变速原理;了解定轴式齿轮变速机构;理解电控液压操纵系统的功能、组成及控制过程;理解无级变速器的结构组成及控制过程。

知 识 点	技 能 点
1. 液力变矩器构造及工作原理 2. 行星齿轮变速机构的结构原理 3. 液力机械变速器组成及各挡动力传递路线 4. 自动变速器的电子控制系统和液压控制系统组成及功用 5. CVT 的结构原理及各挡动力传递路线 6. DSG 的结构原理及各挡动力传递路线	1. 按照工艺流程拆装自动变速器的基本技能 2. 能够正确操纵自动变速器

4.1 概述

自动变速器(Automatic Transmission，AT)是指能够根据发动机工况及汽车运行速度自动选挡和换挡的变速器。

4.1.1 自动变速器的分类

1. 按汽车驱动方式分类

自动变速器按照汽车驱动方式的不同，可分为后驱动自动变速器和前驱动自动变速器两种。这两种自动变速器在结构和布置上有很大的不同：后驱动自动变速器的变矩器和齿轮变速器的输入轴及输出轴在同一轴线上，因此轴向尺寸较大；前驱动自动变速器除了具有与后驱动自动变速器相同的组成部分外，在自动变速器的壳体内还装有主减速器和差速器。

2. 按齿轮变速机构分类

自动变速器按齿轮变速机构的类型不同，可分为定轴齿轮式和行星齿轮式两种。定轴齿轮式自动变速器采用普通齿轮啮合传动，通过换挡离合器改变不同齿轮的搭配实现传动比变换。定轴式自动变速器体积较大，最大传动比较小，使用车型少。行星齿轮式自动变速器采用行星齿轮传动，通过换挡执行元件实现挡位变换。这种自动变速器具有结构紧凑、体积小的特点，能获得较大的传动比，因此被广泛采用。

3. 按控制方式分类

自动变速器按控制方式不同，可分为液控液力自动变速器和电控液力自动变速器两种。液控液力自动变速器，由节气门阀和调速器阀将节气门开度和车速转信号变为液压信号，通过控制换挡执行机构的动作，实现自动换挡。

电控液力自动变速器是通过各种传感器，将发动机转速、节气门开度、车速等参数转变为电信号，并输入计算机，计算机按照设定的换挡规律，控制换挡电磁阀、油压电磁阀等操纵换挡执行机构的动作，从而实现自动换挡。现代汽车大都采用电控液力自动变速器。

4. 按传动比变化是否连续分类

自动变速器按传动比变化是否连续可分为有级式和无级式。采用齿轮变速机构的自动变速器，各传动比之间是间断的，称为有级式自动变速器；如果变速机构采用钢带或链条传动，通过连续改变主、从动带轮的槽宽(即带轮的直径)来改变传动比，能实现一定范围的无级变速，即传动比是连续变化的，称为无级变速器(Continuously Variable Transmission，CVT)。

4.1.2 电控液力自动变速器的组成

电控液力自动变速器主要由液力变矩器、齿轮变速机构、液压控制系统、电子控制系统等几个部分组成,如图 4.1 所示。

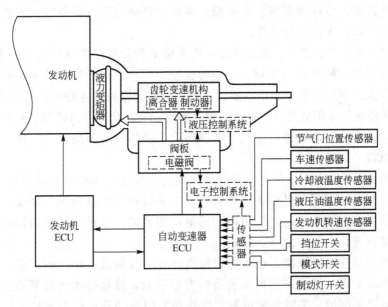

图 4.1 电控液力自动变速器的组成

(1) 液力变矩器位于自动变速器的最前端,它安装在发动机的飞轮上,其作用与采用手动变速器的汽车中的离合器相似。它利用液力传递的原理,将发动机的动力传给自动变速器的输入轴。此外,它还能实现无级变速,并具有一定的减速增扭功能。

(2) 齿轮变速机构是自动变速器的主要组成部分,它包括行星齿轮机构(或定轴齿轮机构)和换挡执行元件。换挡执行元件可以使齿轮机构处于不同的挡位,以实现不同的传动比。大部分自动变速器的齿轮变速机构有 3~7 个前进挡和 1 个倒挡,这些挡位与液力变矩器相配合,就可获得由起步至最高车速的整个范围内的变速。

(3) 液压控制系统由液压泵、离合器、制动器、调压阀及阀体等组成。ECU 根据驾驶人的意图和行驶条件(节气门开度及车速信号等)的需要,通过电磁阀来调整液压系统的压力和流向,操纵离合器和制动器的动作,控制齿轮机构,从而实现自动升降挡。

液压泵由变矩器驱动,为变速器液压系统提供压力油,从而为变速器中的液压元件提供传动压力,并且能够起到润滑清洁和冷却的作用。在自动变速器的外部还设有一个液压油散热器,用于散发自动变速器内的液压油在工作过程中产生的热量。

(4) 电子控制系统包括各种传感器和执行器(电磁阀)。执行器主要包括换挡电磁阀、变矩器锁止电磁阀、油压调节电磁阀等,由计算机根据行驶要求和负荷来控制换挡,同时还具有电子自诊断功能。

4.1.3 自动变速器的特点

电控液力自动变速器和机械式手动变速器相比,具有下列显著的优点。

(1) 大大提高发动机和传动系的使用寿命。发动机与传动系由液力变矩器连接,这种液体工作介质的"软"性连接,起到一定的吸收、衰减和缓冲作用,大大减少了冲击和动载荷。

(2) 提高了汽车的通过性。汽车起步时，驱动轮上的驱动转矩逐渐增加，可以防止振动，减少车轮打滑，使起步更容易更平稳。在特别复杂的路况行驶时，因换挡时没有功率间断，不会出现汽车停车的现象。

(3) 具有良好的自适应性。能自动适应汽车驱动轮负荷的变化，当行驶阻力增大时，汽车自动降低速度，使驱动力矩增加；当行驶阻力减小时，汽车自动减小驱动力矩，增加车速。这样大大减少行驶过程中的换挡次数，有利于提高汽车的动力性和平均车速。

(4) 操纵轻便。采用电控液压换挡，使换挡实现自动化。而且换挡齿轮组一般都采用行星齿轮组，是常啮合齿轮组，这就降低或消除了换挡时的齿轮冲击，加上不用操纵离合器，大大减轻了驾驶人的劳动强度。

(5) 降低排放污染。变工况地使用发动机是造成发动机排放指标差的重要原因之一。手动变速器汽车通过频繁变更变速挡位来稳定发动机转速很难实现。但在自动变速器的汽车上，可把发动机转速稳定在低污染和低油耗的区域，通过变速器挡位的自动变换来适应外界的路况变化。

但是，与手动变速器相比，自动变速器也存在一些缺点，如结构复杂、制造成本较高、传动效率较低等，使汽车的燃油经济性有所降低，维修技术比较复杂。自动变速器燃油经济性较差的问题，关键是变矩器"软连接"引起的高速状态时的滑转，导致传动效率低。现代汽车采用带锁止离合器的液力变矩器，在一定行驶条件下，通过ECU控制，使锁止离合器锁止，输入轴与输出轴直接连接，燃油经济性得到了改善。

直接换挡变速器(Direct Shift Gearbox，DSG)，又称双离合器变速器，由两个离合器集合而成的双离合装置、基于手动变速器的三轴式齿轮变速系统、自动换挡机构、电子控制液压控制系统组成。输入轴总成是由一个实心轴及其外部套筒轴组合而成的双传动输入系统，奇数挡位和偶数挡位的传动齿轮分别布置在这两个输入轴上。一个离合器与实心输入轴相连，控制奇数挡，另一离合器与套筒(空心)输入轴相连，控制偶数挡。两个离合器轮流向双传动系统传递动力。

而动力的输出轴也是有分别的，一根输出轴实现低速挡时的动力输出，另一根轴实现高速和倒车挡时的动力输出，两根输出轴的动力都要和变速器的最终输出轴联动在一起，将动力输送到车轮上。此外在变速齿轮组的布置上也没有采用传统的布置方式，变速齿轮的放置并不是按照挡位的顺序排列的，这样相邻两个挡位的变速齿轮就不会再共用一个同步器，这更是为实现动力的无缝传递提供了技术保证。

DSG 由电子控制及液压推动，能同时控制两组离合器的运动。当换挡时一具离合器将使用中的齿轮分离，同时另一具离合器啮合已被预选的齿轮，在整个换挡期间能确保最少有一组齿轮在输出动力，令动力没有出现间断的状况。

DSG 能提供无间断的动力输出，由此大幅度降低了车辆的燃油消耗，颠覆了自动变速器比手动变速器耗油的传统观念。更短的换挡和加速时间，带来了动力输出的高效率，又降低了油耗，DSG 还具有更好的环保性，与相同排量传统手动挡车型相比，与之配备的发动机废气排放量可降低 20%。另外 DSG 还具备可靠的质量保证和更低的维修成本。

4.2 液力变矩器

4.2.1 液力变矩器的结构

液力变矩器的结构如图 4.2 所示,变矩器由泵轮 4、涡轮 3 和导轮 5 三个基本元件及外壳 2 和 9 组成。

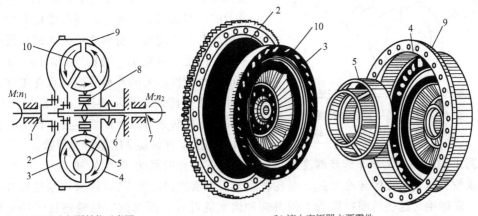

(a) 液力变矩器结构示意图　　(b) 液力变矩器主要零件

图 4.2　液力变矩器结构示意图及主要零件
1—发动机曲轴;2、9—变矩器外壳;3—涡轮;4—泵轮;
5—导轮;6—导轮固定套管;7—输出轴;8—单向离合器;10—导环

液力变矩器的 3 个工作轮用铝合金精密铸造或用钢板冲压铆焊而成,各工作轮的叶片均弯成一定的弧形。导轮和涡轮的叶片中部都切成一段圆弧,形成一个圆弧槽,然后沿此圆弧槽焊接一个半环形的导环 10。3 个工作轮都装于密闭的变矩器壳体内,泵轮与涡轮相对安装,导轮装于泵轮与涡轮之间。三者装合后,其轴向断面构成环状空腔,称为循环圆,变矩器工作时工作油液即在此循环圆内作环流运动。3 个工作轮之间都保持一定的间隙,相互之间没有机械联系。变矩器外壳由前外壳 2 和后外壳 9 两个部分组成,其中后外壳 9 与泵轮 4 连成一体,将 3 个工作轮装入壳体后,再把两半壳体焊成一体(或用螺栓连接成一体),形成密闭空间,其中充满工作油液。

泵轮 4 随壳体固定在发动机曲轴 1 后端凸缘上,为变矩器的主动部分,涡轮 3 通过输出轴 7 与传动系统相连,为变矩器的从动部分。导轮 5 安装在固定套管 6(即导轮轴)上,在导轮与固定套管之间装有单向离合器 8,而固定套管 6 则与机械变速器的壳体刚性连为一体。

4.2.2 液力变矩器的原理

液力变矩器是通过工作油液的循环流动传递动力的。当发动机曲轴带动泵轮 4 旋转时,泵轮便带动其腔内的油液一起旋转,即绕其轴线做圆周运动,将发动机的机械能转换成油液的动能。在离心力的作用下,油液从泵轮外缘甩出,高速冲入涡轮 3,在涡轮叶片间流动并推动涡轮转动,将油液的动能转换成涡轮的机械能由输出轴输出。油液从涡轮流出后进入导轮5叶片间的通道，然后又流回泵轮，形成图4.2(a)中箭头所示方向的循环流动。变矩器中的工作液就在此循环流动过程中实现力的传递。

液力变矩器的导轮机构不仅能够传递转矩，而且能在泵轮转矩不变的情况下，随着涡轮的转速不同而改变涡轮输出转矩的大小，即能够实现变矩作用。下面利用变矩器工作轮的展开图来说明变矩器的变矩原理。

如图4.3所示，假设变矩器循环圆中的油液都集中在叶片中心线上运动，形成图中箭头所示的中间流线。工作轮的展开图就是假想地将循环圆上中间流线所形成的中间圆面展开成平面。因此，泵轮B、涡轮W和导轮D便展开成3个依次排列的环形平面，且各工作轮的叶片角度也清楚地显示出来。为了便于说明，设发动机的转速和负荷始终不变，即变矩器泵轮的转速 n_B 和转矩 M_B 始终为常数。

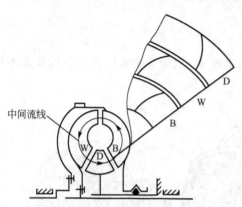

图 4.3　液力变矩器工作轮展开图
B—泵轮；W—涡轮；D—导轮

图4.4(a)所示为汽车起步时变矩器的工作状况，此时涡轮W的转速 $n_W=0$。发动机带动泵轮旋转，泵轮的转速为 n_B，泵轮作用于工作液的转矩为 M_B，油液在泵轮叶片带动下以一定的绝对速度沿图中箭头1的方向冲向涡轮叶片，因为此时涡轮还处于静止状态（即涡轮转速 $n_W=0$），涡轮叶片便对液流作用一个转矩，使液流沿涡轮叶片流出涡轮，按图中箭头2的方向冲向导轮。液流冲向导轮后，试图使导轮逆着泵轮旋转的方向转动，但由于单向离合器的锁止作用，将导轮与固定套管相互卡紧，使导轮固定不动。于是导轮便对液流产生一个反作用转矩 M_D，使液流沿导轮叶片流出导轮，按图中箭头3的方向流回泵轮。油液在循环过程中受到工作轮叶片的作用，其液流方向和动能都发生变化。设涡轮对液流作用的转矩为 M'_W，各工作轮对液流作用的转矩方向如图4.4(a)中箭头所示。根据液流的力矩平衡条件可得

$$M'_W = M_B + M_D$$

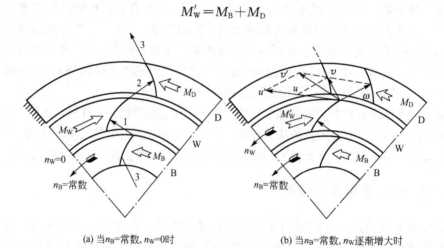

(a) 当 $n_B=$常数，$n_W=0$时　　　　(b) 当 $n_B=$常数，n_W逐渐增大时

图 4.4　液力变矩器工作原理图

由于液流对涡轮作用的转矩 M_W 与涡轮对液流作用的转矩 M'_W 大小相等而方向相反，因而在数值上，涡轮转矩 M_W 等于泵轮转矩 M_B 与导轮转矩 M_D 之和。因为此时导轮固定不动，导轮对液流的反作用转矩 $M_D>0$，所以涡轮转矩 M_W 大于泵轮转矩 M_B，即变矩器的输出转矩大于其输入的转矩从而起到了增大转矩的作用。

变矩器将发动机转矩增大后，经传动系统传递到驱动轮，使汽车克服阻力而起步加速行驶，与传动系相联系的涡轮的转速 n_W 也逐渐升高。这时涡轮叶片间的液体一方面沿着循环圆作循环流动，其速度为沿涡轮叶片方向的相对速度 ω；同时还随涡轮一起绕其轴线作圆周运动，其速度为沿涡轮圆周方向的牵连速度 u，这两种运动的合成速度即为液流由涡轮出口冲向导轮叶片的绝对速度 v，其方向即为冲向导轮叶片的液流的实际运动方向，如图 4.4(b)所示。因为原设定泵轮的转速 n_B 不变，即液体的循环速度不变，亦即在涡轮转速变化时，涡轮出口处液流的相对速度 ω 不变，而只有牵连速度 u 相应地变化。因此，从图中的速度四边形可以看出，随着涡轮转速 n_W 的升高，涡轮出口处液流的牵连速度 u 相应地增大，冲向导轮叶片的液流的绝对速度 v 则随之逐渐向左偏斜，液流对导轮叶片的冲击作用逐渐减小，因而导轮叶片对液流的反作用转矩 M_D 逐渐减小。当涡轮转速升高到某一数值，液流的绝对速度 v 的方向与导轮出口方向一致时[如图 4.4(b)中 v 所示的方向]，由涡轮冲向导轮的液流对导轮叶片不产生冲击作用，此时导轮对液流的转矩 M_D 则为零，于是涡轮转矩 M_W 与泵轮转矩 M_B 相等，即此时变矩器不产生变矩作用。

若涡轮转速 n_W 继续增大，液流的绝对速度 v 的方向则继续向左偏斜，以至使液流冲击导轮叶片的背面，这时单向离合器便将导轮与固定套管相互松开，于是导轮在液流的冲击作用下绕固定套管自由空转，其旋转方向与泵轮相同。由于此时导轮变成了空转的自由轮，对液流不产生反作用矩（即 $M_D=0$），因而涡轮转矩 M_W 与泵轮转矩 M_B 相等，即这时变矩器不再起变矩作用只能起传递转矩的作用。当涡轮转速 n_W 增大到与泵轮转速 n_B 相等时，油液在循环圆中停止流动，变矩器将不能传递动力。

液力变矩器涡轮上的输出转矩 M_W 与泵轮上的输入转矩 M_B 之比称为变矩器的变矩系数，一般用 k 表示，即

$$k=M_W/M_B=(M_B+M_D)/M_B$$

液力变矩器的传动比 i 的定义为输出转速（即涡轮转速 n_W）与输入转速（即泵轮转速 n_B）之比，即

$$i=n_W/n_B\leqslant 1$$

4.2.3 液力变矩器的功用

由上述分析可知，在涡轮转速较低时，液力变矩器能够起变矩作用，而且在发动机的转矩和转速保持不变的情况下，变矩器涡轮的输出转矩和转速能够随着汽车行驶阻力的变化而改变：行驶阻力增大时，转速自动降低，转矩相应地增大，从而适应汽车行驶条件的需要。所以说，液力变矩器在一定范围内是一种能够随着汽车行驶阻力的不同而自动地、无级地改变输出转矩和转速的无级变速装置。而当涡轮转速升高到某一数值时，液力变矩器将处于耦合器工作状态，即只起传递转矩的作用，而不能改变转矩的大小。像这样兼有液力变矩器和液力耦合器两种工作状态的液力变矩器，通常称为综合式液力变矩器。

现代汽车上使用的液力变矩器，大多数都是这种综合式液力变矩器，它可以较好地提高高速阶段液力变矩器的传动效率。

4.3 齿轮变速机构

液力变矩器虽能传递和增大发动机转矩，但变矩比不大，变速范围不宽，远不能满足汽车使用工况。为进一步增大转矩，扩大变速范围，提高适应能力，在液力变矩器后面还接了一个有级式齿轮变速器。齿轮变速器有行星齿轮式变速机构和定轴式齿轮变速机构，现在大多采用行星齿轮变速机构。行星齿轮变速机构主要包括行星齿轮机构和换挡执行元件两部分。

4.3.1 单排行星齿轮机构

单排行星齿轮机构由三元件——太阳轮、齿圈和装有行星轮的行星架组成，如图4.5所示。行星轮通过固定轴支承在行星架上，行星轮可在支承轴上自转，同时又能绕太阳轮公转。行星齿轮机构装配好后，太阳轮位于中心，所有行星轮在与太阳轮外啮合的同时还与齿圈内啮合，三者的旋转轴线重合。这种行星齿轮机构又称单排行星齿轮机构。

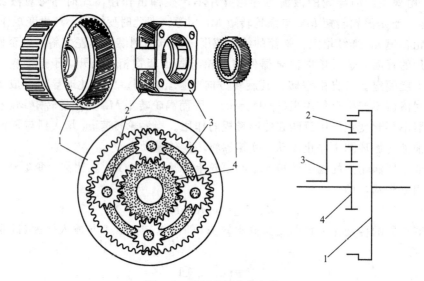

图 4.5 单排行星齿轮机构

1—齿圈；2—行星轮；3—行星架；4—太阳轮

设齿圈的齿数为 Z_2，太阳轮的齿数为 Z_1，并设太阳轮的转速为 n_1，齿圈的转速为 n_2，行星架的转速为 n_3，令 $Z_2/Z_1=\alpha$，则单排行星齿轮机构的运动方程为

$$n_1+\alpha n_2=(1+\alpha)n_3$$

由上式可见，单排行星齿轮机构有两个自由度，因此它没有固定的传动比，不能直接用于变速传动。为了组成具有一定传动比的传动机构，必须将太阳轮、齿圈和行星架三元件固定其一（转速为0，称为制动）或使其运动受到一定的约束（让该元件以某一固定转速旋转），或将某两个元件互相连接在一起（两者转速相同），使行星排变为只有一个自由度的机构，以获得确定的传动比。单排行星齿轮机构的传动情况见表4-1。

第 4 章 自动变速器

表 4-1 单排行星齿轮机构的传动情况

序号	固定件	主动件	从动件	传动比	输出转速	转矩	相当于传动挡
1	齿圈固定	太阳轮	行星架	$1+\alpha>1$	下降	增大	1 挡
2	齿圈固定	行星架	太阳轮	$0<1/(1+\alpha)<1$	上升	减小	—
3	太阳轮固定	齿圈	行星架	$(1+\alpha)/\alpha>1$	下降	增大	2 挡
4	太阳轮固定	行星架	齿圈	$0<\alpha/(1+\alpha)<1$	上升	减小	超速挡
5	行星架	太阳轮	齿圈	$-\alpha<0$	下降	增大	倒挡
6	行星架	齿圈	太阳轮	$-1/\alpha<0$	上升	减少	—
7	所有元件都不固定			—	—	—	空挡
8	无	任意两个	另一个	1	相等	相等	直接挡

绝大多数自动变速器之所以采用行星齿轮机构作为传力机构，是因为它与传统的外齿啮合齿轮机构相比具有以下优点：所有行星齿轮均参加工作，都承受载荷，行星齿轮工作更安静，强度更大；行星齿轮机构工作时，齿轮间产生的作用力由齿轮系统内部承受，不传递到变速器壳体，所以变速器壳体可以设计得更薄、更轻；行星齿轮机构采用内齿啮合与外齿啮合相结合的方式，与单一的外齿啮合相比，减小了变速器尺寸；行星齿轮系统各齿轮处于常啮合状态，不存在换挡时的齿轮冲击，工作平稳性好，寿命长。

单排行星齿轮机构的变速范围有限，不能满足汽车的实际要求，实际应用都是多排行星齿轮机构。现代汽车常用的多排行星齿轮机构有辛普森式行星齿轮机构和拉维娜式行星齿轮机构。

4.3.2 辛普森式行星齿轮机构

辛普森式行星齿轮机构包括两个行星排，特点是：前后两排行星齿轮机构共有一个太阳轮，形成前后太阳轮组件；前行星架和后齿圈连成一体，并且和输出轴连接；输入轴一般选择前齿圈或太阳轮组件。辛普森式行星齿轮机构共有 4 个独立元件，分别是前后太阳轮组件、前齿圈、后行星架、前行星架/后齿圈组件。

1. 辛普森式 3 挡行星齿轮机构

辛普森式 3 挡行星齿轮变速器的结构简图如图 4.6 所示，该机构可组成 3 个前进挡和 1 个倒挡，设置了 5 个换挡执行元件：倒挡及高挡离合器 C1、前进离合器 C2、2 挡制动器 B1、低挡及倒挡制动器 B2、低挡单向离合器 F1。各挡执行元件的工作情况见表 4-2。

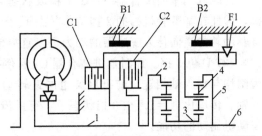

图 4.6 辛普森式 3 挡行星齿轮变速器的结构简图
1—输入轴；2—前齿圈；3—前后太阳轮组件；4—后行星架；5—前行星架/后齿圈组；6—输出轴；C1—倒挡及高挡离合器；C2—前进离合器；B1—2 挡制动器；B2—低挡及倒挡制动器；F1—低挡单向离合器

表4-2 辛普森式3挡行星齿轮变速器换挡执行元件的工作情况

变速杆位置	挡位	换挡执行元件				
		C1	C2	B1	B2	F1
D	1挡		●			●
D	2挡		●	●		
D	3挡	●	●			
R	倒挡	●			●	
S、L或2、1	1挡		●		●	
S、L或2、1	2挡		●	●		

注：●表示接合、制动或锁止。

设前齿圈、前后太阳轮组件、后行星架、前行星架/后齿圈组件的转速分别为 n_1、n_2、n_3、n_4，由于前后排行星齿轮参数完全相同，齿圈与太阳轮齿数比设为 α，则运动方程如下

前行星排：$n_2+\alpha n_1=(1+\alpha)n_4$

后行星排：$n_2+\alpha n_4=(1+\alpha)n_3$

根据各执行元件的工作情况，可以计算各挡传动比，各挡动力传递路线及传动比如下。

(1) D位1挡。前进离合器C2结合，前排齿圈为输入元件，低挡单向出合器F1使后行星架无法逆时针旋转。动力传递路线是：输入轴→前排齿圈→太阳轮组件→后排齿圈→输出轴。此时传动比为 $i_1=2+1/\alpha$。

当变速器变速杆置于L或1挡位时，可以在1挡实现发动机制动，此时后行星架被低挡及倒挡制动器B2制动，驱动轮的动力通过变速器逆向传入发动机，实现发动机制动。

(2) D位2挡。前进离合器C2结合，前排齿圈为输入元件，2挡制动器B1将太阳轮组件固定。动力传递路线是：输入轴→前排齿圈→前行星架→输出轴。此时传动比为 $i_2=1+1/\alpha$。

此时低挡单向离合器F1处于释放状态，输出轴的反向动力通过前行星排传给发动机，因此在辛普森机构的2挡工作状态下(无论变速器变速杆置于D位、S位或2位)，来自驱动轮的逆向传入变速器的动力可以直接传至发动机，实现发动机制动。

(3) D位3挡。此时前进离合器C2和倒挡及高挡离合器C1同时作用，前排太阳轮和齿圈均与输入轴相连，前行星架也同速转动，形成直接挡，将输入轴的动力直接传给输出轴。传动比 $i_3=1$。在3挡状态下，行星齿轮变速器具有反向传递动力的能力，能实现发动机制动的功能。

(4) 倒挡R位。此时倒挡及高挡离合器C1接合，使前排太阳轮成为输入元件，低挡及倒挡制动器B2固定后排行星架。动力传递路线是：输入轴→太阳轮→后排行星齿轮→后排齿圈→输出轴。由于后排行星架是固定元件，使输出轴的旋转方向与输入轴的相反，变速器得到倒挡，$i_R=-\alpha$。

2. 辛普森式4挡行星齿轮机构

图4.7所示为三行星排辛普森式4挡行星齿轮变速器，是在图4.6所示的辛普森式3挡行星齿轮变速器的基础上，通过增加一个单排行星齿轮机构和相应的换挡执行元件来

产生超速挡。这个增加的单排行星齿轮机构称为超速行星排，其行星架是主动件，与变速器输入轴连接；齿圈则作为从动件，与后面的双排辛普森行星齿轮机构连接。另外还增设了控制超速行星排工作的直接离合器C0和超速制动器B0；为了改善换挡性能还增设了直接单向离合器F0、2挡强制制动器B3和2挡单向离合器F2。直接离合器C0用于连接超速行星排的太阳轮和行星架，制动器B0用于固定超速行星排的太阳轮。

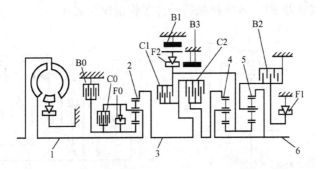

图4.7 三行星排辛普森式4挡行星齿轮变速器的结构简图

1—输入轴；2—超速行星排；3—中间轴；4—前行星排；5—后行星排；
6—输出轴；C0—直接离合器；C1—倒挡及高挡离合器；C2—前进离合器；
B0—超速制动器；B1—2挡制动器；B2—低挡及倒挡制动器；
B3—2挡强制制动器；F0—直接单向离合器；
F1—低挡单向离合器；F2—2挡单向离合器

新增的制动器B3和单向离合器F2的作用是：防止从2挡换至3挡的过程中存在运动干涉；要求辛普森机构2挡存在两种状态，即汽车滑行和发动机制动。

辛普森式4挡行星齿轮机构各换挡执行元件在不同挡位的工作情况见表4-3。

表4-3 三行星排辛普森式4挡行星齿轮变速器换挡执行元件在不同挡位的工作情况

变速杆位置	挡位	换挡执行元件									
		C1	C2	B1	B2	B3	F1	F2	C0	B0	F0
D	1挡		○				○		○		○
	2挡		○	○				○	○		○
	3挡	○	○	●					○		○
	超速挡	○	○	●						○	
R	倒挡	○			○				○		○
S、L或2、1	1挡		○		○				○		○
	2挡		○	●		○			○		○
	3挡	○	○						○		○

注：○表示接合、制动或锁止；●表示接合或制动，但不传递动力。

4.3.3 拉维娜式行星齿轮机构

拉维娜式行星齿轮机构如图4.8所示，其特点是：两行星排共用行星架和齿圈；小太阳轮、短行星轮、长行星轮、行星架及齿圈组成双行星轮系行星排；大太阳轮、长行星轮、行星架及齿圈组成一个单行星轮系行星排；有4个独立元件；仅有一个齿圈和输出轴连接。

典型的拉维娜式行星齿轮变速器的结构简图如图4.9所示。该变速器的换挡执行元件有5个，包括前进离合器C1、倒挡及直接挡离合器C2、2挡制动器B1、低挡及倒挡制动器B2和1挡单向离合器F1。各换挡执行元件工作情况见表4-4。

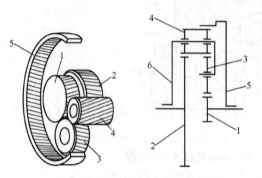

图4.8 拉维娜式行星齿轮机构
1—小太阳轮；2—大太阳轮；3—短行星轮；
4—长行星轮；5—齿圈；6—行星架

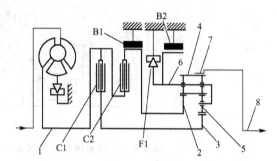

图4.9 拉维娜式行星齿轮变速器的结构简图
1—输入轴；2—大太阳轮；3—小太阳轮；4—长行星轮；
5—短行星轮；6—行星架；7—齿圈；8—输出轴；
C1—前进离合器；C2—倒挡及直接挡离合器；
B1—2挡制动器；B2—低挡及倒挡制动器；
F1—1挡单向离合器

表4-4 拉维娜式3挡行星齿轮变速器换挡执行元件的工作情况

选挡杆位置	挡位	换挡执行元件				
		C1	C2	B1	B2	F1
D	1挡	●				●
D	2挡	●		●		
D	3挡	●	●			
R	倒挡		●		●	
S、L或2、1	1挡	●			●	
S、L或2、1	2挡	●		●		

注：●表示接合、制动或锁止。

拉维娜式行星齿轮变速器各挡动力传递路线如下。

1挡：前进离合器C1接合，使小太阳轮成为输入元件，单向离合器F1锁止行星架，使其无法逆时针旋转。动力传递路线是输入轴→小太阳轮→短行星轮→长行星轮→齿圈→输出轴。

2挡：前进离合器C1接合，2挡制动器B1将大太阳轮固定。动力传递路线是输入轴→小太阳轮→短行星轮→长行星轮→齿圈→输出轴。

3挡：前进离合器C1和倒挡及直接挡离合器C2参与工作，小太阳轮和大太阳轮同时和输入轴连为一个整体,此时长行星轮和短行星轮不能自转,整个机构锁止,相互间合成一整体,因此出现了直接挡。

R 位:倒挡及直接挡离合器 C2 和低挡及倒挡制动器 B2 同时作用,大太阳轮作为驱动件,行星架被低挡及倒挡制功器固定,因此是定轴轮系传动,实现倒挡。

在拉维娜式机构的原型上再增加一排行星齿轮机构及相应换挡执行元件,可实现 4 个前进挡,并且使 2 挡也存在汽车滑行和发动机制动两种状态。

4.3.4 定轴齿轮机构

定轴式齿轮变速机构主要由平行轴、各挡齿轮和湿式多片离合器等组成。图 4.10 所示为本田 Accord 自动变速器结构简图。

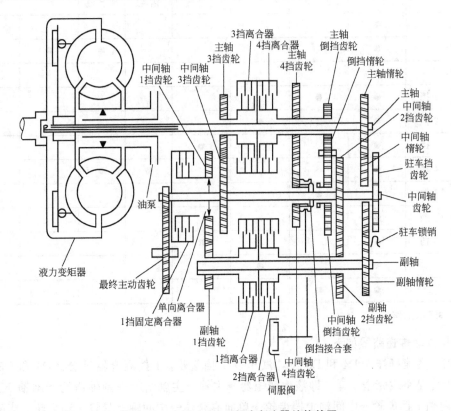

图 4.10 本田 Accord 自动变速器结构简图

平行轴有主轴、中间轴和副轴。主轴与发动机曲轴轴线同轴,其上装有 3 挡和 4 挡离合器及 3 挡、4 挡、倒挡齿轮和惰轮,倒挡齿轮和 4 挡齿轮制成一体。中间轴上装有最终主动齿轮及 1 挡、3 挡、4 挡、倒挡、2 挡和驻车挡齿轮及惰轮,最终主动齿轮和中间轴制成一体。副轴上装有 1 挡、2 挡离合器和 1 挡、2 挡齿轮及惰轮。中间轴的 4 挡齿轮及倒挡齿轮可以在副轴中部锁止,工作时,是锁止 4 挡齿轮还是倒挡齿轮取决于接合套的移动方式。主轴和副轴上的齿轮与中间轴上的齿轮保持常啮合状态。在行车中,当控制系统使某一组齿轮实现啮合传动时,动力将从主轴和副轴传递到中间轴,并从中间轴输出,同时仪表板上的自动变速器挡位指示灯将显示正在运行的挡位。

本田雅阁轿车自动变速器通过电控液压操纵系统使离合器结合或分离，来实现变速器齿轮的啮合或脱离，从而达到变换挡位的目的。离合器主要由多片离合器片（摩擦片）、多片离合器盘（钢片）、液压活塞及离合器鼓等组成。离合器盘与离合器鼓在周向固连，而在轴向可做相对移动。当离合器活塞被液压油推动时，离合器的盘与片被压紧实现结合，动力便通过离合器鼓传递给齿轮。当液压卸压时，活塞被弹簧推回位，离合器分离，动力传递被切断。

定轴式齿轮变速机构在不同挡位时的执行元件工作情况见表 4-5。

表 4-5　本田 Accord 自动变速器执行元件的工作情况

挡位		液力变矩器	1挡齿轮 1挡离合器	2挡齿轮 2挡离合器	3挡齿轮 3挡离合器	4挡齿轮	4挡离合器	倒挡齿轮	驻车挡齿轮
P		●							●
R		●					●	●	
N		●							
D4	1挡	●	●						
	2挡	●		●					
	3挡	●			●				
	4挡	●				●			
D3	1挡	●	●						
	2挡	●		●					
	3挡	●			●				
2		●		●					
1		●	●						

注：●表示工作。

各挡位动力传递路线如下。

1挡：变速杆挂入 D4 和 D3 位，汽车以 1挡起步，1挡离合器结合。D4 和 D3 位的 1挡动力传递路线完全一样，即液力变矩器→主轴→主轴惰轮→副轴惰轮→副轴→1挡离合器→副轴1挡齿轮→中间轴1挡齿轮→单向离合器→中间轴→最终主动齿轮。当变速杆挂入 1 位时，变速器固定在 1挡不能升挡，1挡离合器和1挡固定离合器结合。当汽车减速或下坡时，1位的1挡可以实现发动机的制动作用，发动机的制动阻力传递路线为驱动轮→最终主动齿轮（主减速器）→中间轴→1挡固定离合器→中间轴1挡齿轮→副轴1挡齿轮→1挡离合器→副轴→副轴惰轮→主轴惰轮→主轴→液力变矩器→发动机。

2挡：变速杆挂入 D4 和 D3 位，当变速器自动升到 2挡时，2挡离合器结合。2挡动力传递路线是液力变矩器→主轴→主轴惰轮→副轴惰轮→副轴→2挡离合器→副轴2挡齿轮→中间轴2挡齿轮→中间轴→最终主动齿轮。当变速杆挂入 2 位时，变速器固定在 2挡不能升挡和降挡，2挡传递路线与前述一样。

3挡：变速杆挂入 D4 和 D3 位，当变速器自动升到 3挡时，3挡离合器结合。3挡动力传递路线是液力变矩器→主轴→3 挡离合器→主轴 3 挡齿轮→中间轴 3 挡齿轮→中间轴→最终主动齿轮。

4 挡：变速杆挂入 D4 和 D3 位，当变速器自动升到 4 挡时，4 挡离合器结合。4 挡动力传递路线是液力变矩器→主轴→4 挡离合器→主轴 4 挡齿轮→中间轴 4 挡齿轮→中间轴→最终主动齿轮。

倒挡：变速杆挂入 R 位，控制系统使 4 挡离合器结合，同时通过伺服阀将倒挡结合套与中间轴倒挡齿轮结合，使汽车挂入倒挡。R 挡动力传递路线是液力变矩器→主轴→4 挡离合器→主轴倒挡齿轮→倒挡惰轮→中间轴倒挡齿轮→中间轴→最终主动齿轮。

4.3.5 换挡执行元件

行星齿轮变速器中的所有齿轮都处于常啮合状态，通过不同的方式对行星齿轮机构的基本元件进行约束，即固定或连接某些基本元件来实现挡位的变换。通过选择被约束的基本元件和约束方式，就可以使该机构具有不同的传动比，从而组成不同的挡位。换挡执行元件包括离合器、制动器和单向离合器。

1. 离合器

离合器起连接作用，有高倒挡离合器、前进挡离合器或直接挡离合器。目前使用较多的是多片湿式离合器，由液压来控制其结合和分离。

多片湿式离合器的结构示意图如图 4.11 所示。离合器鼓通过花键与主动件相连或与其制成一体，主动片（钢片）通过外缘键齿与离合器鼓的内花键槽配合并与主动件同步旋转。离合器花键毂与行星齿轮机构的主动元件制成一体，从动片通过内缘键齿与离合器花键鼓相连，主动片与从动片均可轴向移动。压盘固定于离合器鼓键槽中，用以限制主、从动片的位移量，其外侧安装了限位卡环。活塞装于离合器鼓内，回位弹簧一端抵于活塞端面，另一端支承在保持座上。多片离合器回位弹簧有周布螺旋弹簧、中央布置螺旋弹簧和中央布置碟形弹簧 3 种不同形式。

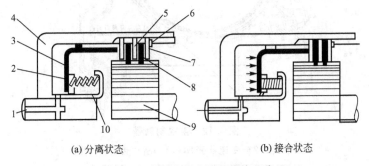

图 4.11 多片湿式离合器的结构示意图

1—主动件；2—回位弹簧；3—活塞；4—离合器鼓；5—主动片（钢片）；
6—卡环；7—压盘；8—从动片（摩擦片）；
9—花键毂；10—弹簧保持座

当离合器处于分离状态时，如图 4.11(a)所示，活塞在回位弹簧的作用下处于左极限位置，主、从动片间存在一定间隙。当压力油经油道进入活塞左腔室后，液压作用力克服弹簧张力使活塞右移，将所有主、从动片依次压紧，离合器接合[图4.11(b)]。动力经主动件、离合器鼓、主动片、从动片和花键毂传至行星齿轮机构。油压撤除后，活塞在回位弹簧的作用下回位，离合器分离，动力传递路线被切断。

离合器的主、从动片均由钢板冲压而成。从动片表面涂有摩擦材料层，因此又称摩擦片；为便于散热，主动片表面通常比较光滑。

2. 制动器

制动器的作用是将行星排中的太阳轮、行星架或齿圈加以固定，使其不能旋转。制动器有片式制动器和带式制动器两种。

湿式多片制动器由制动器活塞、回位弹簧、主动片（钢片）、从动片（摩擦片）、压盘及制动器鼓等组成，其结构原理与湿式多片式离合器基本相同，所不同的是钢片通过外花键齿安装在变速器壳体的内花键槽上。摩擦片则通过内花键齿与制动鼓上的外花键槽相连。制动器鼓与行星齿轮结构的元件相连。

带式制动器由制动带及其伺服装置组成，如图4.12所示。制动带是内表面带有镀层的开口式环形钢带，制动带开口处的一端通过摇臂支承于固定在变速器壳体的支承销上，另一端与伺服装置相连。制动器伺服装置是一个控制油缸，由油缸盖、活塞及活塞杆、回位弹簧等组成。在不制动时，活塞在回位弹簧和弹簧腔油压作用下位于右极限位置，此时制动带和制动鼓之间存在一定间隙。

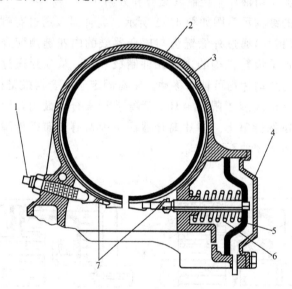

图4.12 带式制动器

1—支承销；2—变速器壳体；3—制动带；4—油缸盖；
5—活塞；6—回位弹簧；7—摇臂

制动时，压力油进入活塞右腔，克服左腔油压和回位弹簧的作用力推动活塞左移，制动带以固定支座为支点收紧。在制动力矩的作用下，制动鼓停止旋转，行星齿轮机构某元件被锁止。随着油压的撤除，活塞逐渐回位，制动解除。若仅依靠弹簧的张力，则活塞回位速度较慢，在右腔撤除油压的同时左腔进油，活塞在油压和回位弹簧的共同作用下回位，可迅速解除制动。

3. 单向离合器

单向离合器可使一些运动元件只能做单方向的转动或者限制两个元件在某一方向自由转动，在相反的方向相互制约。目前在自动变速器中应用的单向离合器，有滚柱式单向离合器和楔块式单向离合器两种。

滚柱式单向离合器的结构原理如图 4.13 所示。滚柱式单向离合器由内圈、外圈、滚柱和弹簧等组成。内圈通常用内花键和行星齿轮排的某个基本元件连接或者和变速器壳体连接，外圈则通过外花键和行星排的另一基本元件连接或者变速器外壳连接。在外圈的内表面制有与滚柱数相同的楔形槽，楔形槽内装有滚柱和弹簧，弹簧的弹力把各滚柱推向楔形槽较窄的一端。当外圈相对于内圈顺时针方向转动时，滚柱在摩擦力和弹簧弹力的作用下卡死在楔形较窄的一端，内外圈不能相对转动，单向离合器处于锁止状态[图 4.13(b)]；当外圈相对于内圈逆时针方向转动时，滚柱在摩擦力的作用下，克服弹簧的弹力，滚向楔形槽较宽的一端，外圈相对于内圈可以做自由滑转，此时单向离合器脱离锁止而处于自由状态[图 4.13(a)]。

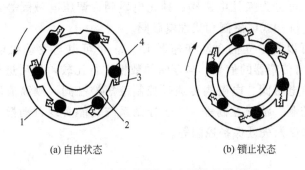

图 4.13 滚柱式单向离合器的结构原理
1—外圈；2—内圈；3—弹簧；4—滚柱

单向离合器装配时不能装反，否则会改变其锁止方向，使行星齿轮变速器不能正常工作。

楔块式单向离合器的结构原理如图 4.14 所示。楔块式单向离合器由内圈、外圈和介于内外圈之间的 8 字形金属楔块组成。楔块在正方向的尺寸 A 略大于内外圈之间的距离 B，而在 C 方向的尺寸则略小于 B。如果内圈固定，当外圈顺时针方向旋转时，楔块在摩擦力的作用下竖起，被卡死在内外圈之间，使外圈无法转动，此时单向离合器处于锁止状态，如图 4.14(b)所示。当外圈朝逆时针方向旋转时，楔块在摩擦力的作用下倾斜，脱离自锁状态，外圈可以转动，此时单向离合器处于自由状态，如图 4.14(a)所示。

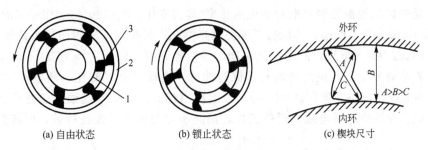

图 4.14 楔块式单向离合器的结构原理
1—内圈；2—外圈；3—楔块

楔块式单向离合器的锁止方向取决于楔块的安装方向。在装配、维修时不能装反，以免影响自动变速器的正常工作。

4.4 电控液压操纵系统

电控液力自动变速器（Electronic Controlled Automatic Transmission，ECT）的操纵系统包括电子控制系统和液压控制系统，如图 4.1 所示。

4.4.1 电子控制系统

电子控制系统由传感器、电子控制单元（ECU）和电磁阀组成。

传感器主要包括车速传感器、节气门位置传感器、发动机转速传感器、发动机冷却液温度传感器、变速器油温传感器及挡位开关、行驶模式开关、空挡起动开关和制动灯开关等，传感器的结构原理与前述发动机有关传感器相类似。

电磁阀按其作用可分为换挡电磁阀、锁止电磁阀、调压电磁阀等，按其工作方式可分为开关式电磁阀、脉冲式电磁阀和线性电磁阀。

电子控制单元可以是独立的自动变速器 ECU，也可以与发动机电控系统共用一个 ECU。ECU 接收来自传感器的信号，与存储的数据进行比较，然后进行信息处理，将相应的控制信号输送给电磁阀。电磁阀可通过控制液压控制阀，操纵液压系统来完成换挡控制、锁止离合器控制、油压控制等。电子控制系统还能实现自动模式选择控制、换挡品质控制、故障自诊断及失效保护控制等。

1. 电磁阀

（1）开关型电磁阀。开关型电磁阀的作用是开启或关闭液压油路，通常用于控制换挡阀和变矩器锁止控制阀等，结构如图 4.15 所示，由电磁线圈、针阀和排油孔等组成。当 ECU 不给电磁阀通电，针阀芯轴被油压力向上推动，排油孔打开。此时，从节流孔阀来的电磁阀的油压与排油孔相通，从而被卸压。当 ECU 向电磁阀通入电流，电磁线圈得电产生的磁吸力使芯轴向下运动，针阀关闭排油孔，从节流孔阀来的油压被保持。即当电磁阀通电时保压，而电磁阀断电时则卸压。有些车型使用的开关型电磁阀，工作方式正好相反，电磁阀通电时油路卸压，而电磁阀断电时油路保压。

（2）脉冲型电磁阀。脉冲型电磁阀通常用于主油路压力控制、变矩器的锁定控制、蓄压器的背压控制等，其结构与开关型电磁阀相似，如图 4.16 所示。脉冲电磁阀可以在一个周期中自由地被控制通电与断电的比率（即占空比，0～100%）。用一定的频率（一般用 50Hz）重复通电与断电，不断打开和关闭排油孔，把控制液压阀的压力调至规定值。当 ECU 向电磁阀输出电流，芯轴向上移动，排油孔开启，卸压。当 ECU 不向电磁阀通电，芯轴被弹簧力压下，关闭排油孔，保持油压。也即通电时卸压，断电时保持油压，这样通电与断电的比率越低（占空比小），控制压力越高，从而系统油路也越高。如果电磁阀失效或其他故障，则电磁阀暂停工作，油路压力为最大以保证行驶，即起到安全保护作用。

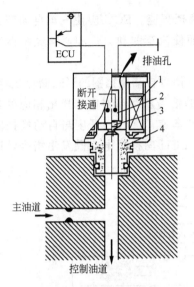
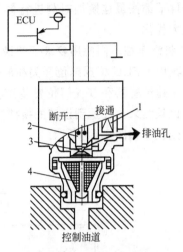

图 4.15 开关型电磁阀图　　　　图 4.16 脉冲型电磁阀
1—电磁线圈；2—衔铁和阀芯；　　1—电磁线圈；2—衔铁和阀芯；
3—阀口；4—滤网　　　　　　　3—阀口；4—滤网

(3) 线性电磁阀。线性电磁阀通常用于蓄压器背压控制和液力变矩器锁定控制。其结构如图 4.17(a)所示，包括电磁阀部分和调节阀部分。其中电磁阀部分的结构由电磁线圈、铁心、芯轴和轴承等组成。ECU 控制输给电磁阀线圈的电流大小，电流越大，电磁吸力越大，则铁心带动芯轴向右方向的推动力就越大；反之，电流小，芯轴推力也小。调节阀的左端作用有电磁阀芯轴的推力，调节阀的右端作用有弹簧张力和反馈油压力。假定系统油路压力一定，则调节阀输出油压的大小与电磁阀芯轴的推力成正比，即与电磁阀的电流大小成正比，如图 4.17(b)所示。

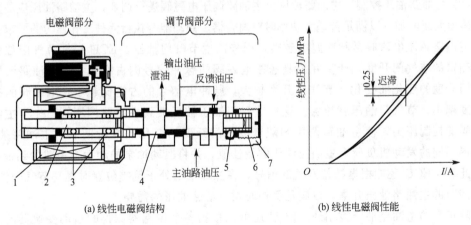

图 4.17 线性电磁阀
1—电磁线圈；2—衔铁与芯轴；3—轴承；4—调压阀阀芯；5—弹簧；6—螺母；7—阀体

2. 主要控制功能

(1) 换挡控制。换挡控制即控制自动变速器的换挡时刻。对于汽车的某一特定行驶工况来说，有一个与之相对应的最佳换挡时机或换挡车速。ECU 应使汽车自动变速器在任何行驶条件下都按最佳换挡时刻进行换挡，从而使汽车的动力性和燃料经济性等各项指标达到最大优化。

ECU 将汽车在不同使用要求下的最佳换挡规律以自动换挡图的形式储存在存储器中。在汽车行驶中，ECU 根据挡位开关和模式开关的信号从存储器内选择出相应的自动换挡图，再将车速传感器和节气门位置传感器测得的车速、节气门开度与自动换挡图进行比较，根据比较结果，在达到设定的换挡车速时，ECU 向换挡电磁阀发出指令，以实现挡位的自动变换，如图 4.18 所示。

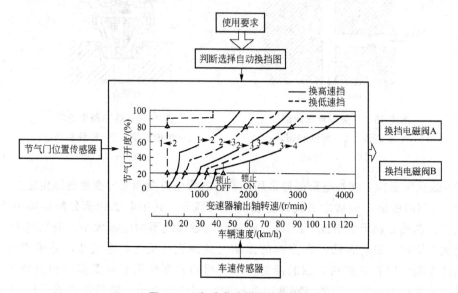

图 4.18 自动变速器换挡控制图

（2）主油路油压控制。主油路油压由主油路调压电磁阀进行调节，主油路油压应随发动机负荷增大而增加，以满足传递大功率时对离合器、制动器等执行元件工作压力的要求。

主油路调压电磁阀是脉冲型电磁阀，用来产生节气门油压。ECU 根据节气门位置传感器测得的节气门开度，计算并控制送往电磁阀的脉冲信号的占空比，使主油路油压随节气门开度的变化而变化。节气门开度越大，脉冲电信号的占空比越小，电磁阀的排油孔开度越小，节气门油压就越大。这一节气门油压被反馈到主油路调压阀，作为主油路调压阀的控制压力，使主油路调压阀随着节气门开度的变化改变所调节的主油路油压，以获得不同的发动机负荷下主油路油压的最佳值，并将驱动油泵的动力损失减少到最小。

此外，ECU 还能根据挡位开关的信号，在操纵手柄处于倒挡位置时提高节气门油压，使倒挡时的主油路油压升高，以满足倒挡时对主油路油压的需要。

除正常的主油路油压控制外，ECU 还可以根据各个传感器测得的自动变速器的工作条件，在一些特殊情况下对主油路油压作适当的修正，使油路压力的控制获得最佳效果。例如，在操纵手柄位于前进低挡（S、L 或 2、1）位置时，由于汽车的驱动力相应较大，ECU 自动使主油路油压高于前进挡时的油压，以满足动力传递的需要。为减小换挡冲击，ECU 还在自动变速器换挡过程中按照换挡时节气门开度的大小，通过油压电磁阀适当减小主油路油压，以改善换挡品质等。

(3) 锁止离合器控制。ECU按照设定的控制程序,通过锁止电磁阀来控制锁止离合器的结合或分离。自动变速器在各种工作条件下的最佳锁止离合器控制程序被事先存储在ECU的存储器内。ECU根据变速器的挡位、控制模式等工作条件从存储器内选择出相应的锁止控制程序,再与车速、节气门开度与锁止控制程序进行比较。当满足锁止条件时,ECU即向锁止电磁阀输出电信号,使锁止离合器结合,液力变矩器按机械传动工况工作。

ECU在对锁止离合器进行控制时,还要根据自动变速器的工作条件,在下述一些特殊工况下禁止锁止离合器结合,以保证汽车的行驶性能。这些禁止锁止离合器结合的条件有:液压油温度低于60℃,车速低于140km/h且怠速开关接通等。

(4) 自动模式选择控制。ECU通过各个传感器测得汽车行驶情况和驾驶人的操作方式,经过运算分析,自动选择采用经济模式、普通模式或动力模式进行换挡控制,以满足不同的驾驶人操作要求。

ECU在进行自动模式选择控制时,主要参考变速杆的位置及加速踏板被踩下的速率,以判断驾驶人的操作目的,自动选择控制模式。

在前进低挡(S、L或2、1)时,ECU只选择动力模式。

在前进挡D位,且加速踏板被踩下的速率较低时,ECU选择经济模式,当加速踏板被踩下的速率超过控制程序中所设定的速率时,ECU由经济模式转变为动力模式。

在前进挡D位中,ECU选择动力模式之后,一旦节气门开度低于1/8时,ECU即由动力模式转换为经济模式。

(5) 换挡品质控制。换挡品质控制的目的是改善换挡质量,提高汽车的乘坐舒适性。目前常见的改善换挡品质的控制功能有以下几种。

① 换挡油压控制。在升挡或降挡的瞬间,ECU通过油压电磁阀适当降低主油路油压,以减小换挡冲击,改善换挡质量。也有一些控制系统通过电磁阀在换挡时减小蓄压器活塞的背压,以减缓离合器或制动器液压缸内油压的增长速度,从而达到减小换挡冲击的目的。

② 减转矩控制。在换挡的瞬间,通过延迟发动机的点火时间或减少喷油量,可暂时减小发动机的输出转矩,以减小换挡冲击和输出轴的转矩波动。

③ N-D换挡控制。这种控制是在变速杆由停车挡或空挡(P位或N位)换至前进挡或倒挡(D位或R位)时,或相反地由D位或R位换至P位或N位时,通过调整发动机的喷油量,将发动机的转速变化减至最小,以改善换挡质量。

4.4.2 液压控制系统

液压控制系统由动力源、执行机构和控制机构三部分组成。

动力源是被液力变矩器泵轮驱动的液压泵,它除了向控制机构、执行机构供给压力油以实现换挡外,还给液力变矩器提供冷却补偿油,向行星齿轮变速器供给润滑油。

执行机构是指各离合器、制动器的液压缸。

控制机构包括主油路调压阀、手动阀、换挡阀及锁止离合器控制阀等,集中安装在自动变速器的阀体上。

1. 液压泵

液压泵是自动变速器液压控制系统的压力来源。液压泵通常安装在自动变速器前方,由液力变矩器泵轮驱动。目前自动变速器中常用的液压泵有外啮合式齿轮泵、内啮合式齿轮泵、转子泵和叶片泵等。其结构原理与发动机润滑系统机油泵相近。

2. 主油路调压阀

主油路调压阀通常采用阶梯形滑阀,如图 4.19 所示。它由上部的阀芯、下部的柱塞套筒及调压弹簧组成。在阀门的上端 A 处,受到来自液压泵的液压力作用;下端则受到柱塞下部 C 处的来自主油路调压电磁阀所控制的节气门油压的作用力及调压弹簧的作用力。A、C 两端液压作用力的平衡,决定阀体所处的位置。

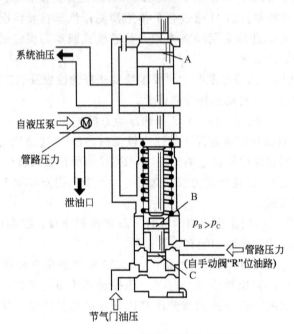

图 4.19 主油路调压阀的结构原理

若液压泵压力升高,作用在 A 处向下的液压大,推动阀体下移,出油口打开,液压泵输出的部分油液经泄油口回到油底壳,使工作油压力被调小到规定值。当加速踏板踩下时,发动机转速增加,液压泵转速随之加快,由液压泵产生的液压力也升高,向下的液压作用力增大,但此时,节气门油压也增强,使得向上的作用力也增大,于是主调压阀继续保持平衡,满足了发动机功率增加时主油路油压增大的要求。

倒挡时,手动阀打开另一条油路,将压力油引入主调压阀柱塞的 B 腔,使得向上推动阀体的油压作用力增加,阀芯上移,出油口被关小,主油路压力增高,从而获得了高于"D""2""L"等前进挡位的管路压力。

3. 手动阀

手动阀又称选挡阀,是一种手动控制的多路换向阀,位于控制系统阀板总成中,由驾驶室内的自动变速器操纵手柄控制。操纵手柄的作用与普通手动变速器的换挡手柄不同。手动变速器换挡手柄的工作位置就是变速器的挡位,变速器有几个挡位,手柄就有几个工作位置。而自动变速器操纵手柄的位置是自动变速器的工作方式,与挡位数并不对应。如手柄置于前进挡(D 位)时,对 4 挡自动变速器而言,变速器则可根据换挡信号在

1至4挡之间自动变换。当手柄置于前进低挡2位(或S位)时，自动变速器只能在1至2挡间自动变换。当手柄置于前进低挡1位(或L位)时，自动变速器被限制在1挡工作。手动阀还提供倒挡(R)、空挡(N)、停车挡(P)等功能。

图4.20所示为手动阀结构简图，在阀体上有多条油道，一条进油道与液压泵主油路相连，其余为出油道，分别通至"D""2""L""P"和"R"位相应的滑阀或直接通往换挡执行元件。

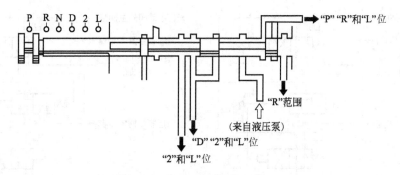

图4.20 手动阀结构简图

4. 换挡控制阀

换挡控制阀是一个两位换向阀，自动变速器都有一个或几个换挡控制阀，其数目根据变速器前进挡位数而定。

电控液力自动变速器换挡阀的工作由换挡电磁阀控制。控制方式有两种：一种是泄压控制，即通过开启或关闭换挡阀控制油路的泄油孔来控制换挡阀的工作；另一种是加压控制，即通过开启或关闭换挡阀控制油路的进油孔来控制换挡阀的工作。

泄压控制方式工作原理如图4.21(a)所示，当换挡电磁阀不通电时，油阀关闭，主油路油压经节流孔后加在换挡控制阀的右侧，柱塞左移，主油路与高挡油路接通，此时为高挡状态。当换挡电磁阀通电时，油阀打开，主油路油压经节流孔后，再经电磁阀油阀泄压，柱塞右侧压力下降，柱塞右移，主油路与低挡油路接通，此时为低挡状态。

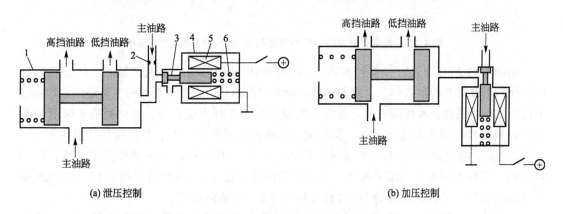

(a) 泄压控制　　　　　　　　(b) 加压控制

图4.21 换挡控制阀和换挡电磁阀的工作

1—换挡控制阀；2—节流孔；3—油阀；4—换挡电磁阀；5—电磁线圈；6—弹簧

加压控制方式工作原理如图4.21(b)所示,当换挡电磁阀不通电时,油阀关闭,柱塞在弹簧弹力作用右移,主油路与低挡油路接通,此时为低挡状态。当换挡电磁阀通电时,电磁阀油阀打开,主油路油压进入柱塞右侧,柱塞左移,主油路与高挡油路接通,此时为高挡状态。

有4个前进挡的自动变速器通常有3个换挡阀(分别为1-2换挡阀、2-3换挡阀和3-4换挡阀),大都采用由两个电磁阀控制3个换挡阀的控制方式。这种换挡控制原理示意图如图4.22所示(采用了泄压控制的方式),换挡执行元件的工作情况参照表4-3。

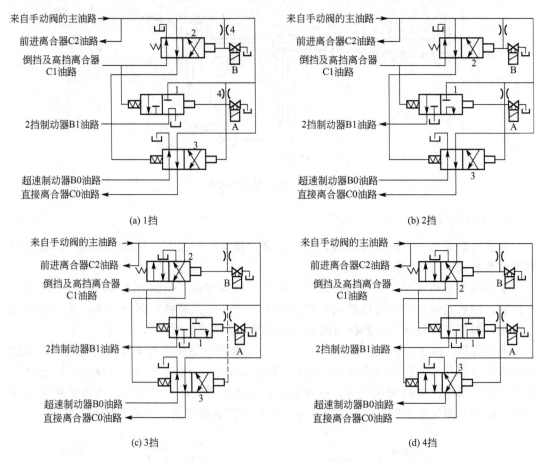

图4.22 有4个前进挡的自动变速器D位换挡控制原理示意图

由图4.22中可知,1-2换挡阀和3-4换挡阀由换挡电磁阀A共同控制,2-3换挡阀则由换挡电磁阀B单独控制。电磁阀不通电时关闭泄油孔,来自手动阀的主油路压力油通过节流孔之后作用在各换挡阀右端,使阀芯克服左端弹簧弹力而左移。电磁阀通电时泄油孔开启,换挡阀右端压力油被泄空,阀芯在左端弹簧弹力的作用下右移。换挡过程如下。

1挡时:电磁阀A断电,电磁阀B通电,2-3换挡阀阀芯在弹簧作用下右移;1-2换挡阀阀芯在控制油压作用下左移;主油路油压作用在3-4换挡阀左端,3-4换挡阀锁止在右端位置。于是前进离合器C2和直接离合器C0油路接通。

2挡时:电磁阀A和B同时通电,1-2换挡阀右端油压下降,阀芯右移;3-4换挡阀锁止在右端位置。于是前进离合器C2、直接离合器C0和2挡制动器B1油路接通。

3挡时:电磁阀A通电,电磁阀B断电,2-3换挡阀右端油压上升,阀芯左移;同时主油路油压作用在1-2换挡阀左端,并使3-4换挡阀左端控制压力泄空,3-4换挡阀锁止在右端位置。于是C2、C1、B1和C0油路接通。

4挡时:电磁阀A和B均断电,3-4换挡阀右端控制压力上升,阀芯左移。1-2换挡阀左端作用着主油路油压,虽然右端有控制压力,阀芯仍保持在右端而不能左移。于是C2、C1、B1和B0油路接通。

5. 锁止离合器控制阀

在早期的电子控制自动变速器中,锁止电磁阀采用开关电磁阀,即通电时锁止离合器结合,断电时锁止离合器分离。目前许多新型电子控制自动变速器采用脉冲式电磁阀作为锁止电磁阀,如图4.23所示。

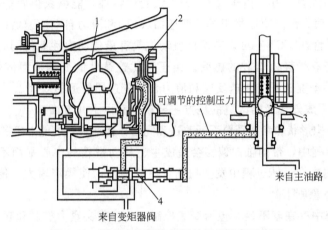

图4.23 锁止离合器控制阀的工作原理示意图
1—液力变矩器;2—锁止离合器;3—锁止电磁阀;4—锁止离合器控制阀

当作用在锁止电磁阀上的脉冲电信号的占空比为0时,电磁阀关闭,没有油压作用在锁止离合器控制阀右端,此时锁止离合器活塞左右两侧的油压相同,锁止离合器处于分离状态;当作用在锁止电磁阀上的脉冲电信号的占空比较小时,电磁阀的开度较小,于是作用在锁止离合器控制阀右端的油压和锁止控制阀左移打开的排油孔开度均较小,锁止离合器活塞左右两侧的油压差及由此而产生的锁止离合器的接合力也较小,使锁止离合器处于半接合状态。脉冲电信号的占空比越大,锁止离合器左右两侧的油压差及锁止离合器的接合力也越大。当脉冲电信号的占空比达到一定数值时,锁止离合器即可完全接合。这样,ECU在控制锁止离合器接合时,可以通过电磁阀来调节其接合力和接合速度,让接合力逐渐增大,使接合过程更加柔和。

4.5 电控机械无级变速器

目前在汽车上广泛使用的自动变速技术是将液力变矩器和行星齿轮系组合的自动变速器技术。它有着明显的缺点:传动比不连续,只能实现分段范围内的无级变速;液力传动的效率较低,影响了整车的动力性与燃料经济性;增加变速器的挡位数来扩大变速范围,就必须采用较多的执行元件来控制行星齿轮系的动力传递路线,导致自动变速器零部件数量过多,结构复杂,保养和维护不便。

无级变速器(Continuously Variable Transmission,CVT)技术则采用传动带和工作直径可变的主、从动轮相配合的方式来传递动力。由于 CVT 可以实现传动比的连续改变,从而得到传动系与发动机工况的最佳匹配,提高了整车的燃油经济性和动力性,改善了驾驶人的操纵方便性和乘客的乘坐舒适性,所以它是比较理想的汽车传动装置。

CVT 技术真正用在汽车上的历史不过十几年,但优势十分明显。

(1) 经济性。CVT 可以在相当宽的范围内实现无级变速,从而获得传动系与发动机工况的最佳匹配,提高整车的燃油经济性。

(2) 动力性。汽车的后备功率决定汽车的爬坡能力和加速能力,因此汽车的后备功率越大,汽车的动力性就越好。由于 CVT 的无级变速特性,能够获得后备功率最大的传动比,所以 CVT 的动力性能明显优于机械变速器(MT)和液力自动变速器(AT)。

(3) 驾驶舒适性能。CVT 可以在保证发动机具有最佳动力性能的同时实现无级变速,使驾驶人能够真正享受轻松驾驶的感受。由于速比连续性的变化从而使得换挡过渡非常平稳,它实现了手动变速器的快速反应和液力自动变速器舒适的双优点。

CVT 目前尚不成熟或尚需改进的地方主要集中在以下几方面。

(1) 金属带结构形状和参数还要不断改进和完善,传递转矩的能力仍需要进一步提高。

(2) 在变速过程中,带的轴向偏移会造成主、从动带轮的中心平面不在同一平面上。这种现象会使金属带在运转过程中发生扭曲,造成冲击,使噪声增大,传动变得不平稳,同时会使带的寿命急剧下降。

(3) 控制系统中存在着不足,包括变速控制、传动带夹紧力控制和起步控制等方面。

4.5.1　CVT 的结构组成

奥迪 01J 型无级变速器被称为 Multitronic,其结构如图 4.24 所示,主要由减振缓冲装置、动力连接装置(包括行星齿轮组、倒挡制动器和前进挡离合器)、辅助减速齿轮组、

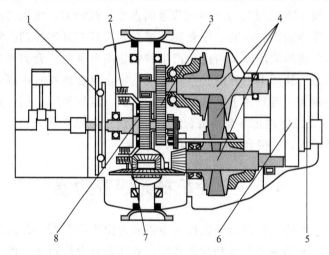

图 4.24　奥迪 01J 型 CVT 的结构

1—飞轮减振装置;2—倒挡制动器;3—辅助减速齿轮组;4—无级变速机构;
5—电子控制单元;6—液压控制单元;7—前进挡离合器;8—行星齿轮组

无级变速机构、液压控制单元和电子控制单元等组成。

发动机的输出转矩通过飞轮减振装置或双质量飞轮传递给变速器输入轴,前进挡和倒挡通过前进挡离合器和倒挡制动器实现。发动机的转矩通过减速齿轮组传递到无级变速器,并由此传递到主减速器。电子液压控制阀体和变速器控制单元集成一体,位于变速器内部。

奥迪01J型无级变速器的主要技术规格见表4-6。

表4-6 奥迪01J型无级变速器的主要技术规格

型 号	01J	型 号	01J
最大转矩/N·m	310	辅助变速齿轮变速比	51/46=1.109:1
变速器速比范围	2.40~0.4	主传动比	43/9=4.778:1
变速扩展范围	6	油泵最大工作压力/kPa	约6000

1. 减速缓冲装置

奥迪01J型CVT取消了变矩器。由于飞轮在工作时转动是不均匀的,即在做功行程转得快,而在其他行程则转得慢。这种转动的不均匀性传递到变速器内就会形成振动。因此在CVT上需要一个减振缓冲装置来缓冲这种振动。目前采用飞轮减振装置和双质量飞轮作为减振缓冲装置。

2. 动力连接装置

动力连接装置包括行星齿轮装置、前进挡离合器和倒挡制动器。

CVT通过前进挡离合器和倒挡制动器配合单排行星齿轮机构来实现前进挡和倒挡。前进挡离合器和倒挡制动器采用了湿式多片式摩擦片,用于起步并将转矩传递给辅助减速齿轮组。行星齿轮机构如图4.25所示,在奥迪CVT中行星齿轮机构唯一的功能是倒挡时改变变速器输出轴的旋转方向。其传动简图如图4.26所示。

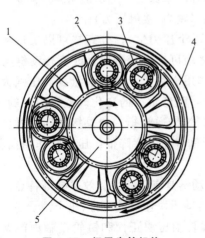

图4.25 行星齿轮机构
1—行星架;2—行星轮1;3—行星轮2;
4—齿圈;5—太阳轮

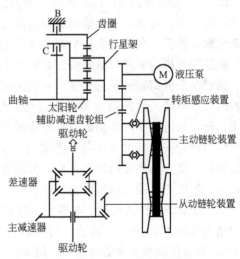

图4.26 奥迪01J型CVT结构传动简图

车辆怠速时,作为辅助减速齿轮组输入部分的行星架静止,齿圈以发动机转速一半的速率怠速运转;前进挡时,前进挡离合器C接合,变速器输入轴与行星架(输出)连接,行星齿轮系变成一个刚体传动,并且与发动机转向相同,传动比为1;倒挡时,倒挡制动器B制动,齿圈与变速器壳体固定在一起,不能转动,动力由行星架反向输出,实现倒挡。

3. 无级变速机构

无级变速机构是CVT的关键部件,由主动链轮装置、从动链轮装置及传动链三部分组成(图4.27)。主动链轮装置由发动机通过辅助减速齿轮组驱动,发动机转矩经传动链传递到从动链轮装置,并由此传给主减速器。每组链轮装置中的其中一个链轮可沿轴向移动,用于调整传动链的跨度尺寸和改变传动比,传动比可以在最小和最大变速比之间无级调节。两组链轮装置中的可动链轮必须同时移动,保证传动链始终处于张紧状态,且传动链和链轮之间应有足够的接触压力。

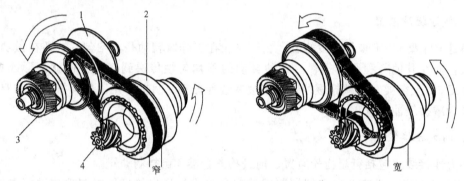

图4.27 CVT的结构原理图

1—主动链轮装置(链轮装置1);2—从动链轮装置(链轮装置2);3—辅助减速齿轮;4—主减速齿轮

(1) 换挡控制机构。换挡控制机构的结构如图4.28所示。链轮装置5和10各有一个压力缸2、8和分离缸6、11。当一个分离缸进油,而另一个分离缸泄压时,即可调整变速比,链轮和传动链之间的接触压力由压力缸内的油压来保证。主动链轮膜片弹簧3和从动链轮螺旋弹簧7分别产生一个额定的传动链基础张紧力(接触压力)。

换挡控制机构采用双活塞控制(两个分离缸和两个压力缸)。分离缸可以实现换挡控制:通过改变分离缸的压力平衡,一左一右轴向移动可动锥面链轮,改变传动链与链轮接触的有效半径,用来调整无级变速比。分离缸作用面积小、调整油量少、压强大、效率高。压力缸可以实现传动链与链轮接触压力控制,随着负荷的变化调整压力缸的压力,保持链和链轮间的接触压力与负荷相适应,以便有效传递转矩。如果接触压力过低,传动链容易打滑;如果接触压力过高,传动链磨损严重传递效率降低。压力缸作用面积大、压强小,所以产生的接触压力大。

(2) 传动链。传动链是变速器的关键部件,传动链具有转矩大和效率高等特点。传动链的结构如图4.29所示。传动链的相邻链节通过转动压块连接成一排(每个销子连接两个链节),转动压块在变速器链节间"跳动"。转矩靠转动压块正面和链轮接触面的摩擦力来传递。两个转动压块组成一个转动节,转动压块相互滚动,当其在链轮跨度半径范围内驱动传动链时,几乎没有摩擦。尽管转矩和弯曲角度大,动力损失和磨损却最小,因此寿命延长并提高了效率。

第4章　自动变速器

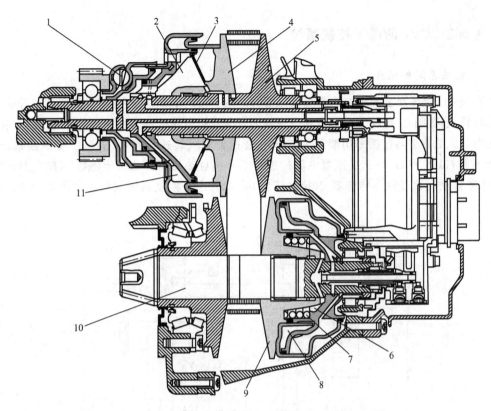

图 4.28　CVT 无级变速换挡控制机构的结构
1—转矩传感器；2、8—压力缸；3—膜片弹簧；4、9—变速器链轮；
5、10—链轮装置；6、11—分离缸；7—螺旋弹簧

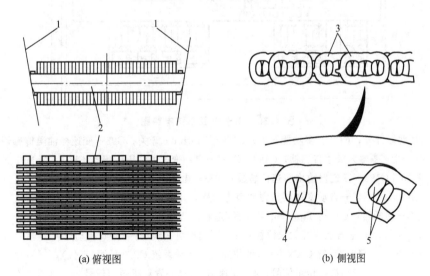

(a) 俯视图　　　　　　　　　　(b) 侧视图

图 4.29　传动链的结构
1—变速器锥面链轮；2、4—转动压块；3—链节；5—转动节

传动链是由两种不同长度的链节构成的，使用两种不同长度链节的目的是防止共振并减小运动噪声。

4.5.2 CVT 的电子控制系统

1. 电控系统的组成

奥迪 01J 型无级变速器电控系统由三部分组成：控制单元、输入装置（传感器、开关）和输出装置（电磁阀）。电控单元集成在变速器内，并直接用螺栓紧固在液压控制单元上。控制单元内集成的传感器包括多功能开关 F125、变速器输入转速传感器 G182、变速器输出转速传感器 G195 和 G196、变速器油温传感器 G93、自动变速器油压传感器 1（离合器压力）G193 和自动变速器油压传感器 2（接触压力）G194。电子控制系统电路图如图 4.30 所示。

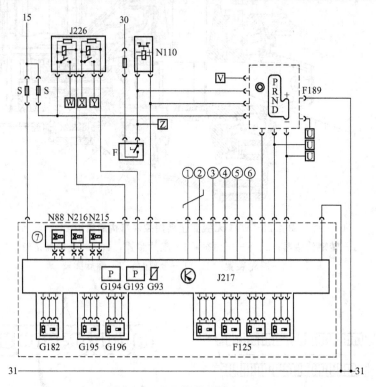

图 4.30 电子控制系统电路图

F—制动灯开关；F125—多功能开关；F189—Tiptronic 开关；G93—变速器油温传感器；
G182—变速器输入转速传感器；G193、G194—自动变速器油压传感器；J217—控制单元；
G195、G196—变速器输出转速传感器；N88—电磁阀；N110—变速杆锁止电磁阀；
N215、N216—自动变速器压力调节电磁阀；J226—起动锁止和倒车灯继电器；
S—熔断器；U—到 Tiptronic 转向盘（选装）；V—来自线柱；W—到倒车灯；
X—来自点火开关接线柱；Y—到起动机接线柱；Z—到制动灯；
1—传动系统 CAN 总线（低位）；2—传动系统 CAN 总线（高位）；
3—换挡指示信号；4—车速信号；5—发动机转速信号；
6—诊断插头；7—电磁阀

2. 电子控制系统的主要控制功能

（1）动态控制程序。控制单元 J217 内的动态控制程序（DRP）是动态换挡程序（DSP）的进一步改进，用于计算变速器的目标输入转速。DRP 的目标是将操纵性能尽可能与驾驶人的输入相适应，以达到最佳的组合，让驾驶人有驾驶机械式变速器的感觉，如图 4.31 所示。

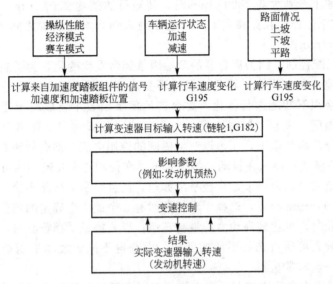

图 4.31　动态控制程序

控制单元 J217 通过接收驾驶人动作、车辆实际运行状态和路面状况信息，计算加速踏板动作频率和加速踏板角度位置、车速和车辆加速情况。控制单元利用这些信息和逻辑组合，在发动机的转速范围内，通过改变传动比，将变速器输出转速设定在最佳动力性和最佳经济性之间，使汽车操纵性能、驾驶性能与驾驶人输入的信号尽可能匹配。

（2）对离合器或制动器的控制。控制单元通过接收发动机转速、变速器输入转速、加速踏板位置、发动机转矩、制动力及变速器油温等信号来控制离合器或制动器的工作。变速器控制单元通过这些参数计算出离合器或制动器所需要的额定压力，并且确定压力调节电磁阀 N215 的控制电流，这样使离合器的压力和离合器传递的发动机转矩随控制电流的变化而相应地变化。

（3）换挡控制。控制单元中的动态控制程序可计算出变速器额定输入转速，变速器输入转速传感器 G182 用于监测主动链轮 1 处变速器的实际输入转速。变速器控制单元根据实际值与设定值之间的比较，计算出压力调节电磁阀 N216 的控制电流。N216 控制电流的变化就会产生换挡阀的控制压力，该压力与控制电流几乎是成正比的。通过检查来自变速器输入转速传感器 G182 和变速器输出转速传感器 G195 及发动机转速信号求实现对换挡的监控。

（4）爬坡控制功能。选择前进挡，发动机怠速运转时，爬坡控制功能将离合器设定到一个额定的打滑转矩（离合器转矩）。爬坡控制的特点是当车辆静止、制动起作用时，减小爬坡转矩，于是发动机不必产生如此大的转矩（离合器片间隙也增加）。由于降低了汽车的运转噪声（车辆静止，发动机怠速运转时产生的"嗡嗡"声），并且稍加制动即可停住汽车，因而改善了燃油经济性和舒适性。

若汽车停在坡道上，当制动力不足车辆回溜时，离合器压力将增大，使汽车停住，即"坡道停车"功能。该功能是通过输出转速传感器 G195 和 G196 来区分汽车是向前行驶还是向后行驶。

(5) 微量打滑控制。微量打滑控制适应离合器控制,能够减缓发动机产生的扭转振动。在部分负荷下,离合器特性被调整到发动机输出转矩为 160N·m 时的状态。

当发动机转速上升到大约 1800r/min 时,转矩可达到约 220N·m,此时离合器进入"微量打滑"模式下工作。在此模式下,变速器输入轴和链轮装置之间的打滑率(转速差别)保持在 5~20r/min。

(6) 离合器匹配控制。因为离合器的摩擦因数经常发生变化,为了能在任何工作状态下和其寿命内都能使离合器控制舒适性保持不变,压力调节电磁阀的控制电流及离合器转矩之间的关系必须不断地进行优化。离合器的摩擦因数主要取决于变速器挡位、变速器油温、离合器温度、离合器打滑率等。为了弥补这些影响和优化离合器的控制,在爬坡控制模式和部分负荷状态下,压力调节电磁阀的控制电流与离合器转矩要相互匹配。

(7) 最佳舒适模式控制。在自动换挡模式下,在传动比变化范围内可获得任意的变速比,传动比可完全无抖动地调节,换挡平滑如丝,而且牵引力传输不会中断。

在手动模式(Tiptronic)下,选择手动换挡时有 6 个或 7 个确定的挡位。其中当汽车在以 5 挡或 6 挡行驶时,可达到高动力的最高车速;以 6 挡或 7 挡行驶时,可获得最佳的经济性。同时,驾驶人可通过选择不同的低挡,以获得不同的发动机制动效果,当汽车在坡路行驶时,这一点非常重要。

(8) 根据行驶阻力自适应控制。当上坡或牵引车辆时,可能需要发动机提供较高的功率,在这种情况下,控制单元 J217 通过减挡来增加发动机的转速及输出功率。在下坡时,情况稍有不同。若驾驶人想利用发动机的制动效果,则必须通过踩制动踏板(信号来自制动灯开关 F47)来实现。若发动机处于超速阶段,并且踩下制动踏板后车速依然提高,则变速比会向减速比方向调节,从而更有利于控制发动机制动效果。若下坡坡度减小,变速比再次向超速方向调节,车速稍有提高。

(9) 程序升级。控制单元的程序、特性参数和数据(软件)及对输出信号进行的计算值,均存储于 EEPROM(电擦除可编程只读存储器)中,并实时提供给控制单元。控制单元可以通过软件进行升级,升级设备必须采用大众最新专用检测仪 V.A.S5051。

(10) 故障自诊断功能。变速器故障在很大程度上可通过自诊断功能识别,故障对驾驶安全性的影响程度可通过仪表板上的变速杆位置指示灯告知驾驶人。

4.5.3　CVT 的液压控制系统

奥迪 01J 型无级变速器的液压控制系统如图 4.32 所示。

1. 离合器(制动器)控制

离合器和制动器压力的大小取决于电磁阀 N215 控制电流的大小,而电磁阀 N215 控制电流的大小又取决于电控单元的指令。离合器电子控制流程如图 4.33(a)所示。

液压控制阀体中的输导压力阀 VSTV 向压力调节电磁阀 N215 提供一个 500kPa 的常压,电磁阀 N215 产生与控制电流成正比的控制油压,该油压的大小决定离合器控制阀 KSV 的位置,并由离合器控制阀 KSV 产生离合器油压(高控制油压产生高离合器油压)。离合器油压通过安全阀 SIV 传递到手动阀 HS,若手动阀处于 D 位,则前进挡离合器接合[图 4.34(a)];若手动阀处于 R 位,则倒挡制动器接合;若变速杆位于 P 位和 N 位时,手动阀切断供油,前进挡离合器和倒挡制动器的油路都与油底壳相通。前进挡离合器的

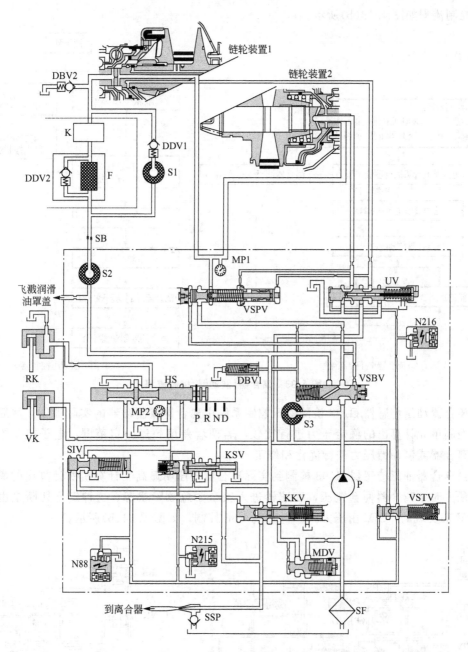

图 4.32　奥迪 01J 型无级变速器的液压控制系统

DBV1—限压阀 1；DBV2—限压阀 2；DDV1—差压阀 1；DDV2—差压阀 2；F—ATF 滤清器；HS—手动选挡阀；K—ATF 冷却器；KKV—离合器冷却阀；KSV—离合器控制阀；MDV—最小压力阀；MP1—接触压力测试点（由 G194 监测）；MP2—离合器压力测试点（由 G193 监测）；N88—电磁阀；N215—电磁阀；N216—电磁阀；P—油泵；RK—倒挡制动器；S1—ATF 滤清器 1；S2—ATF 滤清器 2；S3—ATF 滤清器 3；SB—链轮润滑/冷却喷孔；SF—ATF 滤清器；SIV—安全阀；SSP—吸气喷射泵；UV—减压阀；VK—前进挡离合器；VSBV—体积改变率限制阀；VSPV—施压阀；VSTV—输导压力阀

液压控制流程如图 4.33(b)所示。

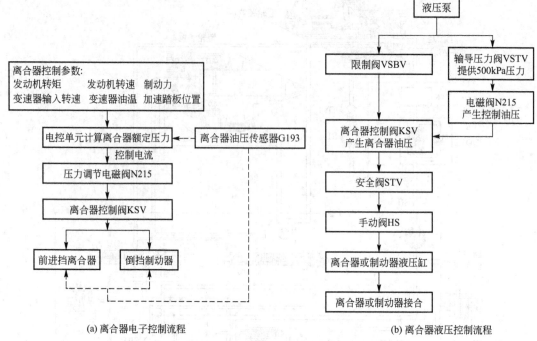

(a) 离合器电子控制流程　　　　　　(b) 离合器液压控制流程

图 4.33　离合器(制动器)控制流程

离合器油压传感器 G193 检测液压控制系统中离合器或制动器的实际油压,然后与变速器控制单元计算出的额定压力进行比较,若两者差值超过一定范围,电子控制单元便会对离合器或制动器压力进行优化和修正。

当离合器油压传感器 G193 检测到实际离合器油压明显高于计算机所计算出的离合器额定压力时,离合器便会泄压,变速器进入安全紧急故障状态。这种安全切断是由安全阀 SIV 来实现的,SIV 由压力调节电磁阀 N88 控制,如图 4.34(b)所示。

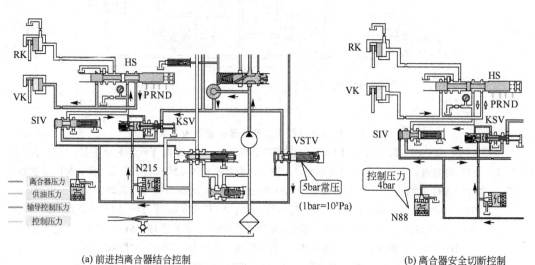

(a) 前进挡离合器结合控制　　　　　　(b) 离合器安全切断控制

图 4.34　离合器控制

2. 无级变速换挡控制

变速器升降挡控制的最主要的输入信息有输入转速（G182 传感器）、输出转速（G195 传感器）和发动机的转速等。变速器电控单元通过接收各个输入信息加以计算，最终确定电磁阀 N216 的控制电流大小，以改变主、从动链轮分离缸压力，从而实现无级换挡控制（传动比变换）。

液压控制阀体中的输导控制阀 VSTV 向压力调节电磁阀 N216 提供一个 500kPa 的常压，电磁阀 N216 产生与控制电流成正比的控制油压，并作用到减压阀 UV 上。减压阀 UV 的位置取决于控制油压的大小，当控制油压在 180～220kPa 时，减压阀 UV 处于关闭状态。当控制油压高于 220kPa 时，减压阀右移，压力油通过减压阀进入从动链轮的分离缸，同时主动链轮的分离缸与油底壳相通，于是变速器朝减速的方向换挡，如图 4.35(a) 所示。当控制油压低于 180kPa 时，减压阀左移，压力油通过减压阀 UV 进入主动链轮的分离缸，同时从动链轮的分离缸与油底壳接通，变速器朝增速的方向进行速比变换，如图 4.35(b) 所示。无级变速换挡控制流程如图 4.36 所示。电控液力自动变速器中，换挡控制至少需要两个电磁阀来完成 4 个挡位的升降挡控制，而电控机械无级变速器只需电磁阀 N216 即可完成无数个前进挡的升降挡变化。变速器是升降挡由电磁阀 N216 接受的电流大小来决定。

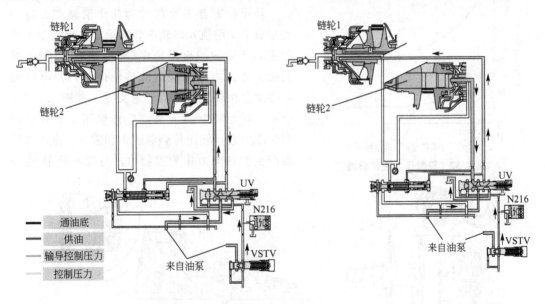

(a) N216控制油压大于220kPa降挡控制　　　(b) N216控制油压小于180kPa升挡控制

图 4.35　无级变速换挡控制过程

3. 接触压力控制

传动链和链轮之间的接触压力由压力缸中的油压产生。若传动链和链轮之间的接触压力过高就会降低传动效率；相反，若接触压力过低，会造成传动链与链轮之间出现打滑现象，因此传动链和链轮之间必须时刻有个合适的接触压力。

主动链轮内集成有机械液压式转矩传感器，一旦感知链轮打滑或牵引阻力改变，即改变压力缸中油压，进行增压或减压。如轮胎在冰面打滑或在粗糙路面上牵引阻力加大

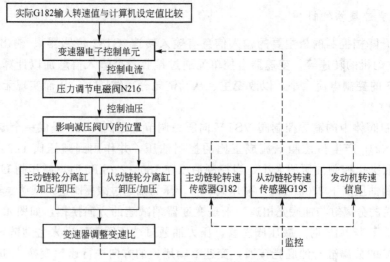

图 4.36 无级变速换挡控制流程

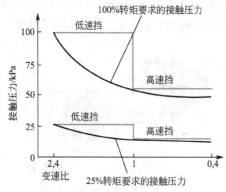

图 4.37 接触压力变化曲线

时,就改变压力缸中活塞油压。接触压力变化曲线如图 4.37 所示。

转矩传感器主要部件为两个滑轨架,每个支架有 7 个滑轨,滑轨中装有滚子。滑轨架 1 装于主动链轮的输出齿轮中(辅助减速齿轮),滑轨架 2 通过内花键与主动链轮连接,并可以轴向移动且由转矩传感器活塞支撑,如图 4.38(a) 所示。转矩传感器活塞调整接触压力,并形成两个压力腔:转矩传感器腔 1 和腔 2。转矩传感器产生的轴向力作为控制力,与发动机转矩成

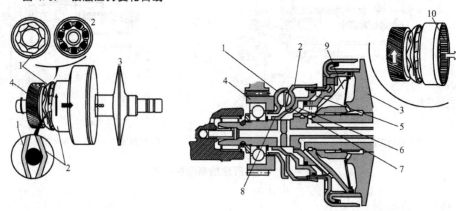

(a) 转矩传感器的结构　　　　　　(b) 转矩传感器的工作原理

图 4.38 转矩传感器的结构及工作原理

1—滑轨架 1;2—滑轨架 2;3—主动链轮;4—辅助减速齿轮;
5—转矩传感器腔 2;6—转矩传感器腔 1;7—转矩传感器活塞;
8—转矩传感器控制凸缘;9—压力腔;10—花键

正比,压力缸中的压力与控制力成正比。转矩传感器支架彼此间可径向旋转,将转矩转化为轴向力(因滚子和滑轨的几何关系),此轴向力施加于滑轨支架2并移动转矩传感器控制凸缘关闭或打开转矩传感器腔输出端,如图4.38(b)所示。

输入转矩低时:转矩传感器腔1直接与压力缸相通,转矩传感器轴向力小于压力缸压力,控制凸缘左移打开排油孔后压力下降,降低接触压力,直至发动机转矩产生的轴向力与压力缸内的压力达到平衡,如图4.39(a)所示。

输入转矩高时:当转矩达到峰值时,转矩传感器轴向力使控制凸缘完全关闭排油孔,若转矩传感器进一步轴向移动,此时压力缸内容积减小造成压力迅速上升,提高接触压力,直至达到平衡。这样就及时地调整了接触压力,如图4.39(b)所示。

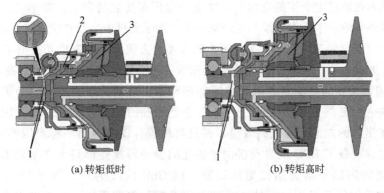

图4.39 转矩变化时接触压力调整
1—排油孔;2—转矩传感器腔1;3—压力缸

高速行驶时:当变速器换到高转速挡时,锥面链轮的轴向移动立即关闭横向孔,此时压力缸油压通过可动锥面链轮上相关孔,传入转矩传感器腔2。提高转矩传感器腔2内的压力,并克服转矩传感器的轴向力使转矩传感器活塞左移,控制凸缘进一步打开排油孔,减小压力缸内的油压,降低接触压力,如图4.40(a)所示。

低速行驶时:链轮轴上的两个横向孔通过变速器链轮的轴向位移打开,转矩传感器腔2泄压。转矩传感器的轴向力使转矩传感器活塞右移,控制凸缘进一步关小排油孔,增大压力缸内的油压,提升接触压力,如图4.40(b)所示。

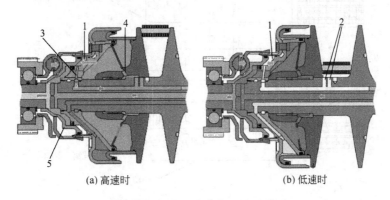

图4.40 速比变化时接触压力调整
1—转矩传感器腔2;2—横向孔;3、4—油孔;5—转矩传感器活塞

4.6 直接换挡离合器

直接换挡变速器（DSG）又称为双离合变速器（Double-clutch Gearbox），DSG 变速器是目前世界上最先进的、具有革命性的变速器系统，大众汽车在 2002 年于德国沃尔夫斯堡首次向世界展示了这一技术创新。DSG 可以手动换挡也可以自动换挡，它比传统的自动变速器易于控制也能传递更多功率但又比手动变速器反应更快。

DSG 的技术设计源自赛车运动，其实际应用最早在 20 世纪 80 年代初的保时捷 Porsche 962C 和 1985 年的奥迪 Audi sport quattro S1 RC 赛车上，双重离合器的概念非常先进，其耐用性及制造成本在经过十余年的发展后，才真正应用在普通轿车上。20 世纪 90 年代末期，大众公司和博格华纳联手合作研发和生产第一个适用于大批量生产和应用于普通轿车的双离合变速器。2003 年，经过大众汽车工程师们的多年努力研发，率先成功推出了 6 挡 DSG 双离合变速器，并成为第一家将 DSG 双离合变速器装备于量产轿车的汽车制造商。

DSG 变速器旨在满足消费者对驾驶运动感和车辆节油的双重要求，为那些酷爱手动变速器的驾驶人们提供了最佳选择。DSG 带来低油耗的同时，车辆性能方面没有任何损失，同样具有出色的加速性和最高时速，并且与传统自动变速器一样可以实现顺畅换挡，不影响牵引力。配备了 DSG 的发动机由于快速的齿轮转换能够马上产生牵引力和更大的灵活性，加速时间比手动变速器更加迅捷。以 Golf GTI 为例，带有 DSG 的车型 0～100km/h 的加速时间只需 6.9s，这个成绩比手动挡的车型更快，在性能提高的同时，配备 DSG 的车型百公里油耗只有 8.0L，与手动挡车型相当。

DSG 有两种形式，即俗称的"湿式"和"干式"。大众 6 速 02E 型 DSG 采用"湿式"双离合器，其双离合器为一大一小 2 组同轴安装在一起的多片式离合器，分别连接 1、3、5 挡、倒挡和 2、4、6 挡齿轮，如图 4.41 所示。"湿式"是指双离合器安装于一个充满液压油的封闭油腔里。这种"湿式"结构具有更好的调节能力和优异的热容性，因此能够传递比较大的转矩。6 挡 DSG 可匹配最大转矩 350N·m 的发动机。

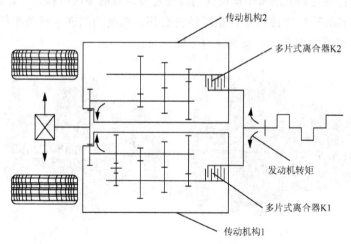

图 4.41 湿式 6 速 DSG 原理图

大众 7 速 OAM 型 DSG 采用"干式"双离合器，其双离合器由 3 个尺寸相近的离合器片同轴相叠安装组成。位于两侧的2个离合器片分别联接1、3、5、7挡和2、4、6挡及倒挡齿轮,中间盘在其间移动,分别与2个离合器片"结合"或"分离",通过切换来进行换挡,如图4.42所示。因为它的"双离合器"不是像6挡DSG那样安装于封闭油腔里,所以被为"干式"双离合器。"干式"双离合器结构简单,但是"干式"离合器自身结构的固有特性使它能够承受的最大转矩比"湿式"离合器要低,7挡DSG可匹配最大转矩250N·m的发动机,其生产成本更低。

"干式"双离合器结构简单,因而更经济,相对结构稍复杂的"湿式"而言,故障率较高。而"湿式"则显得动力更为强劲,虽然最基本的"双离合"原理是一样的,但实现的方式却相差甚远。

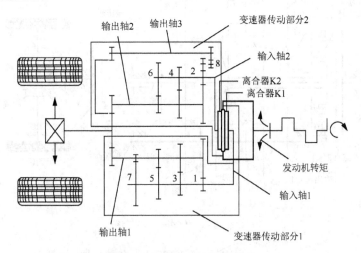

图4.42　干式7速DSG原理图

4.6.1　DSG的结构原理

以下对典型的6速DSG湿式双离合直接换挡变速器的基本组成、典型结构、传动原理及传动特性进行分析。表4-7为大众6速02E型DSG主要技术规格。

表4-7　大众02E型DSG的主要技术规格

型　　号	02E型DSG
装备总质量	前驱约94kg,四驱约109kg
最大转矩/(N·m)	350
离合器形式	两组湿式多片离合器
挡位	6个前进挡、1个倒挡
传动比	第1速3.461,第2速2.150 第3速1.464,第4速1.078 第5速1.093,第6速0.921
操作模式	自动挡位和Tiptronic(手自一体控制)
挡位模式	P、R、N、D、S(操作方式与自动变速器类似)
机油容量及规格	7.2L DSG专用机油G052 182

DSG 变速器主要由多片湿式双离合器、三轴式齿轮变速器、自动换挡机构、电子液压换挡控制系统组成。其核心部分是双离合器和三轴式齿轮箱，如图 4.43 所示。DSG 变速器的多片湿式双离合器的结构和液压式自动变速器中的离合器相似，湿式是指双离合器安装于一个充满液压油的封闭油腔中，利用液压缸内的油压和活塞压紧离合器，油压的建立是由 ECU 指令电磁阀来控制的，2 个离合器的工作状态是相反的，不会发生 2 个离合器同时接合的状态。

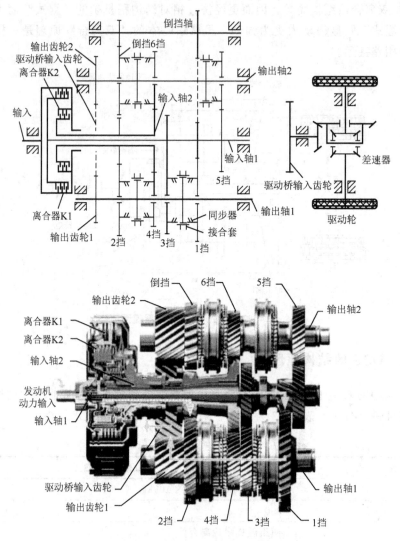

图 4.43 湿式 6 速 DSG 传动结构简图

DSG 变速器有一个由实心轴及其空心轴组合而成的变速器双输入轴机构，两个离合器 K1 与 K2 分别连接输入轴 1 和输入轴 2，离合器 K1 负责控制奇数 1、3、5 挡及倒挡，离合器 K2 负责控制偶数 2、4、6 挡，相当于将两套变速系统合二为一。DSG 通过与变速器控制模块和相联的电磁阀来调节控制双离合器的结合压力。发动机动力通过曲轴和一个双质量飞轮传递到双离合器。DSG 变速器的挡位转换是由挡位选择器来操作的，挡位选择器实际上是个液压马达，推动拨叉就可以进入相应的挡位，由电子液压换挡控制系统来控制它们的工作。在电子液压换挡控制系统中有 6 个油压调节电磁阀，用来调节 2 个离合器和 4 个挡位选择器中的油压压力，还有 5 个开关电磁阀分别控制挡位选择器和离合器的工作。

1. DSG 结构组成

1) 多片湿式离合器

如图 4.44 所示，在离合器 K1 工作时，活塞 1 充油，活塞移动将离合器 K1 内外片压合，从而转矩通过离合器外壳（外片支架）、离合器压盘、离合器片、离合器内片支架、输入轴 1 进行传递；活塞 1 泄油后，离合器 K1 分离，碟形回位弹簧将活塞退回，转矩传递中断；在离合器 K1 分离的同时，活塞 2 开始充油，活塞移动将离合器 K2 内外片压合，从而转矩通过离合器 K2 到输入轴 2 进行传递，这样始终有一个离合器处于接合状态。

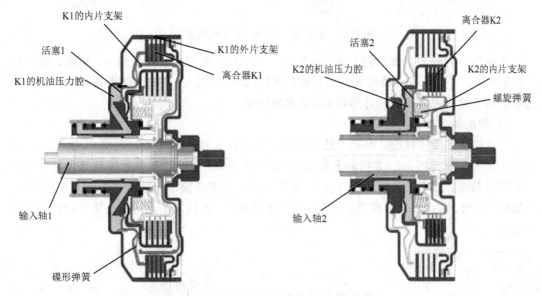

图 4.44　多片湿式离合器 K1、K2 结构简图

离合器 K1 负责将转矩传入输入轴 1，输入轴 1 用来完成 1、3、5 挡及倒挡，离合器 K2 负责将转矩传给输入轴 2，输入轴 2 用来完成 2、4、6 挡。发动机旋转使机油产生离心力，这个离心力作用使离合器接合过程中所需的压力增加，为了离合器接合更加顺利，必须对这个由离心力引起的压力进行补偿，利用离合器 K1 的碟形弹簧与 K1 活塞和 K2 外片支架形成的腔，K2 回位弹簧固定片与 K2 活塞之间形成的腔，为这两个空腔内充油，在发动机高速旋转过程中离心力作用下产生的平衡油压来补偿。

在每种操作情况下，离合器必须被控制在一个相对稳定的状态下，并且贯穿整个使用周期。因而离合器控制阀的控制电流与离合器转矩之间必须进行不断的调整、适应。离合器经常被控制在大约 10r/min 的微量打滑状态，这种极低的打滑量，叫做"微量打滑"，这有利于改善离合器的状态，并且用于调节离合器控制。

2) 输入轴 1 和输入轴 2

发动机转矩通过多片离合器 K1 和 K2 传递到输入轴，如图 4.45 所示。

输入轴 1 在中空的输入轴 2 中转动，它通过花键与多片离合器 K1 相联，输入轴 1 上有5挡、1挡/倒挡、3挡主动齿轮，为了能获得输入轴1的转速，在1挡/倒挡与3挡齿轮之间安装了一个靶轮，用于输入轴1的转速传感器G501测量转速，如图4.6.5所示。

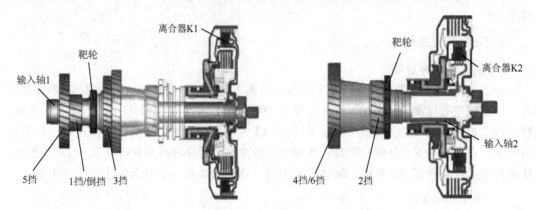

图4.45　输入轴1和输入轴2结构简图

中空的输入轴2支持在输入轴1上转动，它通过花键与多片离合器K2相联，输入轴2上有2挡、4挡/6挡主动齿轮，为了能获得输入轴2的转速，在2挡齿轮旁安装了一个靶轮，用于输入轴2的转速传感器G502测量转速。

3）输出轴1和输出轴2

在直接换挡变速器中，与两个输入轴相对应的还有两个输出轴，如图4.46所示。输出轴1上有如下元件：1-3挡同步器和2-4挡同步器，1、2、3和4挡换挡齿轮，与差速器相连的输出齿轮1。输出轴2上有如下元件：变速器输出转速传感器G195和G196的靶轮，5挡、6挡和倒挡换挡齿轮，5挡同步器和6—R挡同步器，与差速器相连的输出齿轮2。

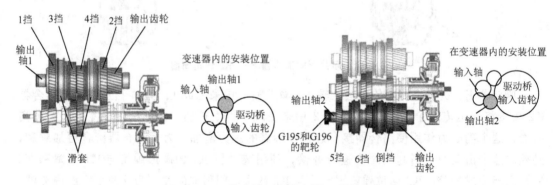

图4.46　输出轴1和输出轴2结构简图

2. DSG动力传递路线

1挡传递路线：发动机→离合器K1→输入轴1→1挡主动齿轮→1挡从动齿轮→输出轴1→输出齿轮→差速器→驱动车轮，如图4.47(a)所示。

2挡传递路线：发动机→离合器K2→输入轴2→2挡主动齿轮→2挡从动齿轮→输出轴1→输出齿轮→差速器→驱动车轮，如图4.47(b)所示。

3挡传递路线：发动机→离合器K1→输入轴1→3挡主动齿轮→3挡从动齿轮→输出轴1→输出齿轮→差速器→驱动车轮，如图4.47(c)所示。

第4章 自动变速器

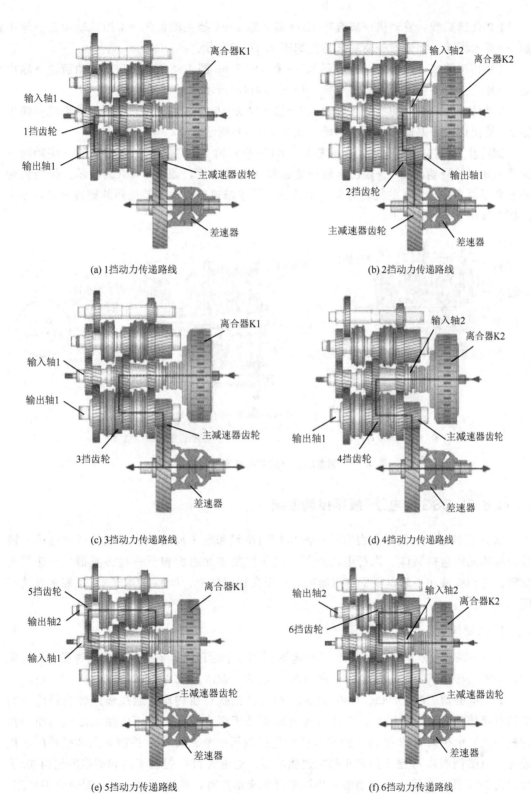

图 4.47　1～6 挡动力传递路线

4挡传递路线：发动机→离合器K2→输入轴2→4挡主动齿轮→4挡从动齿轮→输出轴1→输出齿轮→差速器→驱动车轮，如图4.47(d)所示。

5挡传递路线：发动机→离合器K1→输入轴1→5挡主动齿轮→5挡从动齿轮→输出轴2→输出齿轮→差速器→驱动车轮，如图4.47(e)所示。

6挡传递路线：发动机→离合器K2→输入轴2→6挡主动齿轮→6挡从动齿轮→输出轴2→输出齿轮→差速器→驱动车轮，如图4.47(f)所示。

倒挡动力传递路线：发动机→离合器K1→输入轴1→1挡/倒挡主动齿轮→倒挡轴→倒挡从动齿轮→输出轴2→输出齿轮→差速器→驱动车轮，如图4.48(a)所示。倒挡齿轮轴改变了动力输出轴2的旋转方向，也就改变了主减速器齿轮、差速器的旋转方向，形成倒挡，如图4.48(b)所示。

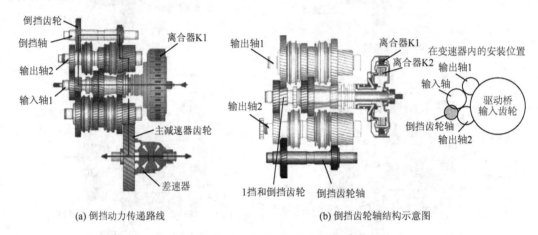

(a) 倒挡动力传递路线　　　　　(b) 倒挡齿轮轴结构示意图

图4.48　倒挡动力传统路线与倒挡齿轮轴结构

4.6.2　DSG的电子-液压控制系统

DSG变速器的控制部分由电子-液压控制单元和电子控制单元组成。其中电子-液压控制单元内包括阀体、执行电磁阀等，电子控制单元里面包括一些传感器、变速器电脑等，它们安装在一起，装于变速器内，浸于变速器油中。DSG的电子-液压控制系统如图4.49所示。

1. 电磁阀

电子-液压控制单元上面共有11个电磁阀和1个泄压阀，电磁阀分成两种类型，开关阀：N88、N89、N90、N91、N92；调节阀：N215、N216、N217、N218、N233、N371。

开关电磁阀N88、N89、N90和N91均为换挡执行机构阀，通过多路转换器阀控制至所有换挡执行机构的油压。未通电时电磁阀处于闭合位置，使压力油无法到达换挡执行机构处。电磁阀N88控制1挡和5挡的选挡油压；电磁阀N89控制3挡和空挡的选挡油压；电磁阀N90控制2挡和6挡的选挡油压；电磁阀N91控制4挡和倒挡的选挡油压。开关阀N92用于操纵多路控制器，当该电磁阀未动作时，接通1、3、5和倒挡供油油路；当该电磁阀动作时，接通2、4、6挡和空挡供油油路。通过控制N92通电与否，同时控制N88~N91电磁阀，便形成了对各个挡位的控制。

第 4 章 自动变速器

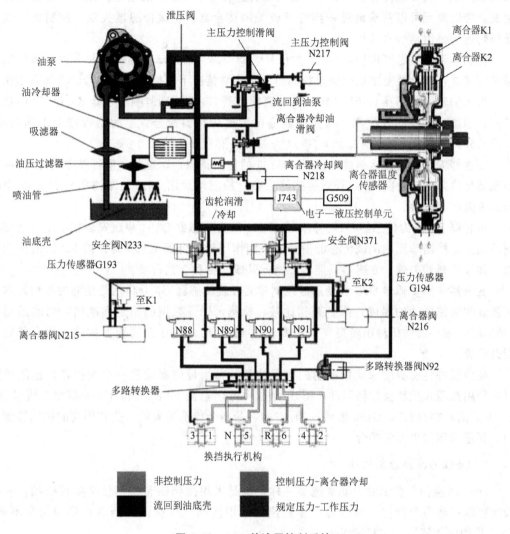

图 4.49 DSG 的液压控制系统

主压力控制阀 N217 是反比例阀,控制整个液压系统内的压力,其最重要的任务是根据发动机转矩来控制离合器油压,其调节参数为发动机转矩及发动机温度,控制单元根据当前的工作情况连续地调节主油压。压力控制阀 N215 和 N216 分别控制多片式离合器 K1 和离合器 K2 的压力。离合器冷却压力控制阀 N218 是反比例阀,通过滑阀控制冷却油的流量,控制单元通过采集 G519 离合器油温度传感器的信号来控制该阀,如失效则系统以最大流量对多片式离合器进行冷却。两个离合器各有一个安全控制电磁阀,离合器 K1 对应的安全阀是 N233,离合器 K2 对应的安全阀是 N371,安全阀的作用是使相应的离合器迅速脱开,当离合器的实际压力超过规定值时必须让离合器脱开,N233 失效变速器只能以 2 挡行驶,N371 失效变速器只能以 1 挡和 3 挡行驶。

2. 传感器

变速器输入转速传感器 G182 用于计算离合器的打滑率,为实现该功能,控制单元还必须采集输入轴转速传感器 G501 和输入轴转速传感器 G502 的信号,根据离合器的打滑情况,控制单元可以精确地进一步打开或关闭离合器。若该传感器失效,控制单元以发动机转速传感器信号来替代。

控制单元利用温度传感器 G509 的信号,调节离合器冷却油的流量并采取其他措施来保护变速器,离合器温度也可通过控制单元在应急情况下依据变速器运行参数运算出来。

输入轴转速传感器 G501 和输入轴转速传感器 G502 分别监测离合器 K1 和 K2 的输出转速,识别离合器的打滑率,与变速器输出转速传感器配合,监测是否挂上正确挡位。如果 G501 失效变速器只有 2 挡,G502 失效变速器只有 1 挡和 3 挡。

变速器输出轴转速传感器 G195 和 G196 的作用是识别车速和车辆行驶方向(通过两个传感器相位差的变化实现),若该传感器失效,控制单元用 ABS 的车速信号和 ESP 中的行驶方向信号代替。

离合器 K1 压力传感器 G193 和离合器 K2 压力传感器 G194 集成安装在电子-液压控制单元上,控制单元利用该传感器信号来识别作用于离合器 K1 和离合器 K2 的液压油压力,如果传感器失效,变速器只能以 2 挡行驶或 1 挡和 3 挡行驶。

变速器油温传感器 G93 和变速器控制单元温度传感器 G510 作用是检测控制单元本身的温度和变速器油的温度,两者互相比较、检测,保证数据的稳定和准确,当油温超过 138℃时,减小发动机输出转矩。当油温超过 145℃时,停止向离合器供油,离合器处于断开位置。

换挡元件传感器用来识别准确的拨叉位置,每个传感器监测一个换挡轴,控制单元以此利用油压来推动换挡轴运动,形成挡位。G487 监测 1 挡/3 挡,G488 监测 2 挡/4 挡,G489 监测 6 挡/倒挡,G490 监测 5 挡/空挡,若某个传感器失效,受其影响的换挡装置关闭,相应的挡位也无法接合。

3. DSG 的换挡控制过程

DSG 的换挡与普通的手动变速器一样,也是采用换挡轴和换挡拨叉实现换挡,一个拨叉可以控制两个挡位。与普通手动变速器采用换挡拉杆操纵换挡轴和换挡拨叉不同,DSG 采用电控液压方式来操纵。

如图 4.50 所示,直接换挡变速器的 4 个换挡轴由液压控制单元控制,由控制单元内的 4 个电磁阀 N88、N89、N90 和 N91 完成,通过为换挡轴施加压力来控制拨叉动作。每个换挡轴的两端通过 1 个有轴承的钢制圆筒支撑,圆筒的末端被压入活塞腔。

换挡时,换挡油压通过油道传输到活塞腔内作用在圆筒后端,推动换挡拨叉移动,从而带动滑动齿套并通过同步器完成换挡。换挡轴压力通过保持换挡轴持续的时间进行调节,当一个挡位工作时其相应推力一直存在。同时在每个拨叉上面都有一个独立的拨叉行程传感器,用以监测、反馈拨叉的行程及所处的状态。为了保证挡位的固定,在每组拨叉的主臂上还有一个挡位锁止机构,用来锁止所在挡位。

4. 离合器冷却机油系统

DSG 的液压系统是一套机油循环管路,其主要功能包括润滑和冷却双离合器、齿轮轴及齿轮、轴承与同步器等元件,操纵离合器的结合与分离及变速器的换挡过程等。

变速器油泵直接通过一根泵轴驱动,该泵轴安装在输入轴 1 的中空腔内由发动机直接

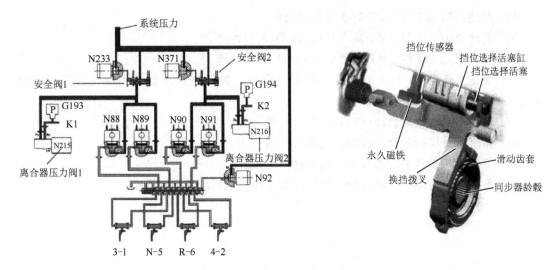

图4.50　DSG的换挡液压元件

驱动，只要发动机运转油泵就供油。装备此款变速器的车辆，在拖车过程中，油泵没有被驱动，因此如需拖车，车速不能超过50km/h，距离不能超过100km，否则会损毁变速器。

多片式离合器内部的机械摩擦会使得双离合器温度升高，为了防止离合器过热就需要对离合器进行冷却，因此DSG的机油循环管路中设计有一个单独的离合器冷却机油回路，如图4.49所示。

冷却机油回路由离合器冷却机油滑阀与离合器冷却压力阀N218控制，多片离合器机油温度传感器G509测量的是离合器机油出口处的机油温度，根据测得的温度，控制单元J743会激活冷却压力阀N218，升高或降低作用在离合器冷却机油滑阀上的机油压力，冷却机油滑阀来关闭或打开通向多片离合器的冷却机油通道，冷却机油最大供油量为20L/min，其最大供油压力为0.2MPa。

思考题

1. 自动变速器应如何分类？
2. 简述电控液力自动变速器的组成部分及其功用。
3. 简述液力变矩器的组成及简单工作原理。
4. 简述辛普森行星齿轮机构的组成及特点。3挡辛普森行星齿轮机构如何实现变速？
5. 简述拉维娜行星齿轮机构的组成及特点。3挡拉维娜行星齿轮机构如何实现变速？
6. 简述电控液力自动变速器电子控制系统的组成及主要控制功能。
7. 简述电控液力自动变速器液压控制系统的组成及其功用。
8. 介绍由两个电磁阀控制3个换挡阀进行4个前进挡控制的工作原理。
9. 介绍锁止离合器控制阀对液力变矩器的锁止过程。
10. 简述奥迪01J型CVT的组成部分及其功用。

11. 简述奥迪01J型CVT的主要控制功能。
12. 简述奥迪01J型CVT离合器(制动器)的控制原理。
13. 简述奥迪01J型CVT无级变速的换挡控制原理。
14. 奥迪01J型CVT转矩或速比发生变化时,如何调整传动链和链轮之间的接触压力?
15. 简述直接换挡离合器(DSG)的结构组成。
16. 介绍直接换挡离合器(DSG)的动力传递路线。
17. 简述直接换挡离合器(DSG)的换挡控制过程。
18. 简述直接换挡离合器(DSG)的离合器冷却机油系统工作过程。

第 5 章

万向传动装置

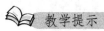
　　万向传动装置是汽车传动系统中一个重要的传力装置,它的作用是把变速器的动力传到驱动桥。本章重点介绍万向传动装置的功用、组成及万向节的分类和特点。

　　能简单叙述万向传动装置的功用、组成和应用;了解万向节的功用、类型、构造及速度特性;了解万向传动装置的布置形式及装配特点;了解传动轴和中间支承的结构。

知 识 点	技 能 点
1. 万向传动装置功用及类型 2. 十字轴万向节结构及工作特点 3. 等速万向节结构及工作特点	1. 具备原车识别万向传动装置类型及特点的能力 2. 能够正确更换万向传动装置

5.1 概 述

5.1.1 万向传动装置的组成和功用

万向传动装置一般由万向节和传动轴组成，对于传动距离较远的分段式传动轴，为了提高传动轴的刚度，还需要加装中间支承。其功用是实现汽车上任何一对轴线相交且相对位置经常变化的转轴之间的动力传递。

5.1.2 万向传动装置的应用场合

万向传动装置在汽车上的应用主要有以下几个方面，如图5.1所示。

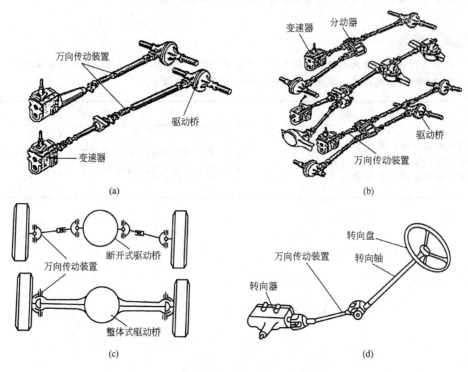

图5.1 万向传动装置在汽车上的应用

（1）变速器与驱动桥之间。在发动机前置后轮驱动的汽车上，变速器、离合器与发动机三者合为一体装在车架上，而驱动桥则通过悬架与车架相连。在负荷变化及汽车在不平路面上行驶时引起的跳动，会使驱动桥输入轴与变速器输出轴之间的夹角和距离发生变化。故变速器的输出轴与驱动桥的输入轴不可能刚性连接，而必须采用万向传动装置来连接变速器的输出轴与驱动桥的输入轴。

（2）越野汽车变速器与分动器之间。对于双轴驱动的越野汽车，当变速器与分动器分开布置时，虽然它们都支承在车架上，而且在设计时，使其轴线重合，但为了消除车架变形及制造、装配误差等引起的轴线同轴度误差对动力传动的影响，须装万向传动装置。

(3) 转向驱动桥。对于转向驱动桥，前轮既是转向轮又是驱动轮。汽车在转向过程中要不断地把动力从主减速器传到车轮。因此，汽车转向驱动桥的半轴是分段的且用万向节连接，以适应行驶时两段半轴轴线相交且交角不断变化的需要。

(4) 断开式驱动桥的半轴中。主减速器壳在车架上是固定的，两端桥壳上下摆动，半轴是分段的，须用万向节。

(5) 汽车的转向操纵机构中。某些汽车的转向轴装有万向传动装置，有利于转向机构的总体布置。

5.2 万 向 节

万向节是实现转轴之间变角度传递动力的部件，按刚度大小可分为刚性万向节和柔性万向节。按速度特性分为普通万向节（十字轴式）、准等角速万向节（双联式、三销轴式等）和等角速万向节（球叉式、球笼式、组合式等）。

5.2.1 普通万向节

普通万向节又称十字轴万向节，因其结构简单、工作可靠、传动效率高，且允许相邻两传动轴之间的最大交角为15°～20°，故普遍应用于各类汽车的传动系统中。

1. 普通万向节的构造

图5.2所示是普通万向节的构造，两个万向节叉2和6上的孔分别活套在十字轴4的两对轴颈上。这样当主动轴转动时，从动轴既可随之转动，又可绕十字轴中心在任意方向摆动。为了减少摩擦损失，提高传动效率，在十字轴轴颈和万向节叉孔间装有滚针轴承，然后用螺钉和轴承盖1将套筒9固定在万向节叉上，并用锁片将螺钉锁紧，以防滚针轴承在离心力的作用下从万向节叉中脱出。为了润滑轴承，十字轴做成中空的，并有油路通向轴颈。润滑油可从滑脂嘴3注入到十字轴内腔。为了避免润滑油流出及灰尘进入轴承，在十字轴的轴颈上装有油封。有的还在十字轴中部装有安全阀，当十字轴内腔的润滑油压力大于安全阀的安全油压时，安全阀就会被顶开使润滑油外溢，防止油封因压力过高而损坏。十字轴润滑油道及密封装置如图5.3所示。

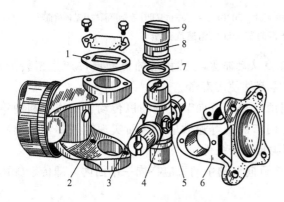

图 5.2 普通万向节的构造
1—轴承盖；2—万向节叉；3—滑脂嘴；4—十字轴；
5—安全阀；6—万向节叉；7—油封；8—滚针；9—套筒

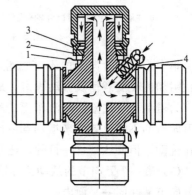

图 5.3 十字轴润滑油道及密封装置
1—油封挡盘；2—油封；
3—油封座；4—滑脂嘴

普通万向节的损坏程度是以十字轴的轴颈和滚针轴承的磨损为标准的，因此润滑与密封直接影响着万向节的使用寿命。为了提高它的密封性能，现有的十字轴万向节多采用橡胶密封圈，当油腔内的润滑油压力大于允许值时，多余的润滑油就从橡胶油封内圈表面与十字轴颈处溢出，故在十字轴上无须安装安全阀。

万向节中滚针轴承常见的定位方式除了盖板式外，还有内、外挡圈固定式。

2. 普通万向节的速度特性

在输入轴和输出轴有夹角的情况下，当普通万向节的主动叉是等角速转动时，单个普通万向节从动叉是不等角速的。下面就单个万向节传动过程中两个特殊的位置进行运动分析，说明它传动的不等速性。

(1) 主动叉在垂直位置且十字轴平面与主动轴垂直的情况[图 5.4(a) 所示位置]，由于主、从动叉轴在十字轴上 A 点的瞬时线速度相等，则有

$$V_A = \omega_1 r = \omega_2 r \cos\alpha$$
$$\omega_2 = \omega_1/\cos\alpha \quad 此时：\omega_2 > \omega_1$$

(2) 主动叉在水平位置且十字轴平面与从动轴垂直时的情况[图 5.4(b) 所示位置]，主、从动叉轴在十字轴上 B 点的瞬时线速度相等，则有

$$V_B = \omega_1 r \cos\alpha = \omega_2 r$$
$$\omega_2 = \omega_1 \cos\alpha \quad 此时：\omega_2 < \omega_1$$

综上所述，当主动叉轴以等角速旋转时，从动叉轴是不等速的，从图 5.4(a) 转到图 5.4(b) 位置，从动叉轴的角速度由最大值 $\omega_1/\cos\alpha$ 变至最小值 $\omega_1\cos\alpha$。主动叉轴再转 90°，从动叉轴的角速度由最小值变至最大值，可见从动叉轴角速度变化周期为 180°。从动叉不等速程度随着夹角 α 的加大而加大，而主、从动轴的平均转速是相等的，即主动轴转一圈从动轴也转一圈。所谓的不等速是指从动轴在一周中角速度不均匀而言。

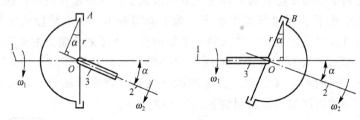

(a) 主动叉在垂直位置且十字轴平面与主动轴重直时　(b) 主动叉在水平位置且十字轴平面与从动轴重直时

图 5.4　普通万向节传动的角速度分析

单个十字轴万向节的不等速性，会使从动轴及与其相连的传动部件产生扭转振动，产生附加的交变载荷及振动噪声，影响零部件使用寿命。

为避免这一缺陷，在汽车上均采用两个普通万向节且中间以传动轴相连，利用第二个万向节的不等速效应来抵消第一个万向节的不等速效应，从而实现输入轴与输出轴等角速传动。但要达到这一目的，还必须满足两个条件。

(1) 第一个万向节的从动叉和第二个万向节的主动叉应在同一平面内，即传动轴两端的万向节叉在同一平面内。

(2) 输入轴、输出轴与传动轴的夹角相等，即 $\alpha_1 = \alpha_2$。

通过正确的装配工艺可以保证与传动轴两端相连接的万向节叉在同一平面内。但条

件 $\alpha_1 = \alpha_2$ 只有在驱动轮采用独立悬架时，才有可能通过整车的总布置设计和总装配工艺的保证而实现。若驱动轮采用非独立悬架，由于弹性悬架的振动，主减速器的输入轴与变速器输出轴的相对位置不断变化，不可能在任何情况下都保证 $\alpha_1 = \alpha_2$，此时万向传动装置只能做到使传动的不等速尽可能小。双万向节的等速排列方式如图 5.5 所示。

所谓等速传动是指传动轴两端的输入轴和输出轴而言，对传动轴来说，只要夹角不为零，它就不等角速转动，与传动轴的排列方式无关。

5.2.2 准等角速万向节和等角速万向节

转向驱动桥和独立悬架的驱动桥，因受轴向尺寸限制、转向轮偏转角大等原因，仅使用两个普通的万向节传动装置难以适应，所以采用各种形式的准等角速和等角速万向节。

1. 准等角速万向节

准等角速万向节是根据上述双万向节实现等角速传动的原理设计而成的，常见的有双联式万向节和三销轴式万向节两种。

1）双联式万向节

双联式万向节实际上是一套传动轴长度缩减至最小的双万向节传动装置。图 5.6 所示的双联叉相当于两个在同一平面内的万向节叉。要使万向节叉轴的角速度相同，应保证 $\alpha_1 = \alpha_2$。为此有的双联叉万向节装有分度机构，以尽量保证双联叉的对称线平分所连两轴的夹角。

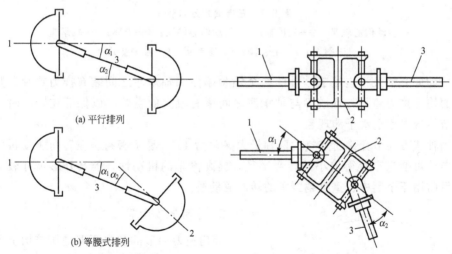

图 5.5 双万向节的等速排列方式　　图 5.6 双联叉

1、3—万向节叉轴；2—双联叉

双联式万向节用于转向驱动桥时，可以没有分度机构，但必须在结构上保证双联式万向节中心位于主销轴线与半轴轴线的交点，以保证准等角速传动。

双联式万向节允许有较大的轴间夹角，一般可达 50°，并且具有轴承密封性好、效率高、制造工艺简单、加工方便、工作可靠等优点，但零件数目较多，外形尺寸较大。故一般多用于越野汽车上，例如，切诺基轻型越野汽车的前传动轴与分动器前输出轴之间即采用了这种双联式万向节。

2) 三销轴式万向节

由双联式万向节演变而来的三销轴式万向节如图5.7所示。它主要由2个偏心轴叉、2个三销轴和6个轴承和密封件等组成。每一偏心轴叉的两叉孔通过轴承和一个三销轴大端的两轴颈配合,两个三销轴的小端相互插入对方的打断轴承孔内,形成了Q_1-Q_1'、$R-R'$、Q_2-Q_2'三根轴线。传递转矩时,由主动偏心轴叉经Q_1-Q_1'、$R-R'$、Q_2-Q_2'传到从动偏心轴叉。

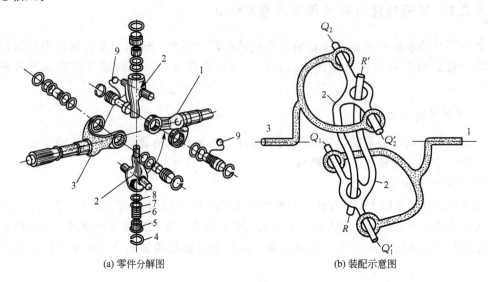

图5.7 三销轴式万向节

1—主动偏心轴叉;2—三销轴;3—从动偏心轴叉;4—卡环;5—轴承座;
6—衬套;7—毛毡圈;8—密封罩;9—推力垫片

与主动偏心轴叉相连的三销轴的两个轴颈端面和轴承座之间装有推力垫片。其余各轴颈端面均无推力垫片,且端面与轴承座之间留有较大的空隙,以保证在转动时三销轴式万向节不致发生运动干涉现象。

三销轴式万向节允许所连接的两轴最大夹角为45°,易于密封。在转向驱动桥中采用这种万向节可使汽车获得较小的转弯半径,提高汽车的机动性,但其外形尺寸较大。这种结构目前用于个别中、重型越野车的转向驱动桥。

2. 等角速万向节

等角速万向节的基本原理是从结构上保证万向节在工作过程中,其传力点永远位于两轴交角的平分面上。图5.8所示为一对大小相同的锥齿轮传动示意图。两齿轮的接触点P位于两齿轮轴线交角α的平分面上,由P点到两轴的距离都等于r。在P点处两齿轮的圆周速度是相等的,因而两个齿轮旋转的角速度也是相等的。与此相似,若万向节的传力点在其交角变化时,始终位

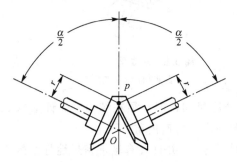

图5.8 锥齿轮传动示意图

于角平分面内,则可使两万向节叉保持等角速的关系。

目前,常用的等角速万向节有球叉式、球笼式和组合式等。

1) 球叉式万向节

球叉式万向节的构造如图5.9所示。主动叉与从动叉分别与内、外半轴制成一体。在主、从动叉上各有4个曲面凹槽,装合后,形成两个相交的环形槽,作为钢球滚道。4个传力钢球放在凹槽内,定心钢球放在两叉中心的凹槽内,以定中心。

球叉式万向节等角速传动的原理如图5.10所示,主、从动叉曲面凹槽的中心线分别是O_1、O_2圆心的两个半径相等的圆,而且圆心O_1、O_2到万向节中心O的距离相等(即$O_1O=O_2O$)。这样无论主、从动叉以任何角度相交,4个钢球只能位于两交叉凹槽的交点处,从而保证所有传力钢球始终位于两轴交角α的角平分面上,因而保证了等速传动。

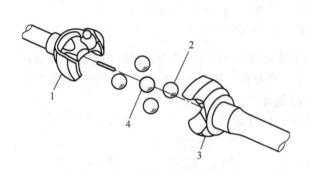
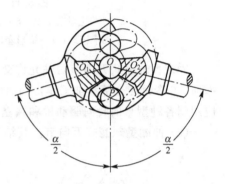

图5.9 球叉式万向节的构造　　　　图5.10 球叉式万向节等角速传动的原理
1—从动叉;2—传力钢球;3—主动叉;4—定心钢球

球叉式万向节结构简单,允许轴间夹角最大值为32°~38°,但由于工作时只有两个钢球传力,而另外两个钢球在反转时传力,因此钢球与滚道之间的接触压力大,磨损快,影响其使用寿命。所以,球叉式万向节通常使用在中、小型越野汽车转向驱动桥上。

2) 球笼式万向节

球笼式万向节按主、从动叉在传递转矩过程中轴向是否产生位移分为:固定型球笼式万向节(RF节)和伸缩型球笼式万向节(VL节)。

(1) 固定型球笼式万向节。其结构如图5.11所示。星形套7以内花键与主动轴1相连,其外表面有6条凹槽,形成内滚道。球形壳8的内表面有相应的6条凹槽,形成外滚道。6个钢球分别装在各条凹槽中,并由保持架4使之保持在一个平面内。动力由主动轴1经钢球6、球形壳8输出。

固定型球笼式万向节的等角速传动原理如图5.12所示。外滚道的中心A与内滚道的中心B分别位于万向节中心O的两边且与O等距离。钢球中心C到A、B两点的距离也相等。

保持架的内外球面、星形套的外球面和球形壳的内球面均以万向节中心O为球心。故当两轴交角变化时,保持架可沿内外球面滑动,以保持钢球在一定位置。

由图5.12可见,由于$OA=OB$,$CA=CB$,CO是共边,则两个三角形△COA与△COB全等。故∠COA=∠COB,即两轴相交任意交角α时,传力的钢球C都位于交角平分面上。此时钢球中心到主、从动轴轴线的距离a和b相等,从而保证了从动轴与主动轴以相等的角速度旋转。

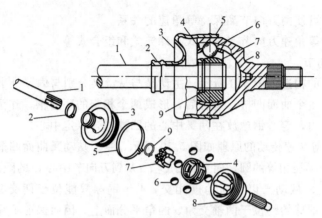

图 5.11 固定型球笼式万向节的结构

1—主动轴；2、5—钢带箍；3—外罩；4—保持架（球笼）；
6—钢球；7—星形套（内滚道）；8—球形壳（外滚道）；9—卡环

固定型球笼式万向节两轴允许交角范围较大（45°～50°），且在工作时，无论传动方向如何，6 个钢球全部参加工作，因而磨损小，寿命长，承载能力强，拆装方便。它被广泛应用到各种型号的转向驱动桥和独立悬架的驱动桥上。

(2) 伸缩型球笼式万向节。其结构如图 5.13 所示。

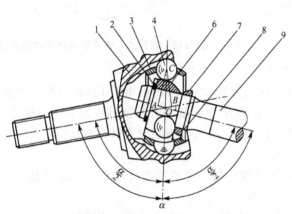

图 5.12 固定型球笼式万向节的等角速传动原理

（图注同图 5.11）O—万向节中心；A—外滚道中心；
B—内滚道中心；C—钢球中心；α—两轴交角（指钝角）

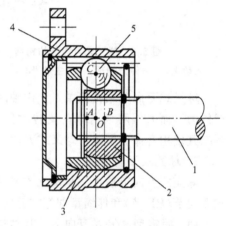

图 5.13 伸缩型球笼式万向节的结构

1—主动轴；2—星形套（内滚道）；
3—保持架（球笼）；4—筒形壳
（外滚道）；5—钢球

伸缩型球笼式万向节的内外滚道是圆筒形的，在传递转矩过程中，星形套 2 与筒形壳 4 可沿轴向相对移动，故可省去其他万向传动装置中必须有的滑动花键。这不仅使结构简化，而且由于星形套 2 与筒形壳 4 之间的轴向相对移动是通过钢球 5 沿内外滚道滚动来实现的，与滑动花键相比，其阻力小，最适用于断开式驱动桥。两轴的夹角为 15°～21°，轴向伸缩量可达 45mm。

这种万向节的保持架的内球面中心 B 与外球面中心 A 分别位于万向节中心 O 的两边，且 $OA=OB$。同样，钢球中心 C 到 A、B 的距离相等，以保证万向节做等角速传动。

3) 三叉式等角速万向节

图 5.14 所示为三叉式等角速万向节（又称三角式万向节）。它主要由三销总成和万向节套组成。三销总成的花键孔与传动轴内花键配合，3 个销轴上均装有轴承，以减小磨损。万向节套的凸缘用螺栓连接，为防止润滑脂外露，万向节由防护罩封护，并用卡箍 8、10、12 紧固。

三叉式等角速万向节结构简单，磨损小，并且可以轴向伸缩，在轿车中的应用也逐渐增多，富康轿车前转向驱动桥就采用了这种万向节。

3. 柔性万向节

柔性万向节依靠其弹性件的弹性变形来保证在相交两轴间传动时不发生机械干涉。弹性件采用橡胶盘、橡胶金属套筒、六角形橡胶圈等结构。因弹性件的弹性变形有限，故柔性万向节适用于两轴间夹角不大（3°～5°）和微量轴向位移的万向传动装置。如有的汽车发动机与变速器之间、变速器与分动器之间装有柔性万向节，以消除制造安装误差和车架变形对传动的影响。此外，它还具有吸收传动系统中的冲击载荷和衰减扭转振动，结构简单、无须润滑等优点。

图 5.15 所示为用来连接发动机输出轴与液力机械变速器输入轴的柔性万向节。它主要由借助螺栓固定在发动机飞轮上的大圆盘 5、与花键毂 2 铆接在一起的连接圆盘 3、连接两者的弹性元件 4 及定心用的中心轴 1 组成。

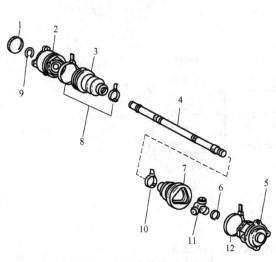

图 5.14 三叉式等角速万向节
1—端盖；2—外万向节；3—外万向节防护罩；
4—传动轴；5—内万向节套；6、9—卡环；
7—内万向节防护罩；8、10、12—卡箍；
11—三销总成

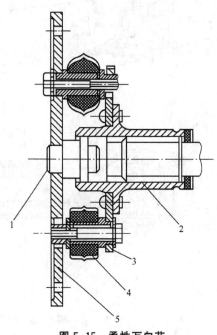

图 5.15 柔性万向节
1—中心轴；2—花键毂；3—连接圆盘；
4—弹性元件；5—大圆盘

5.3 传动轴和中间支承

5.3.1 传动轴的功用和结构

传动轴是万向传动装置中的主要传力部件,通常用来连接变速器(或分动器)和驱动桥,在转向驱动桥和断开式驱动桥中,则又用来连接差速器和驱动轮。

为了减轻传动轴的质量,节省材料,提高轴的强度、刚度及临界转速,传动轴多为空心轴,一般用厚度1.5~3.0mm且厚薄均匀的钢板卷焊而成,超重型货车则直接采用无缝钢管。在转向驱动桥、断开式驱动桥或微型汽车的万向传动装置中,通常将传动轴制成实心轴。

汽车行驶过程中,变速器与驱动桥的相对位置经常变化,为避免运动干涉,传动轴用由滑动叉和花键轴组成的滑动花键连接,以适应传动轴长度的变化。为了减少磨损,还装有用以加注润滑脂的滑脂嘴、油封、堵盖和防尘罩,如图5.16所示。

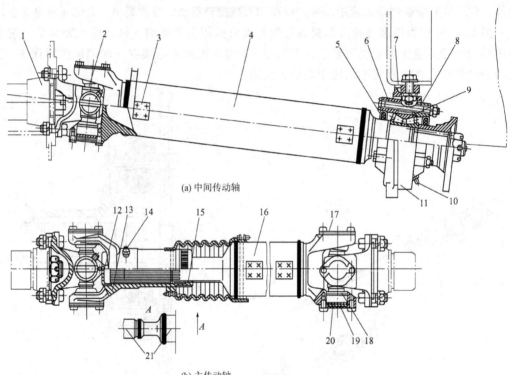

图5.16 中型货车的传动轴和中间支承

1—凸缘叉;2—万向节十字轴;3—平衡片;4—中间传动轴;5—油封;6—中间支承前盖;
7—橡胶垫环;8—中间支承后盖;9—双列圆锥滚子轴承;10、14—滑脂嘴;11—支架;
12—堵盖;13—万向节滑动叉;15—油封;16—主传动轴;17—锁片;18—滚针轴承
油封;19—万向节滚针轴承;20—滚针轴承轴承盖;21—装配位置标记

传动轴在高速旋转时,由于质量不均衡引起的离心力将使传动轴发生剧烈振动。因此,当传动轴与万向节装配后必须进行动平衡。图5.16中的零件3即为平衡用的平衡片。

动平衡后,在滑动叉 13 与传动轴 16 上刻上箭头记号 21,以便拆卸后重装时保持二者的相对角位置不变。传动轴过长时,自振频率降低,易产生共振。故常将其分为两段并加中间支承。前段称中间传动轴,如图 5.16(a)所示,后段称主传动轴,如图 5.16(b)所示。

5.3.2 中间支承

传动轴分段时,须加中间支承。中间支承通常装在车架横梁上,能补偿传动轴轴向和角度方向的安装误差及汽车行驶过程中因发动机窜动或车架变形等引起的位移。

中间支承常用弹性元件来满足上述要求,它主要由轴承、带油封的盖、支架、弹性元件等组成。图 5.16 中的中间支承由支架 11 和轴承 9 等组成,双排锥轴承固定在中间传动轴后部的轴颈上。带油封的支承盖 6 和 8 之间装有弹性元件橡胶垫环 7,用螺栓紧固。紧固时橡胶垫环会径向扩张,其外圆被挤紧于支架 11 的内孔。

有的汽车采用摆动式中间支承,如图 5.17 所示,它可绕支承轴摆动,改善了发动机轴向窜动时轴承的受力状况。橡胶衬套能适应传动轴轴线在横向平面内少量的位置变化。

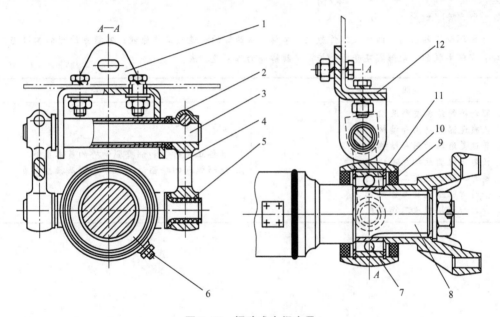

图 5.17 摆动式中间支承

1—支架;2、5—橡胶衬套;3—支承轴;4—摆臂;6—滑脂嘴;7—轴承;
8—中间传动轴;9—油封;10—支承座;11—卡环;12—车架横梁

1. 汽车传动系统中为什么要设万向传动装置?它由哪几部分组成?
2. 简述单个普通式万向节的传动特点。
3. 等角速万向节有哪些结构形式?各有什么特点?
4. 传动轴的中间支承有什么作用?

第 6 章

驱 动 桥

驱动桥是将变速器传来的动力经过减速增矩,然后传到驱动轮的装置。本章主要介绍汽车驱动桥的作用、组成和工作原理及驱动桥各组成部分的结构、工作原理及工作过程。

了解驱动桥的功用、组成及工作原理;掌握主减速器的构造与工作原理;掌握差速器的构造与工作原理;了解半轴的支承形式及受力分析;了解桥壳的作用及特点。

知 识 点	技 能 点
1. 驱动桥的结构类型及组成 2. 主减速器的功用和结构原理 3. 普通差速器功用和结构原理 4. 托森差速器结构原理 5. 适时四驱组成及工作模式 6. 全时四驱组成及工作模式 7. 分时四驱组成及工作模式	1. 具备正确拆装和调整驱动桥的基本技能 2. 能够识别四轮驱动的原车类型及操控要点

6.1 概 述

6.1.1 驱动桥的组成与功用

驱动桥主要由桥壳、主减速器、差速器和半轴组成。其功用是将万向传动装置输入的动力减速增扭、改变动力方向之后,通过半轴将动力传递分配到左右驱动轮,并允许左右驱动轮以不同的转速旋转。

6.1.2 驱动桥的类型

根据桥壳与驱动桥的连接关系,驱动桥分为整体式和断开式驱动桥两种。

1. 整体式驱动桥

如图 6.1 所示,整体式驱动桥采用非独立悬架。其驱动桥壳为一刚性的整体,驱动桥的两端通过悬架与车架连接,左右半轴始终在一条直线上,即左右驱动车轮不能相互独立地跳动。车桥和车轮只能随路面的变化而整体上下跳动。

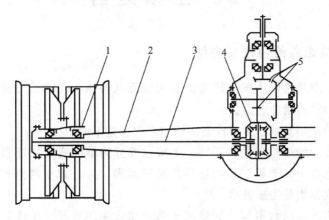

图 6.1 整体式驱动桥

1—轮毂;2—桥壳;3—半轴;4—差速器;5—主减速器

2. 断开式驱动桥

如图 6.2 所示,断开式驱动桥采用独立悬架,其主减速器固定在车架上,驱动桥壳支承分段并用铰链连接,半轴也分段并用万向节连接。驱动桥两端分别用悬架与车架连接。这样,两侧车轮和半轴可以随路面的变化彼此独立地相对于车架上下跳动。

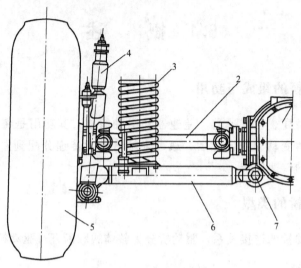

图 6.2 断开式驱动桥

1—主减速器;2—半轴;3—弹性元件;4—减振器;5—驱动轮;6—摆臂;7—摆臂轴

6.2 主减速器

6.2.1 主减速器的功用与类型

主减速器的功用是将输入的转矩增大并相应降低转速,并将动力传递的方向改变后(发动机横置的除外)传给差速器。

为满足不同的使用要求,主减速器的结构形式也是不同的。

按参加减速传动的齿轮副数目不同,主减速器分为单级式主减速器和双级式主减速器。在双级主减速器中,若第二级减速器齿轮有两副,并分置于两侧车轮附近,实际上成为独立部件,则称为轮边减速器。

按主减速器传动比挡数不同分为单速式和双速式主减速器。单速式主减速器的传动比是固定的,双速式则有两个传动比供驾驶人选择。

按齿轮副结构形式不同分为圆柱式(轴线固定式和轴线旋转式即行星齿轮式)、圆锥齿轮式和准双曲面齿轮式。

6.2.2 主减速器的构造与工作原理

1. 单级式主减速器

单级主减速器因结构简单、体积小、质量小、传动效率高等优点,可以满足轿车和中型货车动力性的要求,在轿车和中型货车中采用较多。其减速传动机构由一对齿轮组成。

在发动机纵向布置的汽车上,由于需要改变动力传递方向(一般为90°),单级式主减速器都采用一对锥齿轮传动。

图 6.3 所示为东风 EQ1090E 型汽车的单级主减速器,其减速传动机构为一对准双曲面齿轮 18 和 7。主动齿轮 18 的齿数 $z_{18}=6$,从动齿轮 7 的齿数 $z_7=38$,故主传动比 $i_0=z_7/z_{18}=38/6=6.33$。

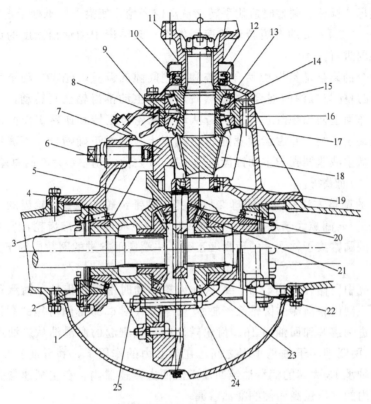

图 6.3 东风 EQ1090E 型汽车的单级主减速器

1—差速器轴承盖;2—轴承调整螺母;3、13、17—圆锥滚子轴承;4—主减速器壳;5—差速器壳;
6—支承螺栓;7—从动锥齿轮;8—进油道;9、14—调整垫片;10—防尘罩;11—叉形凸缘;
12—油封;15—轴承座;16—回油道;18—主动锥齿轮;19—圆柱滚子轴承;20—行星齿轮垫片;
21—行星齿轮;22—半轴齿轮推力垫片;23—半轴齿轮;24—行星齿轮轴(十字轴);25—螺栓

为了使主动和从动齿轮之间啮合传动冲击轻、噪声低,而且轮齿沿其长度方向磨损均匀,因此必须有正确的相对位置。为此,在结构上一方面要使主动和从动锥齿轮有足够的支承刚度,使其在传动过程中不至于发生较大变形而影响正常啮合;另一方面,应有必要的啮合调整装置。

为了保证主动锥齿轮有足够的支承刚度,主动锥齿轮 18 与轴制成一体,前端支承在相互贴近而小端相向的两个圆锥滚子轴承 13 和 17 上,后端支承在圆柱滚子轴承 19 上,形成跨置式支承。环状的从动锥齿轮 7 连接在主减速器壳 4 的座孔中。在从动锥齿轮的背面,装有支承螺栓 6,以限制从动锥齿轮过度变形而影响齿轮的正常工作。装配时,支承螺栓与从动锥齿轮端面之间的间隙为 0.3~0.5mm,转动支承螺栓可以调整此间隙。

装配主减速器时,圆锥滚子轴承应有一定的装配预紧度,即在消除轴承间隙的基础上,再给予一定的压紧力,其目的是为了减小在锥齿轮传动过程中,轴向力所引起的齿轮轴的轴向位移,以提高轴的支承刚度,保证锥齿轮副的正常啮合;但也不能过紧,若过紧则传动效率低，且加速轴承磨损。为调整圆锥滚子轴承 13 和 17 的预紧度，在两轴承内座垫圈之间的隔离套的一端装有一组厚度不同的调整垫片 14。如发现过紧则增加垫片 14 的总厚度，反之，减少垫片的总厚度。支承差速器壳的圆锥滚子轴承 3 的预紧度靠拧紧两端调整螺母 2 调整。调整时应用手转动从动锥齿轮，使滚子轴承处于正确位置。调好后应能以 1.5～2.5N·m 的力矩转动差速器组件。圆锥滚子轴承预紧度的调整必须在齿轮啮合调整之前进行。

锥齿轮啮合的调整是指齿面啮合印迹和齿侧间隙的调整。先在主动锥齿轮轮齿上涂以红色颜料（红丹粉与机油的混合物），然后用手使主动锥齿轮往复转动，于是从动锥齿轮轮齿的两工作面上便出现红色印迹。若从动齿轮轮齿正转和逆转工作面上的印迹均位于齿高的中间偏于小端，并占齿面宽度的 60%以上，则为正确啮合。正确啮合的印迹位置可通过增、减主减速器壳与主动锥齿轮轴承座 15 之间的调整垫片 9 的总厚度（即移动主动锥齿轮的位置）而获得。

啮合间隙的调整方法是旋转螺母 2 以改变从动锥齿轮的位置。轮齿的啮合间隙应在 0.15～0.40mm。若间隙大于规定值，应使从动锥齿轮靠向主动锥齿轮，反之则离开。为了保持已调好的圆锥滚子轴承 3 的预紧度不变，一端螺母拧进的圈数应等于另一端螺母拧出的圈数。

主减速器壳中所储存的齿轮油，靠从动齿轮转动时甩到各齿轮、轴承和轴上进行润滑。为了保证主动齿轮前端的圆锥滚子轴承 13 和 17（图 6.3）得到可靠的润滑，在主减速器壳体中铸有进油道 8 和回油道 16。齿轮转动时，飞溅起的润滑油从进油道 8 通过轴承座 15 的孔进入两圆锥滚子轴承小端之间，在离心力的作用下，润滑油从小端流向大端。流出圆锥滚子轴承 13 大端的润滑油经回油道流回主减速器内。在主减速器壳体上装有通气塞，防止壳内的气压过高而使润滑油渗漏。

为了减小驱动桥的外形尺寸，目前主减速器中基本不用直齿圆柱齿轮，而采用螺旋锥齿轮。在同样传动比的情况下，主动螺旋齿轮齿数可以做得少些。这种主减速器的结构比较紧凑，而且运动平稳、噪声小，在汽车上得到了广泛的应用。

近年来，在准双曲面齿轮广泛用于轿车的基础上，越来越多地应用在中型、重型汽车上。这是因为它与螺旋锥齿轮[图 6.4(a)]相比，不仅齿轮的工作平稳性好，弯曲强度和接触强度也好，而且，其主动齿轮的轴线相对于从动锥齿轮的轴线可以偏移。在保证一定的离地间隙的情况下，主动齿轮的轴线向下偏移[图 6.4(b)]，可降低主动齿轮和传动轴的位置，因而使车身和整个汽车的重心降低，提高了汽车的行驶稳定性。

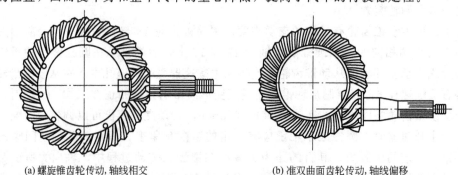

(a) 螺旋锥齿轮传动，轴线相交　　　　　　　　(b) 准双曲面齿轮传动，轴线偏移

图 6.4　主动齿轮和从动齿轮的轴线位置

准双曲面齿轮工作时，由于齿面间的相对滑移量大，且齿面间的压力也大，齿面油膜易被破坏。为了减少摩擦，提高效率，必须使用专门级别的齿轮油，决不允许用普通齿轮油代替，否则会使齿面迅速擦伤和磨损，大大降低主减速器的使用寿命。

轿车上使用的都是单级主减速器，图 6.5 所示为上海桑塔纳轿车的单级主减速器。该车型因采用发动机纵向前置、前轮驱动，整个传动系都集中布置在汽车的前部，主减速器装于变速器壳体内，没有专用的主减速器壳体。变速器的输出轴即为主减速器的主动轴，动力由变速器直接传递给主减速器，省去了万向传动装置。

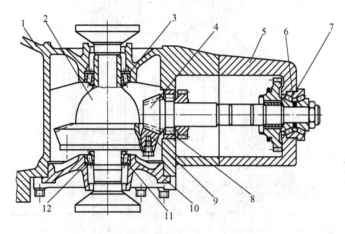

图 6.5 上海桑塔纳轿车的单级主减速器

1—变速器前壳；2—差速器；3、7、11—调整垫片；4—主动锥齿轮；
5—变速器后壳体；6—双列圆锥滚子轴承；8—圆柱滚子轴承；
9—从动锥齿轮；10—差速器侧盖；12—圆锥滚子轴承

主减速器由一对双曲面锥齿轮 4、9 和差速器 2 等组成。主动锥齿轮 4 与变速器输出轴制成一体，用双列圆锥滚子轴承 6 和圆柱滚子轴承 8 支承在变速器壳体内。环状的从动锥齿轮 9 靠凸缘定位，并用螺钉和差速器壳连接。差速器壳由一对圆锥滚子轴承 12 支承在变速器壳体上。

主动锥齿轮的轴承预紧度无须调整。圆锥滚子轴承的预紧度可通过调整垫片 3 和 11 来调整。齿轮啮合的调整通过调整垫片 3、7、11 进行，即增、减垫片厚度，使主、从动锥齿轮轴向移动。

2. 双级式主减速器

当汽车主减速器需要较大的传动比时，若仍采用单级主减速器，由于主动锥齿轮受强度、最小齿数的限制，其尺寸不能太小，相应地从动锥齿轮尺寸将增大，这不仅使从动锥齿轮刚度降低，而且会使主减速器壳及驱动桥外形轮廓尺寸增大，难以保证足够的离地间隙，从而需要采用双级式主减速器。

图 6.6 所示为解放 CA1092 型汽车的双级主减速器。第一级传动为一对锥齿轮 11 和 16，传动比 $i=25/13=1.923$；第二级为一对斜齿圆柱齿轮，传动比为 $i=45/15=3$。主减速器的传动比等于两级齿轮传动比的乘积，即 $i_0=1.923\times 3=5.769$。

主动锥齿轮 11 和主动齿轮轴 9 制成一体，用两个圆锥滚子轴承支承在轴承座 10 的座

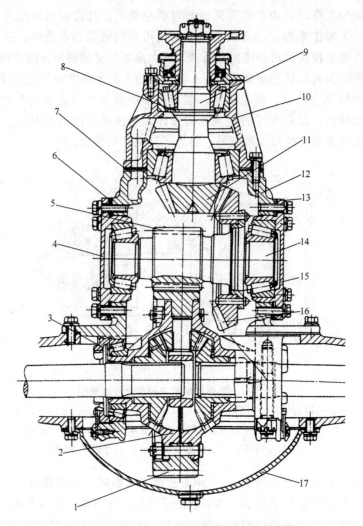

图 6.6 解放 CA1092 型汽车的双级主减速器

1—第二级从动齿轮；2—差速器壳；3—调整螺母；4、15—轴承盖；5—第二级主动齿轮；
6、7、8、13—调整垫片；9—第一级主动齿轮轴；10—轴承座；11—第一级主动齿轮；
12—主减速器壳；14—中间轴；16—第一级从动齿轮；17—后盖

孔内，因主动锥齿轮悬伸在两轴承之后，故称悬臂式支承。这种支承形式结构简单，虽支承刚度不及跨置式支承大，但由于传动比小，主动锥齿轮及主动轴的尺寸可以做得大些；同时，还可以尽量加大两轴承之间的跨距，以提高支承刚度，同样能满足承载要求。从动锥齿轮 16 用铆钉铆接在中间轴 14 的凸缘上。

第二级传动的主动圆柱齿轮 5 与中间轴 14 制成一体，用两个圆锥滚子轴承支承在支承两端轴承盖 4 和 15 的座孔中，轴承盖用螺钉与主减速器壳 12 固定连接。从动圆柱齿轮 1 夹在左右两半差速器壳之间，并有螺栓将它们固定在一起，其支承方式与东风 EQ1090E 型汽车主减速器中差速器壳支承形式相同。

主动锥齿轮轴承的预紧度可通过增、减调整垫片 8 的厚度来调整，中间轴圆锥滚子轴承的预紧度是通过改变调整垫片 6 和 13 的总厚度来调整的。同样，为了便于齿轮啮合的调整,轴 9、14 的位置都可以移动。通过增、减调整垫片 7 可以移动主动齿轮轴向位置;通过左右调换调整垫片 6 和 13,可以移动从动齿轮轴向位置;第二级传动的圆柱齿轮间的间隙不可调整。差速器壳轴承的预紧度靠拧动调整螺母 3 来调整。

3. 轮边减速器

在重型载货车、越野汽车或大型客车上,当要求有较大主传动比和较大的离地间隙时,往往将双级主减速器中的第二级减速机构制成同样的两套,分别安装在两侧驱动车轮的近旁,称为轮边减速器,而第一级称为主减速器。

轮边减速器常用的齿轮结构形式有行星齿轮机构和圆柱齿轮结构。图 6.7 所示为汽车轮边减速器的结构示意图。由图 6.7(a)可见,轮边减速器为一行星齿轮机构,齿圈 6 与半轴套管 1 固定在一起,半轴 2 传来的动力经太阳轮 3、行星齿轮 4、行星齿轮轴 5 及行星架 7 传给车轮。其传动比 $i_{02}=1+z_2/z_1$,其中 z_2 为齿圈齿数,z_1 为太阳轮齿数。

图 6.7(b)所示为圆柱齿轮式的轮边减速器的结构示意图。主动小齿轮与半轴相连,当主动小齿轮位于车轮中心上方时,可增大驱动桥的离地间隙,以适应提高越野汽车通过性能的需要;当主动小齿轮位于车轮中心的下方时,能降低驱动桥的离地高度,以利于降低客车地板的高度。但采用这种布置时,由于轴向和径向空间的限制,轮边减速器的传动比是有限的。

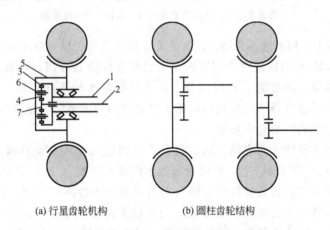

(a) 行星齿轮机构　　　　(b) 圆柱齿轮结构

图 6.7　汽车轮边减速器的结构示意图
1—半轴套管;2—半轴;3—太阳轮;4—行星齿轮;
5—行星齿轮轴;6—齿圈;7—行星架

由上述可知,采用轮边减速器使驱动桥中主减速器尺寸减小,可保证足够的离地间隙,并可得到比较大的主传动比;由于半轴在轮边减速器之前,所承受的转矩大为减小,因而半轴和差速器等零件尺寸可以减小。但是需要两套轮边减速器,结构复杂,制造成本高。

4. 双速式主减速器

为了充分提高汽车的动力性和经济性,有些重型车辆或越野车辆采用具有两个传动比的主减速器。图 6.8 所示为常见的行星齿轮式双速主减速器的结构示意图。双速式主减速器由一对圆锥齿轮和一个行星齿轮机构组成。齿圈 8 和从动锥齿轮 7 连成一体,行星架 9 则与差速器 6 的壳体刚性连接。动力由锥齿轮副经行星齿轮机构传给差速器,最后由半轴传输给驱动车轮。在左半轴2上滑套着一个接合套1，接合套上有短齿圈A和长齿接合齿圈D(即太阳轮)。

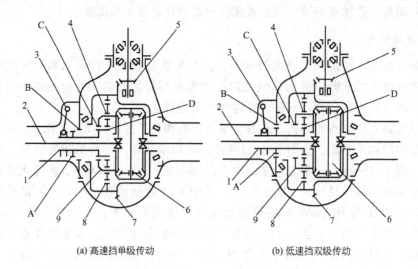

(a) 高速挡单级传动　　　　　　(b) 低速挡双级传动

图6.8　常见的行星齿轮式双速主减速器的结构示意图
1—接合套；2—半轴；3—拨叉；4—行星齿轮；5—主动锥齿轮；
6—差速器；7—从动锥齿轮；8—齿圈；9—行星架

一般行驶条件下，用高速挡传动。此时拨叉3将接合套1保持在左方位置[图6.8(a)]，接合套短齿接合齿圈A与固定在主减速器壳上的接合齿圈B分离，而长齿接合齿圈D与行星齿轮4和行星架9的齿圈C同时啮合，从而使行星齿轮不能自转，行星齿轮机构不起减速作用。于是减速器壳体与从动锥齿轮7以相同的转速运转。显然，高速挡主传动比即为从动锥齿轮与主动锥齿轮齿数比i_{01}。

当行驶条件要求有较大的驱动力时，驾驶人可通过气压或电动操纵系统转动拨叉3，将接合套1推向右方[图6.8(b)]，使接合套的短齿接合齿圈A与齿圈B接合，接合套即与主减速器壳连成一体；其长齿接合齿圈D与行星架的内齿圈C分离，而仅与行星齿轮4啮合，于是，行星机构的太阳轮D被固定。与从动锥齿轮7连在一起的齿圈8是主动件，与差速器壳体连在一起的行星架9则是从动件，行星齿轮机构起减速作用。整个主减速器的主传动比为圆锥齿轮副的传动比与行星齿轮机构传动比之乘积，即$i_0 = i_{01} \times i_{02}$。

6.3　差　速　器

6.3.1　差速器的功用与类型

当汽车转弯行驶时，内外两侧车轮中心在同一时间内移过的曲线距离显然不等，即外侧车轮移过的距离大于内侧车轮。若两侧车轮都固定在同一刚性轴上，两轮角速度相等，则此时外轮必然是边滚动边滑移，内轮必然是边滚动边滑转。

同样，即使汽车直线行驶，由于路面不平诸多原因造成的车轮半径不相等，都会使两侧车轮移动的距离不相等，从而造成上述滑移和滑转的现象。汽车转向时车轮的运动示意图如图 6.9 所示。

车轮相对地面的滑移和滑转，不仅会加速车轮轮胎的磨损，而且还会增加汽车的功率消耗和燃油消耗，并导致转向困难、制动性能恶化和行驶稳定性差等。为了消除以上的不良现象，保证驱动轮与地面做纯滚动，必须将车轮的驱动轴分为两段，即左右各一根轴（半轴），并在其间装差速器。差速器的功用就是将主减速器的动力传给左、右半轴，并在必要时允许左右车轮以不同角速度旋转，以满足两车轮差速的需要，保证车轮做纯滚动。

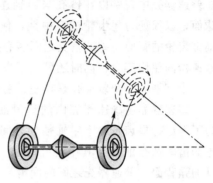

图 6.9　汽车转向时车轮的运动示意图

差速器按安装位置不同，分为轮间差速器和轴间差速器。轮间差速器装在驱动桥两驱动车轮之间，起轮间差速作用；轴间差速器装在两驱动桥之间，起桥间（轴间）差速作用。按其工作特性将其分为普通差速器和防滑差速器两大类。

6.3.2　普通齿轮式差速器

普通齿轮式差速器有锥齿轮式和圆柱齿轮式两种。按两侧的输出转矩是否相等，普通齿轮式差速器有对称式（等转矩式）和不对称式（不等转矩式）。目前，汽车上广泛应用的是对称式锥齿轮差速器，其结构如图 6.10 所示。

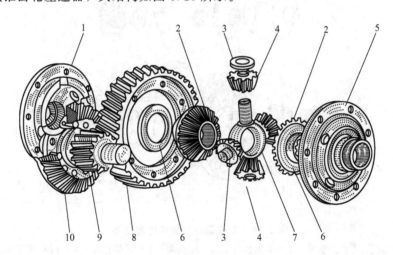

图 6.10　对称式锥齿轮差速器的结构

1、5—差速器壳；2—半轴锥齿轮；3—行星锥齿轮球面垫片；4—行星锥齿轮；
6—半轴锥齿轮推力垫片；7—行星锥齿轮轴（十字轴）；8、9、10—主减速器齿轮

对称式锥齿轮差速器由行星锥齿轮 4、行星齿轮轴（十字轴）7、半轴锥齿轮 2 和差速器壳 1 和 5 等组成。主减速器第二级从动齿轮夹在两半差速器壳 1 和 5 之间，用螺栓将它们固定在一起。十字轴的两个轴颈嵌在两半差速器壳端面半圆槽所形成的孔中，行星锥齿轮 4 分别松套在 4 个轴颈上，两个半轴锥齿轮 2 分别与行星锥齿轮啮合，以其轴颈支承

在差速器壳中,并以花键孔与半轴连接。行星锥齿轮背面和差速器壳的内表面,均制成球面,以保证行星齿轮的对中性,使其与两个半轴锥齿轮能正确啮合。行星锥齿轮和半轴锥齿轮的背面与差速器壳之间装有推力垫片 3 和 6,用以减轻摩擦、降低磨损,以提高差速器的使用寿命,同时还可以用来调整齿轮的啮合间隙。

十字轴的 4 个装配孔是在左、右两半轴装合后加工而成的,装配时不能周向错位。

差速器靠主减速器壳内的润滑油来润滑,因此差速器上开有供润滑油进出的窗孔。为了保证行星齿轮和十字轴轴颈之间的润滑,在十字轴轴颈上铣有平面,并在行星锥齿轮的齿间钻有油孔与其中心孔相通。同样,半轴锥齿轮上也钻有油孔,与其背面相通,以加强背面与差速器壳之间的润滑。

工作时,主减速器的动力传至差速器壳,依次经十字轴 7、行星锥齿轮 4、半轴锥齿轮 2 传给半轴,再由半轴传给车轮。

在中型以下的货车或轿车上,因传递转矩较小,故可采用有两个行星齿轮,相应的行星齿轮轴是一根直轴。图 6.11 所示为上海桑塔纳轿车的差速器,差速器壳体为一整体框架结构。行星齿轮轴 5 装入差速器壳后用止动销 6 定位,半轴齿轮 2 背面也制成球形,其背面的推力垫片与行星齿轮背面的推力垫片制成一个整体,称为复合式推力垫片。螺纹套 3 用来紧固半轴齿轮。

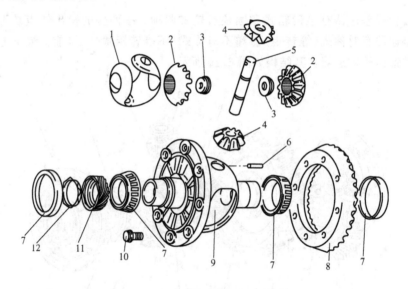

图 6.11 上海桑塔纳轿车的差速器
1—复合式推力垫片;2—半轴齿轮;3—螺纹套;4—行星齿轮;5—行星齿轮轴;
6—止动销;7—圆锥滚子轴承;8—主减速器从动锥齿轮;9—差速器壳;
10—螺栓;11—车速表;12—车速表齿轮锁紧套筒

图 6.12 所示为差速器的运动原理图。差速器壳 3 与行星齿轮轴连成一体,并由主减速器从动锥齿轮 6 带动一起转动,是差速器的主动件,设其转速为 n_0。半轴齿轮 1 和 2 为从动件,设其转速分别为 n_1 和 n_2。A、B 两点分别为行星齿轮 4 与半轴齿轮 1 和 2 的啮合点。C 点为行星齿轮 4 的中心,A、B、C 到差速器旋转轴线的距离相等。

当两侧驱动轮没有滑转和滑移趋势,即两侧车轮转速相等,汽车直线行驶时,两侧

第 6 章 驱 动 桥

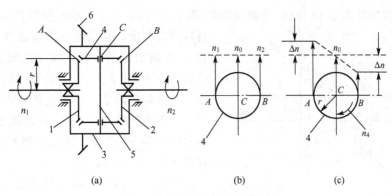

图 6.12 差速器的运动原理图

1、2—半轴齿轮；3—差速器壳；4—行星齿轮；5—行星齿轮轴；6—主减速器从动锥齿轮

车轮所受行驶阻力相等，通过半轴及半轴齿轮反作用于行星齿轮两啮合点 A、B 的力也相等。这时行星齿轮相当于一个等臂杠杆保持平衡，即行星齿轮不自转，而只能随行星齿轮轴及差速器壳一起公转。所以两半轴无转速差 [图 6.12(b)] 差速器不起差速作用，即

$$n_1 = n_2 = n_0$$
$$n_1 + n_2 = 2n_0$$

当两侧车轮有滑转和滑移趋势时，两侧车轮所受的行驶阻力不再相等，通过半轴及半轴齿轮反作用于行星齿轮两啮合点的力也不相等。这样，将破坏行星齿轮的平衡，即行星齿轮除了随差速器壳一起公转外，还要绕行星齿轮轴自转。设其自转速度为 n_4，则半轴齿轮 1 的转速加快，而半轴齿轮 2 的转速减慢。因 $AC = AB$，所以半轴齿轮 1 转速增加的数值等于半轴齿轮 2 转速减小的数值。设半轴齿轮转速的增减量为 Δn，则两半轴的转速分别为

$$n_1 = n_0 + \Delta n$$
$$n_2 = n_0 - \Delta n$$

这就是差速器的差速作用。即汽车在转弯或在其他情况下行驶，两侧车轮有滑转和滑移的趋势时，行星齿轮即发生自转，借行星齿轮的自转，使两侧车轮以不同的转速在地面上滚动，显然此时仍有

$$n_1 + n_2 = 2n_0$$

上式即为行星锥齿轮差速器的运动特性方程式。它表明，差速器无论差速与否，两半轴齿轮转速之和始终等于差速器壳转速的两倍，而与行星齿轮自转速度无关。由上式还可以得知：①当任何一侧半轴齿轮的转速为零时，另一侧半轴齿轮的转速为差速器壳转速的两倍；②当差速器壳转速为零时，若一侧半轴齿轮受其他外来力矩而转动，则另一侧半轴齿轮即以相同的转速反向转动。

差速器起差速作用的同时，还要分配转矩给左右两侧的驱动轮。图 6.13 所示为行星锥齿轮差速器转矩分配示意图。主减速器传至差速器壳体的转矩 M_0，经行星齿轮轴和行星齿轮传给两半轴齿轮，两半轴齿轮的转矩分别为 M_1、M_2。当行星齿轮不自转时，即 $n_4 = 0$，$M_4 = 0$（M_4 为行星齿轮自转时内孔和背面所受的摩擦力矩），行星齿轮相当于一个等臂杠杆，均衡拨动两半轴齿轮转动。所以，差速器将转矩 M_0 平均分配给两半轴齿轮，即 $M_1 = M_2 = M_0/2$。

当行星齿轮按图 6.13 中 n_4 方向自转时(即 $n_1 > n_2$),行星齿轮所受摩擦力矩 M_4 与其自转方向相反,从而使行星齿轮分别对半轴齿轮 1、2 附加作用了两个大小相等而方向相反的圆周力 F_1 和 F_2,F_1 使传到转得快的半轴齿轮 1 上的转矩减小,而却使传到转得慢的半轴齿轮 2 上的转矩增大,且 M_1 的减小值等于 M_2 增大值,等于 $M_4/2$。所以,当两侧驱动轮存在差速时($n_1 > n_2$),有

$$M_1 = (M_0 + M_4)/2$$
$$M_2 = (M_0 + M_4)/2$$

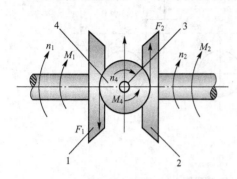

图 6.13　行星锥齿轮差速器转矩分配示意图
1、2—半轴齿轮;3—行星齿轮轴;
4—行星齿轮

即转得慢的车轮分配到的转矩大于转的快的车轮分配到的转矩,差值为差速器内部摩擦力矩 M_4,由于 M_4 很小,可忽略不计,则

$$M_1 = M_2 = M_0/2$$

可见,无论差速器差速与否,行星齿轮差速器都具有转矩等量分配的特性。

上述普通锥齿轮差速器转矩等量分配的特性对于汽车在好的路面上行驶是有利的,但汽车在坏路面上行驶却严重影响其通过能力。当汽车的一个驱动轮处于泥泞的路面因附着力小而打滑时,即使另一个车轮处于附着力大的路面上未滑转,此时附着力小的路面只能对驱动轮作用一个很小的反作用力矩。由于差速器等量分配转矩的特性,附着力大的驱动轮也只能同样分配小的转矩,以至于总的驱动力不足以克服行驶阻力,因此汽车便陷入泥泞的路中不能行驶。

6.3.3　防滑差速器

采用普通锥齿轮差速器,会使汽车通过坏路面的行驶能力受到限制。为了提高汽车在坏路面上的通过能力,一些越野汽车、高速小客车和载重汽车装用了防滑差速器。

防滑差速器的设计基本原理是在一个驱动轮滑转时,设法使大部分转矩甚至全部转矩传给不滑转的驱动轮,以充分利用这一侧驱动轮的附着力而产生足够的驱动力,使汽车能继续行驶。汽车上常用的防滑差速器有人工强制锁止式和自锁式两大类。前者是通过驾驶人操纵差速锁,人为地将差速器暂时锁住,使差速器不起差速作用;后者是在汽车行驶过程中,根据路面情况自动改变驱动轮间的转矩分配。自锁式差速器又有摩擦片式、滑块凸轮式和托森式等多种结构形式。

1. 强制锁止式差速器

强制锁止式差速器就是在普通齿轮差速器的基础上设计了差速锁。差速锁由接合器及其操纵机构两大部分组成。

当汽车在好的路面上行驶不需要锁止差速器时,接合套的固定套与滑动接合套不嵌合,即处于分离状态,此时为普通行星锥齿轮差速器。

当汽车通过坏路面需要锁止时,通过驾驶人的操纵,将半轴与差速器壳连成一体,则左右两半轴被联锁成一体随壳一起转动,即差速锁被锁止,不起差速作用。这样,转

矩可全部分配给好路面上的驱动车轮。与此同时，差速锁指示灯开关接通，驾驶室内指示灯亮，以提醒驾驶人差速器处于锁止状态，汽车驶出坏路面后应及时摘下差速锁。

这种差速锁结构简单，易于制造，转矩分配比率较高。但是操纵相当不便，一般需要停车；另外，如果过早接上或者过晚摘下差速锁，就会产生无差速器时的一系列问题，转矩分配不可变。

2. 摩擦片自锁式差速器

摩擦片自锁式差速器是在普通行星锥齿轮差速器的基础上发展而成的，它通过摩擦片之间相对滑转时产生的摩擦力矩来使差速器锁止。这种差速锁结构简单，工作平稳，在轿车和轻型汽车上最常见。

图 6.14 所示为摩擦片自锁式差速器。两半轴齿轮背面与差速器壳 1 之间各安装了一套摩擦式离合器，用以增大差速器的内部摩擦阻力矩。摩擦式离合器由推力压盘 3，主、从动摩擦片 2 和 7 组成。推力压盘通过内花键与半轴相连，主、从动摩擦片及推力压盘均可作微小的轴向移动。十字轴 4 有两根互相垂直的行星齿轮轴组成，其轴颈的端部均有凸 V 形斜面 6，差速器壳 1 上的配合孔较大，相应地也加工有凹 V 形斜面。两根行星齿轮轴是反向安装的。

当汽车直线行驶，两半轴无转速差时，转矩平均分配给两半轴。由于差速器壳通过 V 形斜面驱动行星齿轮轴，在传递转矩时，斜面上产生的平行于差速器轴线的轴向分力迫使两根行星齿轮轴分别向左、右方向略微移动，通过行星齿轮推力压盘压紧摩擦片。此时转矩经两条路线传给半轴：一路经过行星齿轮轴，行星齿轮和半轴齿轮将大部分转矩传给半轴；另一路则由差速器壳、主从动摩擦片、推力压盘传给半轴。

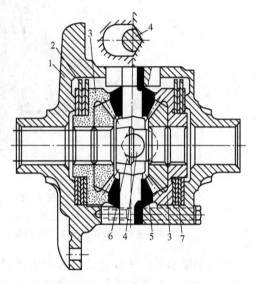

图 6.14 摩擦片自锁式差速器
1—差速器壳；2—主动摩擦片；3—推力压盘；4—十字轴；5—行星齿轮；
6—V 形斜面；7—从动摩擦片

当一侧车轮在坏路面上滑转或转弯时，差速器起差速作用，使两半轴转速不相等，即一侧半轴的转速高于差速器壳的转速，另一侧低于差速器壳的转速。这样，由于转速差及轴向力的存在，主、从动摩擦片间将产生摩擦力矩，且经过从动摩擦片及推力压盘传给两半轴的摩擦力矩相反：与转得快的半轴的转向相反，而与转得慢的半轴的转向相同。因而使得转得慢的半轴所分配的转矩大于转得快的半轴所分配到的转矩。摩擦作用越强，两半轴的转矩差越大，最大可达 7 倍。

3. 托森式差速器

托森式差速器是一种新型的轴间差速器，它在全轮驱动的轿车(如奥迪 TT)上有广泛运用。"托森"这个名称是格里森公司的注册商标，表示"转矩灵敏差速器"。它采用了蜗轮蜗杆传动具有自锁特性的基本原理，结构紧凑，传递转矩可变范围较大且可调，故而广泛应用于全轮驱动轿车的中央差速器以及后驱动桥轮间差速器。但是由于其在高转速转矩差时的自动锁止作用，一般不能用于前驱动桥轮间差速器。

如图 6.15 所示，托森式差速器由空心轴、差速器外壳、后轴蜗杆、前轴蜗杆、6 个蜗轮轴和 12 个直齿圆柱齿轮、6 个蜗轮等组成。空心轴和差速器外壳通过花键相连一同转动。每个蜗轮轴上的中间有一个蜗轮和两个尺寸相同的直齿圆柱齿轮。蜗轮和直齿圆柱齿轮通过蜗轮轴安装在差速器外壳上，其中 3 个蜗轮与前轴蜗杆啮合，另外 3 个蜗轮与后轴的蜗杆相啮合。与前、后轴蜗杆相啮合的蜗轮 8 彼此通过直齿圆柱齿轮相啮合，前轴蜗杆和驱动前桥的差速器前齿轮轴为一体，后轴蜗杆 5 和驱动后桥的差速器后齿轮轴为一体。

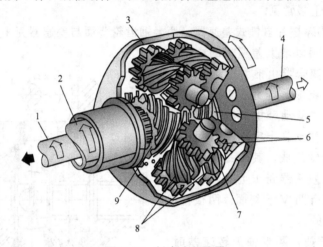

图 6.15　托森式差速器
1—差速器齿轮轴（前桥驱动轴）；2—空心轴；3—差速器壳；4—后桥驱动轴；
5—后轴蜗杆；6—直齿圆柱齿轮；7—蜗轮轴；8—蜗轮；9—前轴蜗杆

当汽车驱动时，来自发动机的动力通过空心轴传至差速器外壳，差速器外壳通过蜗轮轴传到蜗轮，再传到蜗杆。前轴蜗杆通过差速器前齿轮轴将动力传至前桥，后轴蜗杆通过差速器后齿轮轴传至后桥，从而实现前、后驱动桥的驱动牵引作用。

当汽车转弯时，前、后驱动轴出现转速差，通过啮合的直齿圆柱齿轮相对转动，使一轴转速加快，另一轴转速下降，实现差速作用。

托森式差速器是利用蜗轮蜗杆传动副的高内摩擦力矩 M_r 进行转矩分配的，而 M_r 又取决于两端输出轴的相对转速。当 n_1、n_2 转速差比较小时，后端蜗轮带动蜗杆的摩擦力亦较小，通过差速器直齿圆柱齿轮吸收两侧输出轴的转速差。当前轴蜗杆 9 较高时，蜗轮驱动蜗杆的摩擦力矩也较大，差速器将抑制该车轮的空转，将输出转矩 M_o 多分配到后端输出轴上。转矩分配为 $M_1 = (M_o - M_r)/2$，$M_2 = (M_o + M_r)/2$。

6.4　半轴与驱动桥桥壳

6.4.1　半轴

半轴的功用是将差速器传来的动力传递给驱动轮，其内端与差速器的半轴齿轮相连，而外端则与驱动轮的轮毂相连。因其传递的转矩较大，常制成实心轴。半轴的结构受悬架和驱动桥结构影响。整体式驱动桥中半轴为一刚性轴，而转向驱动桥和断开式驱动桥中的半轴则是分段并用万向节连接。半轴内端一般制有外花键与半轴齿轮连接。半轴外端结构形式有：直接在轴端锻造出凸缘盘；也有制成花键与单独制成的凸缘盘滑动配合；还有制成锥形并通过键和螺母与轮毂固定连接。

半轴的受力情况，则由半轴和驱动轮在桥壳上的支承形式而定，现代汽车基本上采用全浮式半轴支承和半浮式半轴支承形式。

1. 全浮式半轴支承

图 6.16 所示为全浮式半轴支承形式驱动桥的示意图。在外端路面对驱动轮的作用力（垂直反力 F_Z、切向反力 F_X 和侧向反力 F_Y）及由它们形成的弯矩，直接由轮毂 4 通过两个圆锥轴承传给桥壳 1，完全不由半轴承受。同样，在内端作用在主减速器从动锥齿轮上的力及弯矩全部由差速器壳直接承受，与半轴无关。因此这种半轴支承形式使半轴只承受转矩，而两端均不承受任何反力和弯矩，故称为全浮式支承形式。所谓"浮"是指半轴不承受弯曲载荷而言。

为防止轮毂及半轴在侧向力作用下发生轴向窜动，轮毂内的两个圆锥轴承的安装方向必须使它们能分别承受向内和向外的轴向力。

全浮式支承的半轴易于拆装，只需拧下半轴凸缘上的螺钉，即可抽出半轴，而车轮与桥壳照常支持汽车。这种支承形式在汽车应用最为广泛。

2. 半浮式半轴支承

如图 6.17 所示，半浮式半轴以其靠近外端的轴颈直接支承在置于桥壳外端的内孔中的轴承上，而端部则以具有圆锥端面的轴颈及键与车轮轮毂相固定。车轮的各种反力都经过半轴传给桥壳，使半轴外端不仅要传递转矩，而且要承受各种反力及其引起的各种弯矩。因这种半轴内端不受弯矩，外端承受全部弯矩，故称为半浮式。

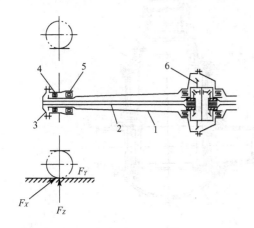

图 6.16 全浮式半轴支承形式驱动桥示意图
1—桥壳；2—半轴；3—半轴凸缘；4—轮毂；
5—轴承；6—主减速器从动锥齿轮

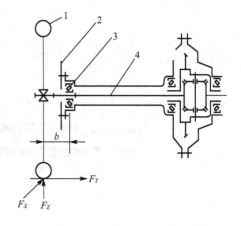

图 6.17 半浮式半轴支承示意图
1—车轮；2—轴承盖；3—圆锥轴承；4—半轴

半浮式支承中,半轴与桥壳中的轴承一般只用一个,为使半轴和车轮不至于被向外的侧向力拉出,该轴承必须承受向外的轴向力。另外,在差速器行星齿轮的中部浮套着止推块,半轴内端正好能顶靠在止推块的平面上,防止半轴在侧向力作用下向内窜动。

半浮式半轴支承结构简单,但半轴受力情况复杂且拆装不便,多用于反力、弯矩较小的各类轿车上。

6.4.2 桥壳

驱动桥壳的作用是支承并保护主减速器、差速器和半轴等,使左右驱动车轮的轴向相对位置固定;同从动桥一起支承车架及其上的各总成质量;汽车行驶时,承受由车轮传来的路面反作用力和力矩,并经悬架传给车架。

桥壳应具有足够的强度和刚度,质量小,便于主减速器的拆装和调整。由于桥壳的尺寸和质量一般都比较大,制造困难,故其结构形式在满足使用要求的前提下,应尽可能地便于制造。

驱动桥壳从结构上可分为整体式桥壳和分段式桥壳两类。

1. 整体式桥壳

图 6.18 所示为解放 CA1091 型汽车铸造的整体式驱动桥壳。中部为一环形空心的桥壳体 7,用球墨铸铁铸成,两端压入半轴套管 8,并用止动螺钉 2 限定位置。半轴套管露出部分安装轮毂轴承,端部制有螺纹,用于安装轮毂轴承调整螺母和锁紧螺母。凸缘盘 1 用来固定制动底板,桥壳体 7 的端部加工有油封颈,和轮毂油封配合,以密封轮毂空腔,防止润滑脂外溢。因主减速器壳前后端面与中间轴支承孔轴线定位,保证了主减速器、差速器和半轴之间的正确位置关系。桥壳后端面的大孔可用来检查主减速器的技术状况,平时用后盖 6 封住。后盖 6 上有螺塞 5,用以检查油面高度。主减速器上有加油孔和放油孔。

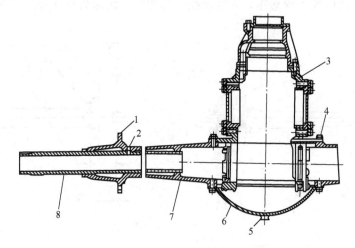

图 6.18 解放 CA1091 型汽车驱动桥壳

1—凸缘盘;2—止动螺钉;3—主减速器;4—固定螺钉;
5—螺塞;6—后盖;7—空心梁;8—半轴套管

整体式桥壳具有较大的强度和刚度,且便于主减速器的拆装与调整。其缺点是质量大,铸造质量不易保证,因此,其适用于中型以上货车。

2. 分段式桥壳

分段式桥壳一般由两段组成,也有三段甚至多段组成的,各段之间用螺栓连接。图 6.19 所示为一两段组成的桥壳,用螺栓 1 连成一体。它主要由铸造的主减速器壳 10、盖 14、两段钢制半轴套管 4 组成。

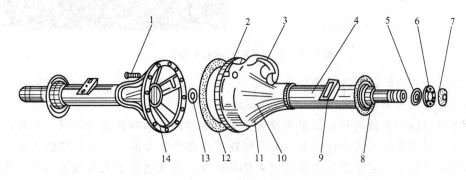

图 6.19 分段式桥壳

1—螺栓;2—注油孔;3—主减速器壳颈部;4—半轴套管;5—调整螺母;
6—止动垫片;7—锁紧螺母;8—凸缘盘;9—钢板弹簧座;
10—主减速器壳;11—放油孔;12—垫片;13—油封;14—盖

分段式桥壳比整体式桥壳易于制造,加工简便,但维修不便。当拆检主减速器时,必须把整个驱动桥从汽车上拆卸下来,目前已很少采用。

6.5 四驱技术

汽车四轮驱动是指车辆在整个行驶过程中一直保持四轮驱动的形式,发动机输出转矩以固定的比例分配到前后轮,这种驱动模式能随时拥有较好的越野和操控性能,但不能够根据路面情况做出转矩分配的调整,并且油耗较高。

常见的汽车四驱形式可以分为三大类:分时四驱、适时四驱、全时四驱。

1. 分时四驱技术

分时四驱(PART-TIME 4WD)是一种驾驶人可以在两驱和四驱之间手动选择的四轮驱动系统,由驾驶人根据路面情况,通过接通或断开分动器来变化两轮驱动或四轮驱动模式,这也是越野车或四驱 SUV 最常见的驱动模式。

分时四驱技术历史最悠久,驾驶人根据不同路况手动切换两驱或四驱模式时,有些是操纵分动箱的挡杆,有些则是通过电子按钮或旋钮操作(图 6.20)。四驱系统的特点是需要通过手动操作分动器来实现两驱与四驱之间的切换,可靠性能好但四驱模式不能长时间在铺装路面使用。

如图 6.20 所示为分时四驱系统及其操纵方式。

分时四驱分时原理:发动机的输出动力通过分动器可将动力传递到前后轴从而实现

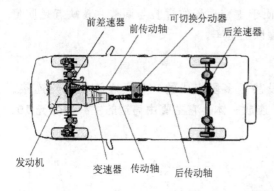

图 6.20 分时四驱系统及其操纵方式

四轮驱动,采用分时四驱系统的 SUV 车型中,一般都有 2H、4H、4L 这几个挡位,主要通过分动器实现两驱、高速四驱、低速四驱间的切换。

因为分时四驱系统的分动器里是没有中央差速器的,而当接通四驱后,前后轴是刚性连接的,以固定的比值进行动力分配。如在铺装路面转弯的时候由于前轮的转弯半径要比同侧的后轮大,因此前轮的转速就要比后轮快,这样前后轴的转速不相同,在弯道上不能顺利转弯,会出现"转弯制动"现象。这种情况会对分动器、差速器、传动轴、轮胎等部件造成损坏,所以四驱模式只适合在一些雪地、湿滑路段或越野时使用,铺装路面行驶应当换回两驱模式。

分时四驱靠操作分动器实现两驱与四驱的切换。它的优点是结构简单、稳定性高、坚固耐用,但缺点是必须由驾驶人手动操作,有些甚至结构复杂,不止是一个步骤,同时还需要停车操作,这样不仅操作起来比较麻烦,而且遇到恶劣路况不能迅速反应,往往错过了脱困的最佳时机。

一般情况下,车辆并不是长时间处于四驱状态,正常行使状况下,采用的是两轮驱动,当需要通过恶劣路面时,驾驶人可以通过分动杆把两轮驱动切换成四轮驱动,让 4 个车轮都提供驱动力,从而提高车辆的通过性能。分时四驱系统多见于强调越野的硬派四驱车,如帕杰罗、吉姆尼、切诺基等;一些硬派的城市 SUV 车型也采用这种系统,如长城哈弗 H5、陆风 X8、荣威 W5 等。

2. 适时四驱技术

适时四驱(REAL-TIME 4WD)是指只有在适当的时候才会有四轮驱动,而在其他情况下仍然是两轮驱动的驱动系统。这个名称是有别于需要手动切换两驱和四驱的分时四驱,以及所有工况下都是四轮驱动的全时四驱而来的。

所谓适时四驱就是根据车辆的行驶路况,系统会根据行驶情况自动切换为两驱或四驱模式,这过程不需要人为操作。这种四驱系统相对于分时四驱系统来说,免去了繁琐的手动操作,完全不用担心因为切换不当而导致四驱系统损坏,甚至很多时候四驱系统切入也毫无察觉。

如图 6.21 所示为大众 4MOTION 适时四驱系统工作原理及 Haldex 限滑差速器。1998 年,大众公司引进瑞典 Haldex 耦合器,从此采用 Haldex 限滑技术的四驱系统被命名为 4MOTION。该技术凭借电子化程度高、结构紧凑等优良特性成为大众公司四驱技术的核心。

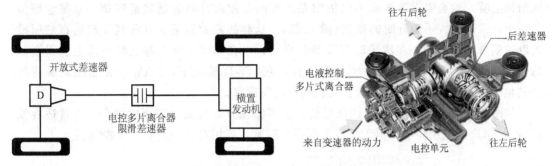

图 6.21　大众 4MOTION 适时四驱系统工作原理及 Haldex 限滑差速器

Haldex 限滑差速器位于后差速器前方，连接来自变速器的传动轴及后主减速器从动锥齿轮。由于采用了电液控制方式，其响应速度会比黏性耦合器要快，从而提升了车辆城市路况的通过性，但这种适时四驱系统不适合高强度的越野驾驶。Haldex 限滑差速器结构如图 6.21 所示，其核心部件就是电液控制的多片式离合器，当电控单元检测到前后轴出现转速差达到一定程度时便会压紧多片式离合器的离合片把动力传递到后轴上。

电控多片式离合器限滑差速器主要是通过湿式离合片产生差动扭矩，而离合器的压紧与分离是靠电子系统来控制的。车辆在正常行驶时，驱动形式为前驱，如当系统检测到车轮打滑时，通过电子系统控制离合器压紧，进而将部分动力传递至后轮，理论上电控单元会根据车速与路况在 100∶0～50∶50 之间自动分配前后轴扭矩，以达到抓地性能最优化。

这种四驱系统通常在主驱动轮失去抓地力（打滑）后，另外的驱动轮才会被动介入，所以它的响应速度较慢。相对来说，适时四驱车的主动安全性不如全时驱动车高。另外，适时四驱系统的前后轴基本上都采用开放式差速器，如在一些复杂路段，出现单侧两个车轮打滑时无法脱困。所以这种四驱系统一旦遇到强度大一些的越野路段就无能为力了。

如图 6.22 所示为铃木 i-AWD 智能四驱系统及操纵按钮，该四驱系统能够实现分时与适时四驱的结合，更适合冰雪路面驾驶，对铺装路面驾驶的实际帮助一般。

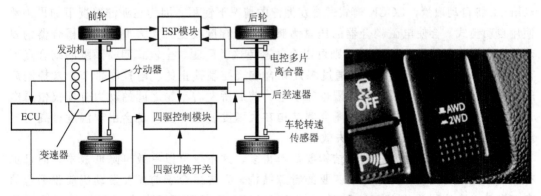

图 6.22　铃木 i-AWD 智能四驱系统及操纵按钮

铃木 i-AWD 智能四驱系统能够保证前轮的扭矩输出在 50%～100% 的范围内调节。这套系统在一般情况下都表现为前轮驱动，当有车轮出现附着力不足的情况时，系统便会配合 ESP 系统将 4 个轮胎上的驱动力重新分配，此时后轮最多可以分配到 50% 动力。

从结构上看，这套四驱系统采用的依旧是传统的电控多片离合器接通四驱，只是它增加了一个可供驾驶人手动开闭的按钮（图6.22）。这样的好处就是在日常驾驶时选择前驱模式以达到省油的目的，在需要时打开四驱模式，以在冰雪、雨天等湿滑路面上获得更好的行驶稳定性。和其他适时四驱系统一样，在AWD模式下，i-AWD智能四驱系统与ESP电子稳定系统结合，可以提供更佳的行驶稳定性。

如图6.23所示为日产适时四驱系统，能够实现分时与适时四驱的结合，非常适合城市SUV用户的使用环境，但无法应对高强度越野，应用在日产逍客、奇骏车型上。

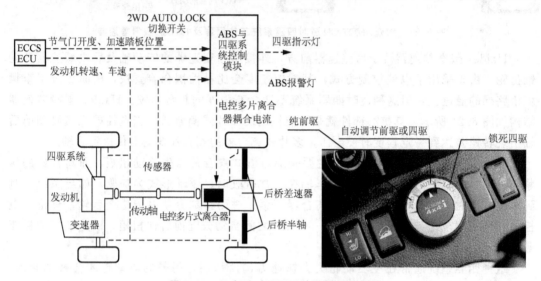

图6.23 日产适时四驱系统及操纵按钮

日产适时四驱系统，有2WD、AUTO、LOCK三种模式可供手动切换，其中在2WD的时候，动力被100%的分配到前轮，公路行驶更经济（在紧急情况下，4驱仍然会介入）；而在AUTO挡位上，后轮可分配的动力为0～43%，即最多可有43%的动力被分配到后轮上；而LOCK模式下，前后轴被恒定为57∶43的动力分配，选择此模式车速超过40km/h将自动取消，LOCK模式适合在泥泞的情况下使用。因为在泥泞路况下如果仍然使用自动模式，会使电磁耦合器的压紧力频繁、大幅度改变，大大加大电磁耦合器的发热量和磨损，而使用LOCK模式则可以有效避免这类问题。全模式四驱系统的结合点不在前部，而位于后差速器前端，通过多片离合装置控制锁止的"电控联轴节"来控制后轮动力输出。这套四驱系统的局限也很明显，前后桥左右车轮之间的动力分配仅依靠电子制动差速器来完成，同时多片离合器结构在大强度使用环境下也会出现温度过高的现象，四驱系统会进入保护模式而失效。

相比全时四驱，适时四驱的结构要简单得多，这不仅可以有效也降低成本，而且也有利于降低整车质量。由于适时四驱的特殊结构，它更适合于前横置发动机前驱平台的车型配备，这使得许多基于这种平台打造的SUV或者四驱轿车有了装配四驱系统的可能。

前驱平台相对于后驱平台本身就有着诸多优势，如更有利于拓展车内空间、传动效率更高、传动系统的噪声更小等。这些优点对于小型SUV，特别是发动机排量较小的SUV来说显得尤其重要。

当然，适时四驱的缺点仍然是存在的，目前绝大多数适时四驱在前后轴传递动力时，会受制于结构本身的缺陷，无法将超过50%以上的动力传递给后轴，这使它在主动安全控制方面，没有全时四驱的调整范围那么大；同时相比分时四驱，它在应对恶劣路面时，四驱的物理结构极限偏低。

装备适时四驱的车开起来很方便，广泛应用于在城市SUV或轿车上，如本田CR-V、现代IX35、丰田RAV4、日产奇骏、雷诺科雷傲、上海大众途观等。

3. 全时四驱技术

经常会在一些SUV车型的尾部看到AWD的字样，这就是全时全轮驱动系统（ALL WHEEL DRIVE）的缩写。所谓全时四驱指的是汽车的4个车轮时时刻刻都能单独提供驱动力，在行驶过程中一直保持四轮驱动的形式，发动机输出转矩以一定的比例分配到前后轮，具有很好的越野性与操控性。

全时四驱汽车传动系统中，设置了一个中央差速器，将动力分配到前后驱动桥。与分时四驱、适时四驱不同的是，全时四驱的车行驶过程中一直保持四轮驱动，会根据不同的路况，中央差速器将发动机动力以一定的比例分配到前后轮。因为是"时时"四驱，相对于其他四驱系统没有了两驱和四驱之间切换的响应时间，主动安全性更胜一筹。从结构原理上也不难理解，相对于两驱车型，全时四驱是将发动机的动力输出经过传动系统分配到4个车轮上，所以能获得更为平稳的牵引力，就算是碰到极限路况（泥泞湿地、山路）或激烈驾驶时，全时四驱车都有很高的通过性及稳定性。不过相对于适时四驱来说，全时四驱车辆油耗较高。

如图6.24所示为奥迪Quarrtro全时四驱系统及托森差速器。

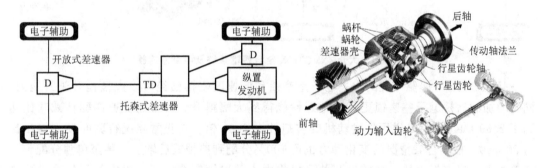

图6.24 奥迪Quarrtro全时四驱系统及托森差速器

奥迪的Quattro使用了3个差速器，分别是传统的前差速器，后差速器和一个托森中央差速器。奥迪Quattro全时四轮驱动的核心部件是托森中央差速器，托森差速器是个纯机械的部件，安装在前后桥中间称为轴间差速器，能将前后桥动力在15：85和85：15之间可变分配，能比任何电子控制技术更快的调节前后轴扭矩的分配。当车轮空转或者没有与地面接触时，这些浪费的驱动力就被输送到可以受力的车轮上。一旦出现外部条件引起的前后轴的速度差异，托森差速器就会自动地，将大部分的能量传输到有能力工作的驱动轴上，自动优化和分配4个车轮的动力。由于轴荷的平衡分布，驾驶人能够更好地掌握转向的精确性和灵活性，而不需要扭矩转向辅助。

虽然托森差速器是Quattro系统的关键，但它并不是整个系统的全部。它负责前后轴的动力分配,但具体到每个车轮的扭矩分配,还要看前后轴上的差速器。多数装备奥迪 Quattro 系统的车(除了高性能 RS 和 R8 等)在前后轴只上只配备了普通的开放式差速器,与普通家用两驱车差速器的构造没什么区别,不具备限滑功能。假如车辆一侧的两个车轮全部因为陷入泥地而失去抓地力,即使有托森差速器分配前后扭矩,两个普通开放式差速器仍然会将动力传递到打滑的车轮,如果没有其他装置的干预,就会让两只陷入泥地的车轮把所有扭力都耗费光而车子依然一动不动。所以 Quattro 系统内集成了 EDL,EDL 的全称是 Electronic Differential Lock,翻译成中文为电子差速锁。这一装置会监测 4 个车轮的转速,当某个车轮因失去抓地而空转时,EDL 便会通过 ABS 给空转的车轮单独施加制动力,使得扭矩通过开放式差速器传递到另一侧不打滑的车轮。

如图 6.25 所示为大众 4XMOTION 全时四驱系统及中央差速器。4XMOTION 全时四驱的中央差速器采用与保时捷卡宴相同的带有低速扭矩放大挡功能的 PTM 多片离合器式中央差速器(图 6.25),并增加电控多片离合式的后轴差速锁,能够实现 100% 锁止,爬坡能力达到 45°,有 5 种模式:公路模式、越野模式、低速四驱模式、附加中央差速器锁止、附加后轴差速器锁止。

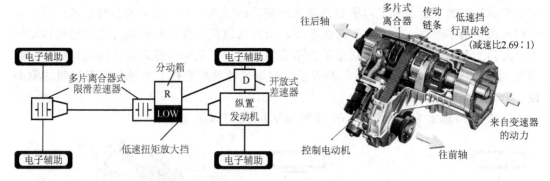

图 6.25 大众 4XMOTION 全时四驱系统及中央差速器

4XMOTION 四驱系统的中央电子差速锁和低速四驱挡已经可以大幅提升越野能力,同时增加的后桥电子差速锁更是让越野性能得到大幅提升。具备的低速四驱挡减速比达到了 2.69:1,也就是说可将发动机的转矩放大 2.69 倍。在正常路况行驶时动力输出比为 50:50,根据行驶情况的变化动力也可 100% 分配到前轴或后轴上,甚至单独分配到一个轮胎上。仪表板上的一个转换开关可以将中央差速锁完全锁死,以应付野外难以预测的艰难环境,可选装的后桥差速锁使得车辆越野性能更强。从四驱结构上看 4XMOTION 的越野性能要比普通的 4MOTION 结构强大。

全时全轮驱动车辆会比两驱车型(2WD)拥有更优异与安全驾驶基础,尤其是碰到极限路况或是激烈驾驶时。理论上,AWD 会比 2WD 拥有更好的牵引力,车子的行驶是依据它持续平稳的牵引力,而牵引力的稳定性主要由车子的驱动方法来决定,将发动机动力输出经传动系统分配到 4 个轮胎与分配到 2 个轮胎上做比较,其结果是 AWD 的可控性、通过性及稳定性均会得到提升,即无论车辆行驶在何种天气及何种路面(湿地、崎岖山路、弯路上)时;驾驶人都能够更好地控制每一个行迹动作,从而保证驾驶人和乘客的安全。

而在驾驶时,全时全驱的转向风格也很有特点,最明显的就是它会比两驱车型转向更加中性，通常它可以更好地避免前驱车的转向不同和后驱车的转向过度，这也是驾驶安全性及稳定性的特点之一。全时四驱系统多用于中高端的车型上，如奔驰的 4MATIC、宝马的 xDrive、奥迪 Quattro、大众的 4XMOTION、讴歌 SH-AWD 等。

对 3 种四驱技术进行简单比较，分时四驱结构简单、可靠性高，但需要手动切换四驱，目前多在偏于硬派的越野车上使用；适时四驱的车操作方便，广泛用于城市的 SUV 车型，不过四驱性能是最弱的；全时四驱多应用于中高端的 SUV 车型，具有出色的公路性能，不过结构复杂昂贵，可靠性则不及分时四驱系统。

思 考 题

1. 驱动桥的功用是什么？它由哪几部分组成？有哪些类型？
2. 试分析双级主减速器的特点和工作原理。
3. 全浮式半轴与半浮式半轴在结构上各有什么特点？
4. 驱动桥中为什么设置差速器？试述齿轮式差速器的工作原理。
5. 简述防滑差速器类型及结构原理。
6. 简述托森差速器的结构原理。
7. 简述 Haldex 限滑差速器的结构原理。
8. 结合具体车型介绍分时四驱系统的结构组成、工作过程。
9. 结合具体车型介绍适时四驱系统的结构组成、工作过程。
10. 结合具体车型介绍全时四驱系统的结构组成、工作过程。

第 7 章

车架和车身

教学提示

车架是安装汽车各零部件和总成的载体；车身是汽车的基本骨架，是载运乘客或货物的活动建筑物。本章重点介绍车架和车身的结构形式及特点。

教学目标

掌握车架的功用、分类和较典型的车架形式；了解综合式车架的结构形式和特点；掌握车身的分类及各自特点。

知 识 点	技 能 点
1. 汽车行驶系统组成及功用 2. 车架类型及结构特点 3. 车身类型及结构特点	1. 能够识别车架结构类型及特点 2. 能够识别车身结构类型及特点

第 7 章 车架和车身

7.1 车　　架

现代汽车绝大多数都具有作为整体骨架的车架,车架是汽车装配的基础件,俗称为"大梁"。

7.1.1 车架的功用及类型

1. 车架的功用

车架不仅要承受各总成的静载荷,还要承受汽车行驶时产生的复合动载荷,如汽车加速、制动、转弯、上下坡、装载不均、高速及在不良道路上行驶。

2. 车架的类型

汽车车架的结构按其形式不同可分为边梁式车架、中梁式车架、综合式车架和无梁式车架。

7.1.2 车架的构造

1. 边梁式车架

边梁式车架一般是用铆接或焊接的方法,将两边的纵梁和若干根横梁连接成坚固的刚性构架。边梁式车架便于安装支架和布置总成,有利于改装和发展多种车型的需要,所以目前被广泛应用。

纵梁通常用低碳合金钢板冲压而成,断面形状一般为槽形、Z字形、工字形或箱形。纵梁上还钻有多个孔,用来安装踏脚板、转向器、燃油箱、储气筒、蓄电池和车身等零部件的支架,有的用于穿过管道或电线等。边梁式车架的横梁一般也由低碳钢钢板冲压成槽形,以增强车架的抗扭强度,同时还用于支撑汽车上的主要部件。图 7.1 所示为东风 EQ1092 型汽车的车架。

东风 EQ1092 型汽车车架主要由两根纵梁和八根横梁铆接而成。

纵梁为槽形不等高断面梁。由于纵梁中部受到的弯矩最大,为使应力分布比较均匀,同时又减轻质量,故中部断面高度最大,由此向两端断面高度则逐渐减小。

车架前端装有起缓冲作用的横梁式保险杠 1,上装有挂钩 2 以便于车辆牵引。横梁 3 上用来安装散热器,横梁 4 是发动机的前悬支座,为尽可能降低发动机的位置,横梁 4 和 5 做成下凹形。在横梁 7 的上面安装驾驶室后悬置,下面安装传动轴的中间轴承支架。由于传动轴安装位置的限制,横梁 7 做成上拱形,其余横梁做成简单的直槽形。后横梁 12 中部装有拖带挂车用的拖钩 13。由于拖钩上的作用力很大,故后横梁用角撑进行加强处理。

2. 中梁式车架

中梁式车架只有一根纵梁位于中央并贯穿汽车全长,因此又称脊骨式车架,如图 7.2 所示。

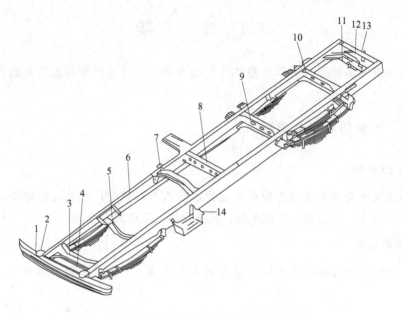

图 7.1 东风 EQ1092 型汽车的车架

1—保险杠；2—挂钩；3—前横梁；4—发动机前悬置横梁；5—发动机后悬支架及横梁；6—纵梁；7—驾驶室后悬置横梁；8—第四横梁；9—后钢板弹簧前支架横梁；10—后钢板弹簧后支架横梁；11—角撑横梁组件；12—后横梁；13—拖钩；14—蓄电池托架

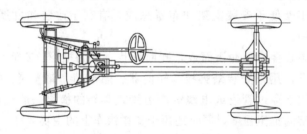

图 7.2 中梁式车架示意图

中梁的断面形状可以做成管形、槽形或箱形。中梁的前端做成外伸支架，用来固定发动机，而主减速器壳通常固定在中梁的尾端，形成断开式后驱动桥。中梁上的悬伸托架用来支承汽车车身和安装其他零部件。如果中梁是管形的，传动轴可在管内穿过。

中梁式车架有较好的抗扭转刚度和较大的前轮转向角，结构上允许车轮有较大的跳动空间，适于装配独立悬架的越野汽车。与同等载荷质量的汽车相比，中梁式车架轻且重心比较低，故行驶稳定性好；车架的强度和刚度较大；脊梁还能起封闭转动轴的防尘罩作用。

3．综合式车架

综合式车架是综合边梁式车架和中梁式车架的结构特点形成的，其结构如图 7.3 所示。这种车架的前段或后段类似于边梁式结构，正好适合于安装发动机、后驱动桥和悬架装置。车架中部采用中梁式结构，传动轴从中梁管内通过。由于安装车门的位置附近不受边梁的影响，故可以使地板的外侧高度有所降低。综合式车架的缺点是中间梁的断面尺寸大，造成地板中部的凸起；另外，不规则的结构构件增加了车架的制造难度。

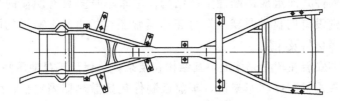

图7.3 综合式车架结构

4. 无梁式车架

无梁式车架是用车身兼做车架，所有的零部件都安装在车身上，全部作用力由车身承受，故这种车身又称为承载式车身。这种结构的车身底板用纵梁和横梁进行加固，车身刚度较好，质量较轻，但制造要求较高，目前多用于轿车和部分客车，如图7.4所示。

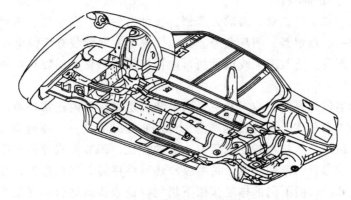

图7.4 无梁式车架结构

有的高级轿车为了提高乘坐舒适性，减轻发动机的振动，缓和汽车行驶时从路面通过悬架系统传来的冲击，常常采用独立的车架和非承载式车身。

7.2 车　身

7.2.1 概述

车身是汽车的基本骨架，也是最大的部件，它决定汽车的基本形状、大小和用途。汽车车身应满足人体工程学和流体力学方面的要求，并尽量扩大驾驶人的视野，还应考虑到上下车的方便，减少振动和噪声，防止尘土和雨水侵入，保证通风和气温调节。车身外形还应充分考虑美观，高速行驶时，空气阻力应尽可能小。

1. 车身的组成

汽车车身的结构主要包括以下部件：车身壳体、车门、车窗、车前钣制件、车身内外装饰件和车身附件、座椅及通风、暖气、冷气、空气调节装置等。在货车和专用汽车上还包括车厢和其他设备。

车身壳体是一切车身部件的安装基础,通常是指纵、横梁和支柱等主要承力元件以及它们相连接的钣件共同组成的刚性空间结构。客车车身多具有明显的骨架,而轿车车身和货车驾驶室则没有明显的骨架。车身壳体通常还包括在其上敷设的隔音、隔热、防振、防腐、密封等材料及涂层。

车门通过铰链安装在车身壳体上,其结构较复杂,是保证车身使用性能的重要部件。

对轿车和长头式货车或客车来说,车前钣制件包括散热器固定框、发动机罩、翼子板、挡泥板等。这些钣制件形成了容纳发动机、车轮等部件的空间。

车身外部装饰件主要是指装饰条、车轮装饰罩、标志、浮雕式文字等。散热器面罩、保险杠、灯具以及后视镜等附件也有明显的装饰性。

车身内部装饰件包括仪表板、顶篷、侧壁、座椅等表面覆饰物以及窗帘和地毯。在轿车上广泛采用天然纤维或合成纤维的纺织品、人造革或多层复合材料、连皮泡沫塑料等表面覆饰材料;在客车上则大量采用纤维板、纸板、工程塑料板、铝板、花纹橡胶板以及复合装饰板等覆饰材料。

车身附件有门锁、门铰链、玻璃升降器、各种密封件、刮水器、风窗洗涤器、遮阳板、后视镜、拉手、点烟器、烟灰盒等。在现代汽车上常常装有无线电收放机和杆式天线,在有的汽车车身上还装有无线电话机、电视机或加热食品的微波炉和小型电冰箱等附属设备。

车身内部的通风、暖气、冷气及空气调节装置是维持车内正常环境、保证驾驶人和乘客安全舒适的重要装置。座椅也是车身内部的重要装置之一,座椅由骨架、坐垫、靠背和调节机构等组成。坐垫和靠背应具有一定的弹性,调节机构可使座位前后或上下移动以及调节坐垫和靠背的倾斜角度。某些座椅还有弹性悬架和减振器,可对其弹性悬架加以调节以便在驾驶人们不同的体重作用下仍能保证坐垫离地板的高度适当。在某些货车驾驶室和客车车厢中还设置有卧铺。

为保证行车安全,在现代汽车上广泛采用对乘员施加约束的安全带、头枕、安全气囊以及汽车碰撞时防止乘员受伤的各种缓冲和包垫装置。

按照运载货物的不同种类,货车车厢可以是普通栏板式结构,平台式结构,倾卸式结构,封闭式车厢,气、液罐及运输散粒货物专用容罐和各种标准规格的集装箱。

2. 车身壳体的分类

按受力情况的不同,车身壳体可分为非承载式、半承载式和承载式 3 种。

(1) 非承载式车身。这种车身有完整的车架,车身通过弹性元件与车架作柔性连接。安装在车架上的车身仅承受本身的重力、所装载的人和货物的重力及其在汽车行驶时所引起的惯性力和空气阻力。

(2) 半承载式车身。车身和底架用螺栓连接、铆接或焊接,因而车身对底架有一定的加固作用,分担底架的部分载荷。

(3) 承载式车身。采用此种结构的汽车没有车架,车身承受汽车的全部载荷。车身作为发动机和底盘各总成的安装基础。

为了减小汽车的整车质量,大多数微型、普通级、中级轿车和部分客车车身常采用承载式结构。货车驾驶室只占汽车长度的一小部分,不可能采用承载式结构。没有完整的封闭构架的开式车身(敞篷车)也很难采用承载式结构。高级轿车的车身如果为了提高汽车的舒适性,减轻发动机及底盘各总成工作时传来的振动及汽车行驶时由于路面通过车轮和悬架传给车身的冲击,则可采用非承载式结构。

7.2.2 车身壳体及门窗结构

1. 轿车车身

轿车车身的类型按车身形状一般可分为普通轿车、旅行轿车、高级轿车、活顶轿车等;按其受力状况分为承载式和非承载式两种,分别如图 7.5 和图 7.6 所示。

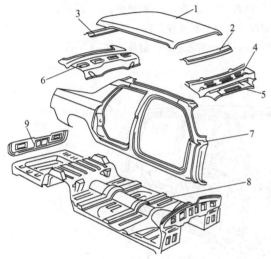

图 7.5 典型的非承载式轿车车身壳体
1—顶盖;2—前风窗框上部;3—后风窗框
上部;4—前围外板;5—前围内板;
6—后围上盖板;7—侧门框部件;
8—行李箱后板;9—后围板

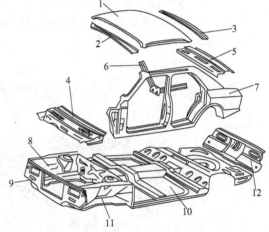

图 7.6 典型的承载式轿车车身壳体
1—顶盖;2—前风窗框上部;3—后风窗框上部;
4—前围外板;5—后围板;6—加强撑;
7—侧门框部总成;8—前挡泥板;
9—散热器框架;10—底板部件;
11—底板前纵梁;12—行李箱后板

轿车车身都没有明显的骨架,而是由外部覆盖件和内部钣件焊合而成的空间结构。在高级轿车上,为使乘坐舒适,仍多采用非承载式,而轻型普通轿车则广泛采用承载式。

图 7.7 所示是典型的四门轿车车身示意图,把薄钢板点焊组装成箱形状,在作为基本构架的车身外壳上安装有车门和发动机罩等外板。轿车车身通常由车前、车底、侧围、顶盖、后围等部分组成。

轿车车身的车前部分由左、右翼子板 13、挡泥板 11、散热器固定框 14 和发动机盖等组成,如图 7.8 所示。对于承载式车身,其前部的零件除发动机盖和散热器固定框外,都和前纵梁 12、前围 1 焊接成一体,以安置前悬架,因而车前刚度大。而非承载式车身,其前部零件分别安装在车架上,对车架刚度增加不多。车前非承力件一般均用 0.6~0.8mm 厚的钢板冲压而成。

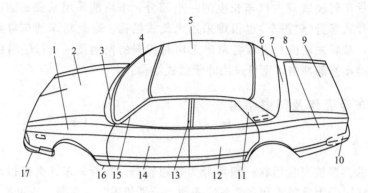

图 7.7 轿车的车身壳体结构

1—前翼子板；2—发动机盖；3—前围；4—前风窗；5—顶盖；6—后风窗；7—后围；
8—后翼子板；9—行李箱盖；10—后保险杠；11—后立柱；12—后车门；
13—中立柱；14—前车门；15—前立柱；16—车底；17—前保险杠

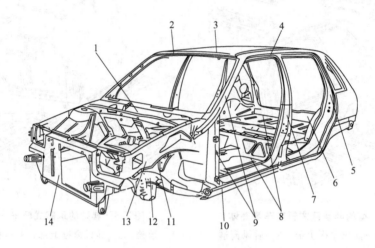

图 7.8 轿车的车身结构

1—前围；2—前风窗框上横梁；3—顶盖；4—顶盖侧梁；5—侧门框总成；6—后围板；
7—中立柱；8—地板；9—前立柱；10—底板边框；11—挡泥板；
12—前纵梁；13—翼子板；14—散热器固定框

前围、侧围、后围和顶盖这几部分是车身乘坐厢体的主要组成件，关系到乘员的视野、舒适和安全，因此是车身的重要部分。

车底部分对非承载式车身而言结构较简单，一般由前、后两块地板组成，而且与边梁焊接为一体。承载式车身的车底除地板外，还有用来加强的横梁和纵梁，以提高车身的刚度。

2. 货车车身

货车车身主要包括驾驶室与货箱。

1）驾驶室

驾驶室多采用无骨架的全金属壳体结构，这是用薄钢板冲压型件相互焊接而成的。

由于货车驾驶室只占汽车的小部分,故都采用非承载式结构,大多是通过3个或4个悬置点固定在车架上。由于其悬置采用了弹性元件,可减轻驾驶室的振动和车架歪扭变形对驾驶室的影响。

驾驶室常见结构类型有以下3种。

(1) 位于发动机之后的长头式驾驶室,如图7.9(a)所示。其高度和宽度较小,结构紧凑,刚性也较好,通常采用三点式悬置。

(2) 发动机位于两侧之间的平头式驾驶室,如图7.9(b)所示。发动机位于驾驶室的中部,这种驾驶室虽然外部尺寸较宽大,但中部的发动机占去了很大的空间,故显得拥挤。这种结构通常采用四点式悬置。

(3) 发动机位于座位之下的平头式驾驶室,如图7.9(c)所示。与第二种结构相比,驾驶室结构较完整,内部也较宽敞,但驾驶室高度大,通常采用三点或四点式悬置。双排座驾驶室多采用五点或六点式悬置。

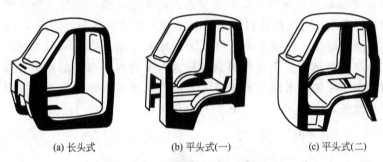

(a) 长头式　　　　(b) 平头式(一)　　　　(c) 平头式(二)

图 7.9　货车驾驶室的结构类型

2) 货箱

为了适应运输各种货物,载货汽车的货箱是各种各样的,如图7.10所示,而应用较广泛的是普通栏板式货箱。此种货箱由底板和4块高度为300~500mm的栏板组成。货箱的地板纵梁通常借助若干个U形螺栓夹紧在汽车车架的纵梁上。货箱的栏板又可分为三面开和一面开两种形式。

图 7.10　载货汽车的各种货箱

普通栏板式货箱有钢结构、木结构和钢木结构3种,目前多用钢结构货箱。钢结构货箱由钢板冲压焊接而成，其地板及栏板常冲压出瓦楞状凸筋以提高其刚度。

封闭式货箱用于运载需防风沙、防潮的货物，如食品类。有时做成货箱与驾驶室连接成一整体式结构。自卸式货箱主要用于运输散状货物和质量较大、装卸困难的货物，如砂石、矿物和谷物等。此外还有运输一些特种货物的专用货箱。

3. 客车车身

客车车身由于采用厢式外形并且尺寸较大、形状规则，故多数具有完整的骨架，最适宜采用承载式结构。

这种结构的优点是便于在同一形式的汽车底盘上安装不同的车身。由于未能充分利用车身构架的承载作用，汽车质量过大就成了这种结构不可避免的缺点。

为了减轻车身质量而又照顾到车身与客车底盘匹配，将车身、车架组合成一个整体，车身骨架也分担车架的一部分载荷，这种结构称为半承载式车身或组合式车身，如图7.11所示。由于半承载式车身仍保留有质量较大的车架，减小车身质量仍受到一定的限制，为了解决这一矛盾，可改用质量较小而刚度较大的承载底架，如图7.12所示。车身骨架与这些横梁刚性连接，使整个车身与底架形成一个刚性空间承载系统，这种结构称为底架承载式车身。该结构由于其底架高度较大，车身内部两侧的地板位置也较高，使得车厢内部只能布置乘客座席而不可能布置立位，而座席下方较高大的空间可用作行李舱，故适用于大型长途客车。

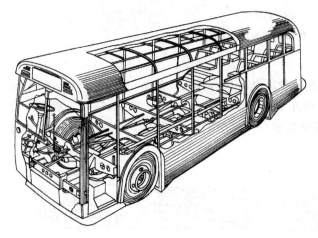
图7.11 客车半承载式(组合式)车身骨架和底盘

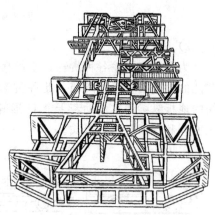
图7.12 大型客车的承载底架

如图7.13所示，整体承载式结构的特点是所有的车身壳体构件(包括外蒙皮和内蒙皮)都参与承载。这种车身经过精心设计计算，使各构件承载时相互牵连和协调，充分发挥材料的最大潜力，使车身质量最小而强度刚度最大(甚至可取消前后贯通的底架纵梁)。与前一种结构相比，整体承载式车身除了质量更小以外，还可使整车高度降低。但是这种结构要以先进的设计计算技术和工艺技术为后盾。

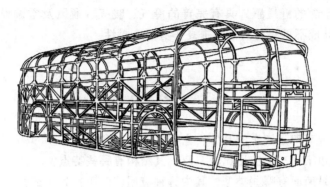

图 7.13 整体承载式客车车身骨架

4. 车门、车窗及其密封

车门是车身上的重要部件之一，按其开启方式可分为顺开式、逆开式、水平移动式、上掀式和折叠式等几种。

顺开式车门即使在汽车行驶时仍可借助气流的压力关上，比较安全，而且便于驾驶人在倒车时向后观察，故被广泛采用。逆开式车门在汽车行驶时若关闭不严就可能被迎面而来的气流冲开，因而用得较少，一般只是为了改善上下车方便性及适于迎宾礼仪需要的情况下才采用。水平移动式车门的优点是车身侧壁与障碍物距离较小的情况下仍能全部开启。上掀式车门广泛用作轿车及轻型客车的后门，也应用于低矮的汽车。折叠式车门则广泛应用于大、中型客车上。在有些大型客车上，还备有加速乘客撤离事故现场以及便于救援人员进入的安全门。轿车、货车驾驶室的车门以及客车驾驶人出入的车门通常由门外板、门内板、窗框（有的车上还装有三角窗）等组成。门内板是各种附件的安装基体，在其上装有门铰链、升降玻璃及其导轨、玻璃升降器、门锁、车门开度限位器等附件，如图 7.14 所示。有的轿车车门内还布置有暖气通风管道和立体声收放机的扬声器等。

车门借铰链安装在车身壳体上。在汽车行驶时，车身壳体将产生反复扭转变形。为避免在此情况下车门与门框摩擦产生噪声，车门与门框之间留有较大的间隙，靠橡胶密封条将间隙密封。

汽车的前、后窗通常采用有利于视野而又美观的曲面玻璃，借橡胶密封条嵌在窗框上或用专门的粘合剂粘在窗框上。为便于自然通风，汽车的侧窗玻璃通常可上、下或前、后移动。在玻璃与导轨之间装有呢绒或橡胶等材料的密封槽。侧窗玻璃采用茶色或隔热层可使室内保

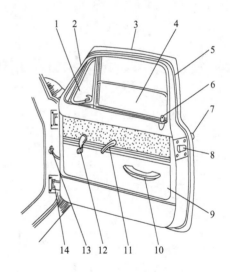

图 7.14 车门及其附件

1—三角窗；2—门内板；3—门外板；4—升降玻璃；5—密封条；6—内部锁止按钮；7—门锁外手柄；8—门锁；9—车门内护板；10—拉手；11—门锁内手柄；12—玻璃升降器手柄；13—车门开度限位器；14—门铰链固定框

温并具有安闲宁静的舒适感。具有完善的冷气、暖气、通风及空调设备的高级客车常常将侧窗玻璃设计成不可移动的,以提高车身的密封性。

思考题

1. 为什么说车架是汽车的基体?它有哪些特点和要求?
2. 为什么边梁式车架应用比较广泛?其结构有哪些特点?
3. 车架的纵断面有哪些类型?其中哪种应用较广泛?为什么?
4. 中梁式车架与边梁式车架有什么区别?
5. 汽车车身壳体按照受力情况可分为几种?
6. 轿车一般采用哪种车身结构?
7. 汽车车身结构主要包括什么?

第 8 章

车 桥

📖 教学提示

汽车车桥的作用是传递车架与车轮之间各方向的作用力及所产生的弯矩和转矩。本章主要介绍转向桥、转向车轮定位、转向驱动桥的结构及各自的特点。

✒ 教学目标

掌握转向桥与转向驱动桥的结构特点；理解车轮定位的基本知识；掌握转向轮的定位参数及概念。

知 识 点	技 能 点
1. 转向桥结构及特点 2. 转向轮定位参数 3. 转向驱动桥结构及特点	1. 具备正确拆装变速驱动桥的基本技能 2. 能够对转向轮定位参数做基本的检查和调整

汽车车桥(又称车轴)通过悬架与车架(或承载式车身)相连接,其两端安装有车轮。车轿的作用是:传递车架(或承载式车身)与车轮之间的各种作用力及其力矩。

根据悬架的结构形式,车桥可分为断开式和整体式两种。断开式车桥为活动关节式结构,它与独立悬架配合使用;整体式车桥中部是刚性实心或空心梁,它多配用非独立悬架。

按车轮的不同运动方式,车桥又可分为转向桥、驱动桥、转向驱动桥和支承桥4种类型。其中,转向桥和支承桥均属于从动桥。一般汽车前桥多为转向桥,而后桥或中、后两桥多为驱动桥;越野汽车或大部分轿车的前桥既是转向桥也是驱动桥,故称为转向驱动桥。

驱动桥前面已述,本章主要介绍转向桥、转向驱动桥和支承桥。

8.1 转向桥与支承桥

转向桥能使在其两端的车轮偏转一定角度,实现转向,同时能承受车轮与车架之间的作用力以及其产生的弯矩和转矩。因此,转向桥必须要有足够的强度和刚度;车轮的转向过程中内部部件之间摩擦力应该尽可能地小;并应保证汽车转向轻便和方向的稳定性。转向桥通常位于汽车前部,常称为前桥。

8.1.1 与非独立悬架匹配的转向桥

汽车非独立悬架转向桥的结构大体相同,主要由前梁、转向节、转向主销等几部分组成,如图8.1所示。

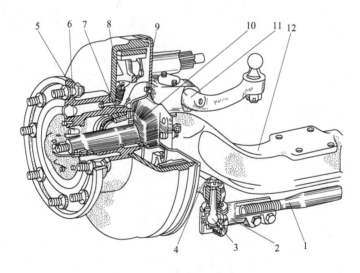

图 8.1 非独立悬架转向桥

1—转向横拉杆;2—横拉杆接头;3—横拉杆球头销;4—梯形臂;5—轮毂;6—轮毂轴承;
7—前轮轮毂内轴承;8—制动鼓;9—制动底板;10—转向节;11—转向节臂;12—前轴

前轴工字梁12在两端加粗的拳部有通孔,通过主销与转向节10连接。转向节前端用内外两个推力滚子轴承 6、7 与轮毂 5 和制动鼓 8 连接，并通过锁止螺母、前轮毂轴承调整螺母与转向节 10 安装成一体。轮毂与车轮用螺栓连接，其内端是制动鼓 8，轮毂轴承采用润滑脂润滑。为防止润滑脂浸入制动鼓，影响制动功能，在内端轴承内侧装有油封和油封垫圈，轴承外端用轮毂盖加以防尘。内外轮毂轴承的预紧度是需调整的，方法是将调整螺母拧紧，使轮毂转动困难，再将调整螺母退回 1/6～1/4 圈，感到轮毂转动灵活即可。调好后用锁止垫圈、锁圈与锁紧螺母锁紧即可。前轴工作时主要承受垂直弯矩，因而前轴采用工字形断面以提高前轴的抗弯强度，同时减轻自重。另外在车辆制动时，前轴还要承受转矩及弯矩，因此从弹簧处逐渐由工字形断面过渡到方形（卵形或圆形）断面，以提高其扭转刚度，同时保持断面的等强度。在前轴上平面加工有钢板弹簧座，其平面略高于前轴平面，并通过 U 形螺栓将钢板弹簧固定。左右两端安装转向节，转向节两耳部有通孔，通过主销与前轴相连接。车轮可绕转向主销偏转，从而实现汽车转向。转向节内端两耳部通孔内压入减磨青铜衬套，销孔端部用盖板加以封住，并通过转向节上的滑脂嘴注入润滑脂。下耳与前轴拳部之间装有止推轴承，减少转向阻力，使转向轻便；上耳与前梁拳部之间装用调整垫片，用来调整转向节叉的轴向间隙。靠转向节根部有一方形凸缘，用以固定制动底板。左转向节两耳的上端的锥形孔用来安装转向节上臂，下端的锥形孔分别用以安装左右转向梯形臂。为了使转向灵活，转向节下拳耳与前轴拳部之间装有止推轴承。

8.1.2 与独立悬架匹配的转向桥

断开式转向桥的作用与非断开式转向桥一样，所不同的是断开式转向桥与独立悬架匹配。图 8.2 所示为红旗 CA7560 型轿车的转向桥与前悬架，其转向桥为活动关节式结构。

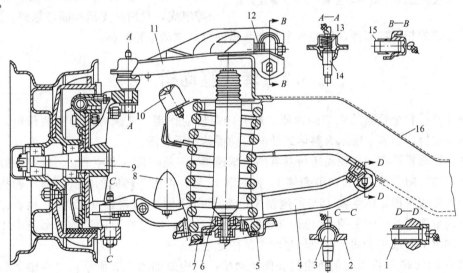

图 8.2 红旗 CA7560 型轿车的转向桥与前悬架

1—下摆臂轴；2—垫片；3—下球头销；4—下摆臂；5—螺旋弹簧；6—筒式减振器；
7—橡胶垫圈；8—下缓冲块；9—转向节；10—上缓冲块；11—上摆臂；
12—调整垫块；13—弹簧；14—上球头销；15—上摆臂轴；16—车架横梁

独立悬架部分的上摆臂 11 和下摆臂 4 的内端分别通过摆臂轴 15 和 1 与车架横梁 16 作铰链连接，上下两摆臂的外端分别通过上球头销 14 和下球头销 3 与转向节 9 相连。悬架采用弹性元件的螺旋弹簧和双向作用筒式减振器并联安装，加速振动的衰减，提高行驶平顺性。上摆臂与上球头销是铆接的不可拆，其中装有弹簧 13，当球头销与销座磨损后，自动消除二者的间隙。下摆臂与下球头销是可拆的，磨损后可以通过减薄垫片 2 调整间隙。该车转向桥主销以球头结构代替，即上下球头销的连接相当于主销轴线，转向时车轮绕此轴线偏转实现转向。路面对车轮的垂直作用力通过转向节、下球头销、下摆臂和螺旋弹簧传到车架，属于无主销式转向桥。纵向力、侧向力及其力矩均由转向节上下摆臂和上下球头销来传递。转向节与车轮轮毂的连接形式与其他转向桥的连接形式相似。

8.1.3 支承桥

从动桥相对于驱动桥而言，而从动桥又分为从动转向桥和从动支承桥。现代轿车普遍采用发动机前置前轮驱动的布置形式，而无驱动和转向功能的后桥，称为支承桥。图 8.3 所示为桑塔纳 2000 型轿车的后支承桥。支承桥的结构简单，主要由若干零件组焊而成的后桥焊接总成 2、橡胶-金属支承座 1、后车轮总成等组成，它用来支承和固定悬架、制动、

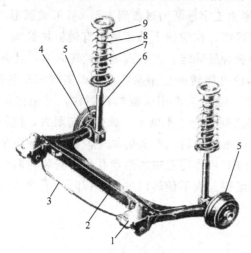

图 8.3 后支承桥结构

1—橡胶-金属支承座；2—后桥焊接总成；3—驻车制动拉索；4—制动鼓；5—后制动器；6—后减振器；7—橡胶护套；8—缓冲限位块；9—后螺旋弹簧

车身等总成的相关零部件，传递汽车纵向和横向力，推动车轮旋转。

8.2 转向驱动桥

前轮驱动和全轮驱动汽车的前桥，既有转向桥的作用，又兼有驱动桥的作用，故称为转向驱动桥。图 8.4 所示为整体式转向驱动桥结构示意图。

转向驱动桥既有一般驱动桥所具有的主减速器 1、差速器 3 和半轴 4，也有一般转向桥所具有的转向节轴 7、转向节壳体 11 和主销 12 等。但由于转向的需要，与车轮相连的半轴必须分成两段，内半轴 4（与差速器 3 相连）和外半轴 8（与轮毂 9 相连），两者之间用等速万向节连接；同时主销 12 也因此分制成上下两段，固定在万向节的球形支座 14 上，转向节轴颈 7 制成中空的，以便外半轴 8 从中穿过。

北京 BJ2020 型汽车的前桥也是转向驱动桥，其构造如图 8.5 所示。内半轴 2 和外半轴通过等速万向节连接在一起，外半轴的外端制有花键，与半轴凸缘 12 相啮合。当前桥驱动时，转矩由主减速器、差速器（图中未画出）传给内半轴、万向节、外半轴、半轴凸缘，最后传到轮毂 13 上。

球形支座 3 与半轴套管 1 焊接成一体。内镶翻边衬套 17 的两个主销座 4 分别压入支座 3

第8章 车 桥

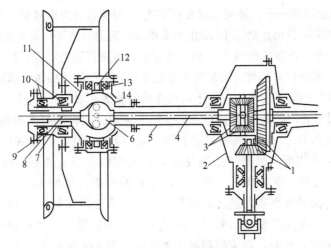

图8.4 整体式转向驱动桥示意图

1—主减速器；2—主减速器壳；3—差速器；4—内半轴；5—半轴套管；6—万向节；
7—转向节轴；8—外半轴；9—轮毂；10—轮毂轴承；11—转向节壳体；
12—主销；13—主销轴承；14—球形支座

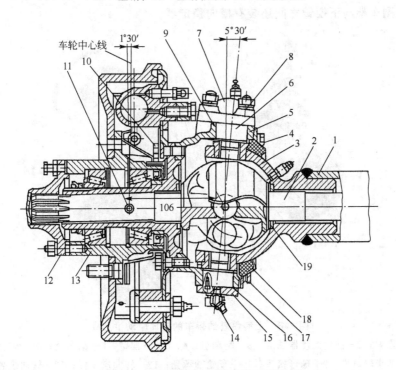

图8.5 北京BJ2020型汽车转向驱动桥

1—半轴套管；2—半轴；3—球形支座；4—主销座孔；5、16—调整垫片；6—主销；7—锥形
衬套；8—转向节臂；9—转向节外壳；10—螺栓；11—转向节轴颈；12—半轴凸缘；
13—轮毂；14—止动销；15—下盖；17—主销衬套；18—密封圈；19—止动垫圈

的上、下两端。衬套17的翻边起承推作用。分为上、下两段的主销6分别插在主销座4的孔内。转向节由转向节轴11和转向节外壳9组成，两者用螺栓10连接成整体，并通过外壳

9套装在主销6的加粗部分上。转向节臂8和下盖15用螺栓和锥形衬套7分别固定在转向节外壳9的上、下两端,并用止动销14防止主销相对于转向节外壳转动。转向节轴11的轴颈上装有两个轮毂轴承,以支撑轮毂13;转向节轴的内孔壁压装有衬套,以支撑外半轴。

汽车转向时,通过转向节臂8带动转向节及主销绕主销轴线相对于球形支座3转动。为了保证前轮滚动和转向互不干涉,上、下两段主销的轴线必须在一条直线上,并通过万向节的中心。为此,设置止动垫圈19,防止万向节轴向窜动。用以调整主销轴向间隙和转向节上、下位置的调整垫片5、16,其厚度应相同,以使万向节中心位于转向节外壳轴线上。

润滑脂由上、下主销盖处的加油嘴注入,进入主销中心油道后,通过两个侧孔进入主销6与衬套17之间,实现润滑。润滑万向节的润滑脂由球形支座3上的加油嘴注入,为了防止润滑脂外溢及外界尘污侵入,球形支座上套有油封和密封圈18。

上海桑塔纳轿车采用了发动机前置、前轮驱动的布置形式,其前桥也是转向驱动桥。但因其悬架多采用独立悬架,相应的前桥为断开式。图8.6所示为上海桑塔纳轿车的转向驱动桥总成。车桥上端通过左、右悬架与承载式车身相连接,下端通过左、右下摆臂与固定在车身上的副车架相连接。悬架车轮轴承壳与下摆臂之间通过可移动球形接头连接,从而使前轮固定,并通过下摆臂上的长孔可调整车轮外倾角,为了减小车辆转向时的车身倾斜,在副车架与下摆臂之间还装有横向稳定器。

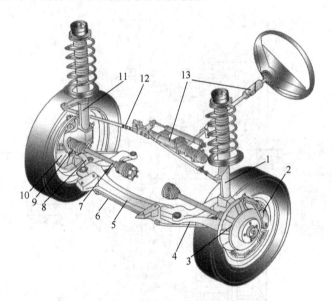

图8.6 上海桑塔纳轿车的转向驱动桥总成
1、11—悬架;2—前轮制动器总成;3—制动盘;4、8—下摆臂;5—副车架;6—横向稳定器;
7—传动半轴总成;9—球形接头;10—车轮轴承壳;12—转向横拉杆;13—转向装置总成

8.3 转向车轮定位

为保证汽车稳定地直线行驶,转向轮具有自动回正作用,为减少轮胎和零部件的磨损,应使主销和转向节保持一定的安装角度,称为转向轮定位。这些定位参数有主销后倾角、主销内倾角、前轮外倾角和前轮前束。常见国产汽车的主销后倾角见表8-1。

表 8-1 常见国产汽车的车轮定位参数

车 型	主销后倾角	主销内倾角	前轮外倾角	前束值/mm
CA1091-1	1°30′	8°	1°	2～4
EQ1091-1	2°30′	6°	1°	1～5
奥迪 100	1.16°	14.2°	0°30′±30′	0.5～1
上海桑塔纳			−0°30′±20′	−3～−1
南京依维柯	0°30′～1°	0°	1°	1.5～2.5
北京切诺基	7.5°		0°	0
天津夏利	2°55′	12°	0°	1

汽车在使用中,如果安装车轮的车架发生永久变形、车轮在车架上定位不准或紧固不良、汽车的左右侧车轮及前后车轮之间的距离及位置关系不正确,都会影响汽车稳定行驶,并会造成轮胎异常磨损。因此,汽车在使用中要注意经常检查并保持每个车轮的正确位置和定位关系。

8.3.1 主销后倾

主销安装在前轴上,其上端略向后倾斜,这种现象称为主销后倾。转向主销轴线与铅垂线的倾角 γ 称为主销后倾角,如图 8.7 所示。主销后倾主要是为了保持汽车直线行驶的稳定性,并在汽车转向后,使前轮有自动回正的作用,且车速越高,回正作用越大。

主销具有后倾角时,主销轴线的延长线与路面的交点 A 位于轮胎与地面接触点 B 的前面。当汽车直线行驶时,若转向轮偶然受到外力作用而稍有偏转(图 8.8 中箭头所示),车轮向右偏摆,汽车将转弯。这时由于汽车本身离心力的作用,在车轮与路面接触点 B 处,路面对车轮作用着一个侧向反作用力 Y。Y 对车轮形成绕主销轴线作用的回正力矩 $M=Yl$,其方向与车轮偏转方向相反,有使车轮恢复到原来中间位置的作用,故称为稳定力矩。同理,在汽车转弯时此力矩也力图使偏摆的转向车轮自动回正。车速越高,Y 值越大,后倾角越大,l 值越大,前轮的稳定效应也越强,特别是在高速和大转弯时,其作用尤为突出。但后倾角不宜过大,一般为 2°～3°。否则在转向时将使转向盘沉重或回正过猛而打手。

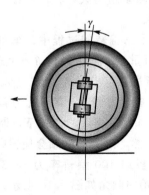

图 8.7 主销后倾

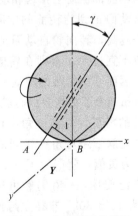

图 8.8 主销后倾的原理

此外，有些汽车由于采用超低压子午线扁平轮胎，弹性增加，转向时因轮胎弹性变形而使轮胎与路面的接触点后移，使回正力矩增加，故主销后倾角可以减小，甚至为负值（即主销前倾）。

主销后倾角的获得一般是前轴、钢板弹簧和车架三者装配在一起时，由于钢板前高后低，使前轴向后倾斜而形成；有的在钢板座后部加装楔形垫片而形成后倾。由此可知，车架变形、钢板弹簧疲劳、转向节松旷、车桥扭转变形等原因，都将使主销后倾角发生变化。

8.3.2 主销内倾

主销安装在前轴上，其上端略向内侧倾斜，这种现象称为主销内倾。在垂直于汽车支承平面的横向平面内，主销轴线与汽车支承平面垂线之间的夹角 β 称为主销内倾角，如图 8.9 所示。

主销内倾具有使转向轮转向操纵轻便的作用，如图 8.9（a）所示。由于主销内倾，使主销轴线的延长线与地面的交点至车轮中心平面与地面交点之间的距离 c 缩短（在有些维修资料中将距离 c 称为偏置或磨胎半径）。转向时，路面作用在转向轮上的阻力对主销轴线产生的力矩减小，从而可减少转向时驾驶人施加在转向盘上的力，使转向操纵轻便。同时还可以减小因路面不平而从转向轮传到转向盘上的冲击力。

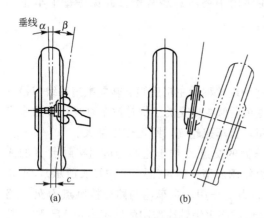

图 8.9 主销内倾

主销内倾具有使转向轮自动回正的作用，如图 8.9（b）所示。当转向轮在外力作用下绕主销旋转时，假设旋转 180°，即由图 8.9（b）中左边位置转到右边位置，而偏离中间位置时，由于主销内倾，车轮的最低点将陷入路面以下 h 处，即车轮必须将路面压低距离 h 后才能旋转过来，但实际上路面不可能被压低，车轮下边缘不可能陷入路面之下，而是车轮连同整个汽车前部被向上抬起相应高度 h。一旦外力消失，转向轮就会在汽车前部重力作用下力图自动回正到旋转前的中间位置。主销内倾角越大，转向轮偏转角越大，汽车前部就抬起得越高，转向轮自动回正的作用就越大。

主销内倾角不宜过大，否则在转向时，车轮绕主销偏转的过程中，车轮与地面间产生较大的滑动，因而增加轮胎的磨损，同时使转向沉重。一般内倾角 β 不大于 8°，距离 c 一般为 40~60mm。为了提高直线行驶的稳定性并满足急起步、急加速、急制动、急转向工况行驶安全性的需要，目前 β 角有增大的趋势。减少力臂 c，有时此力臂为负值，这样，可有效地防止双管路对角线排列的制动系统在一管路故障的情况下，制动跑偏的问题。由于力臂 c 为负值，就产生了一个抗偏力矩。当然，过大的内倾会使转向沉重。由于转向助力器的广泛使用，β 角仍然可适当增大。如奥迪 100 型轿车为 14.2°；天津夏利 TJ7100 型轿车为 12°±30′。非独立与独立悬架的主销内倾角如图 8.10 所示。

主销内倾角是由前轴在制造时其主销轴线的上端向内倾斜而获得的。前轴弯曲变形

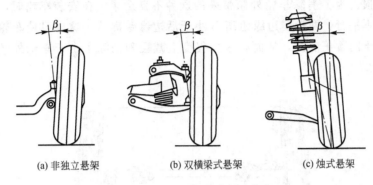

(a) 非独立悬架　　　　(b) 双横梁式悬架　　　　(c) 烛式悬架

图 8.10　不同悬架的主销内倾角

及主销孔磨损变形都可能引起主销内倾角的变化,主销内倾角的回正作用几乎与速度无关。

8.3.3　前轮外倾

转向轮安装在转向节上时,其旋转平面上端向外倾斜,这种现象称为转向车轮外倾。车轮旋转平面与垂直于车辆支承面的纵向平面之间的夹角 α 称为车轮外倾角,如图 8.11 所示。

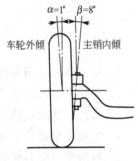

图 8.11　车轮外倾

车轮外倾角的作用是提高车轮工作的安全性和转向操纵的轻便性。由于主销与衬套之间、轮毂与轴承等处都存在着装配间隙,若空车时车轮的安装正好垂直于路面,则满载时上述间隙将发生变化,车桥也因承载而变形,从而引起车轮向内倾斜。车轮内倾将使路面对车轮的垂直反作用力的轴向分力压向轮毂外端的小轴承,使该轴承及其锁紧螺母等件承受的载荷增大,降低它们的使用寿命,严重时会损坏锁紧螺母,使车轮脱落。为此,安装车轮时要预先留有一定的外倾角,以防止上述不良后果。车轮外倾与主销内倾相配合可进一步缩短距离 c[图 8.10(a)],使汽车转向轻便。此外,车轮有一定的外倾角也可以与拱形路面相适应。但车轮外倾角不宜过大,否则会使轮胎产生偏磨损。一般前轮外倾角为 1°左右,有的接近垂直;有的为负值,以避免汽车转向时车身过分倾斜。

8.3.4　前轮前束

车轮安装在车桥上,两前车轮的中心平面不平行,其前端略向内侧收束,这种现象称为前轮前束。在通过两前轮中心的水平面内,两前轮的前边缘距离 B 小于两前轮后边缘距离 A,A 与 B 之差称为前轮前束,如图 8.12 所示。像内八字一样前端小后端大的称为前束,而像外八字一样后端小前端大的称为后束或负前束。

前轮前束的作用是为了消除由车轮外倾而引起的前轮"滚锥效应"。即车轮有了外倾角后,在滚动时,就类似于圆锥滚动,从而导致两侧车轮向外滚开。由于转向横拉杆和车桥的约束使车轮不可能向外滚开,车轮将在地面上出现边滚边向内滑移的现象,从而增加轮胎的磨损。为了消除车轮外倾带来的这种不良后果，在安装车轮时，使汽车两前轮的中心平面不平行，两轮前边缘距离 B 小于后边缘距离 A。这样可使车轮在每一瞬时滚动方向接近于向着正前方，从而在很大程度上减轻和消除了由于车轮外倾而产生的不良后果。

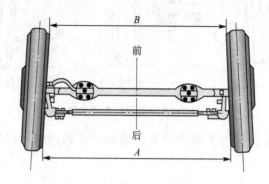

图 8.12　前轮前束

前轮前束可通过改变横拉杆的长度来调整，一般前束值为 0～12mm。

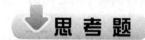

1. 转向桥的作用是什么？它主要由哪些零件组成？
2. 前轮定位的内容有哪些？它们分别起什么作用？
3. 为什么在某些轿车上主销后倾角为负值？
4. 前轮前束靠什么调整？
5. 转向驱动桥有哪些结构特点？为实现转向驱动需要哪些零部件？

第 9 章

车轮与轮胎

教学提示

车轮与轮胎是汽车的行走部件,安装在车架上,将汽车发出的作用力传给地面,同时将地面的反作用力传回汽车。本章重点介绍车轮与轮胎的功用、类型、结构特点及表示方法。

教学目标

掌握车轮与轮胎的功用;重点掌握汽车的车轮与轮胎的种类、结构形式和特点;掌握轮胎的表示方法;了解轮胎的花纹形式及适用范围。

知 识 点	技 能 点
1. 车轮的结构组成 2. 轮胎的种类及型号	1. 能够正确识别轮胎的技术参数 2. 具备更换轮胎的基本技能

9.1 车　　轮

车轮是介于轮胎和车轴之间承受负荷的旋转组件，通常由轮辋和轮辐组成（GB/T 2933—1995）。轮辋是在车轮上安装和支承轮胎的部件，轮辐是在车轮上介于车轴和轮辋之间的支承部件。轮辋和轮辐可以是整体式的、永久连接式的或可拆卸式的。车轮除上述部件外，有时还包含轮毂。

9.1.1 车轮的类型

按轮辐的构造，车轮可分为两种主要形式：辐板式和辐条式。

1. 辐板式车轮

目前，轿车和货车上广泛采用辐板式车轮，其结构如图9.1所示。它由轮毂、挡圈、辐板、轮辋等组成。用以连接轮辋和轮毂的圆盘称为辐板。辐板大多是冲压制成的，也有铸造的。

轿车车轮辐板所用的钢板较薄，常冲压成起伏多变的形状，以提高刚度。有些轿车为了减轻车轮的质量和有利于制动鼓的散热，采用了铝合金铸造加工。为了保证高速行驶的平衡性能，还加有平衡块。轿车的车轮和轮胎总成如图9.2所示，轮毂和辐板焊接在一起，并用螺栓将其安装在车轮轮毂或制动鼓上，组成车轮。用平衡块对车轮进行动平衡，车轮装饰罩装在辐板外面。

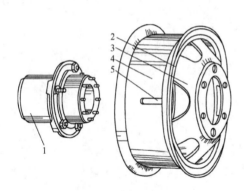

图9.1　辐板式车轮
1—轮毂；2—挡圈；3—辐板；
4—轮辋；5—气门嘴

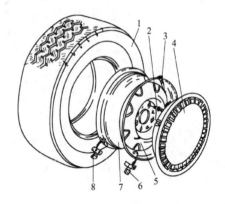

图9.2　轿车车轮和轮胎总成
1—轮胎；2—螺栓；3—气门嘴；4—车轮装饰罩；
5—辐板；6—平衡块定位弹簧；7—轮辋；8—平衡块

2. 辐条式车轮

辐条式车轮的轮辐是钢丝辐条，如图9.3(a)所示，或者是与轮毂铸成一体的铸造辐条，如图9.3(b)所示。钢丝辐条式车轮由于价格昂贵、维修安装不便，仅用于赛车和某些高级轿车上(如美国别克轿车)；铸造辐条式车轮用于装载在质量较大的重型汽车上。在这种结构的车轮上，轮辋用螺栓和特殊形状的衬块固定在辐条上。为了使轮辋与辐条很好地对中，在轮辋和辐条上都加工有配合锥面。

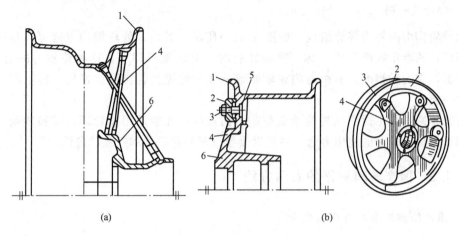

图 9.3 辐条式车轮

1—轮辋；2—衬块；3—螺栓；4—辐条；5—配合锥面；6—轮毂

9.1.2 轮辋的类型

轮辋的常见形式主要有两种，即深槽轮辋和平底轮辋，如图 9.4 所示。此外，还有对开式轮辋、半深槽轮辋、深槽宽轮辋、平底宽轮辋及全斜底轮辋等。

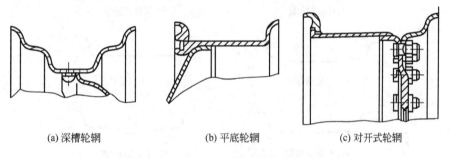

(a) 深槽轮辋　　　　(b) 平底轮辋　　　　(c) 对开式轮辋

图 9.4 常见轮辋的形式

1. 深槽轮辋

如图 9.4(a)所示，这种轮辋是整体的，其断面中部为一深凹槽，主要用于轿车及轻型越野汽车。它有带肩的凸缘，用以安放外胎的胎圈，其肩部通常略向中间倾斜，其倾斜角一般为 5°±1°。倾斜部分的最大直径即称为轮胎胎圈与轮辋的着合直径。断面的中部制成深凹槽，以便于外胎的拆装。深槽轮辋的结构简单、刚度大、质量较小，对于小尺寸弹性较大的轮胎最适宜；对于尺寸较大又较硬的轮胎，则很难装进这样的整体轮辋内。

2. 平底轮辋

此种轮辋的结构形式很多，图 9.4(b)所示是我国货车常用的一种形式。挡圈是整体的，且用一个开口弹性锁圈来防止挡圈脱出。在安装轮胎时，先将轮胎套在轮辋上，而后套上挡圈，并将它向内推，直至越过轮辋上的环形槽，再将开口的弹性锁圈嵌入环形槽中。东风 EQ1090E 型和解放 CA1091 型汽车车轮均采用这种形式的轮辋。

3. 对开式轮辋

此种轮辋由内外两部分组成，如图 9.4(c)所示，其内、外轮辋的宽度可以相等，也可以不等，两者用螺栓连成一体。拆装轮胎时，拆卸螺母即可。这种轮辋有的有挡圈，并且可拆，有的无挡圈，而由与内轮辋制成一体的轮缘代替挡圈的作用，内轮辋与辐板焊接在一起。

近几年来，为了适应提高轮胎负荷能力的需要，开始采用宽轮辋。试验表明，采用宽轮辋可以提高轮胎的使用寿命，并可以改善汽车的通过性和行驶稳定性。

9.1.3 国产轮辋规格的表示方法

1. 国产轮辋轮廓类型及其代号

目前轮辋轮廓类型有 7 种：深槽轮辋，代号 DC，如图 9.5(a)所示；深槽宽轮辋，代号 WDC，如图 9.5(b)所示；半深槽轮辋，代号 SDC，如图 9.5(c)所示；平底轮辋，代号 FB，如图 9.5(d)所示；平底宽轮辋，代号 WFB，如图 9.5(e)所示；全斜底轮辋，代号 TB，如图 9.5(f)所示；对开式轮辋，代号 DT，如图 9.5(g)所示。

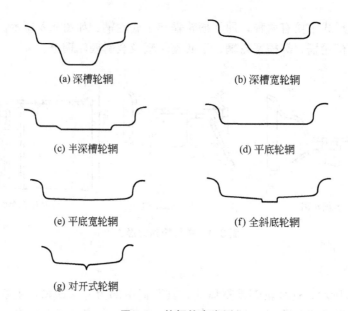

图 9.5 轮辋轮廓类型

轮辋的结构形式根据其主要由几个零件组成分为一件式轮辋、二件式轮辋、三件式轮辋、四件式轮辋和五件式轮辋。一件式轮辋具有深槽的整体式结构，如图 9.6(a)所示。二件式轮辋可以拆卸为轮辋体和弹性挡圈两个主要零件，如图 9.6(b)所示。三件式轮辋可以拆卸为轮辋体、挡圈和锁圈 3 个主要零件，如图 9.6(c)所示。四件式轮辋可以拆卸为轮辋体、挡圈、锁圈和座圈 4 个主要零件；也可以拆卸为轮辋体、锁圈和两个挡圈，如图 9.6(d)所示。五件式轮辋可以拆卸为轮辋体、挡圈、锁圈、座圈和密封环 5 个主要零件，如图 9.6(e)所示。

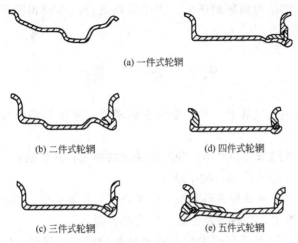

图 9.6 轮辋结构形式

2. 国产轮辋的规格代号

轮辋规格用轮辋名义宽度代号、轮缘高度代号、轮辋结构形式代号、轮辋名义直径代号和轮辋轮廓类型代号来共同表示。轮辋名义宽度和名义直径代号的数值以 in(英寸)表示（当新设计轮胎以 mm 表示直径时，轮辋直径用 mm 表示）。直径数字前面的符号表示轮辋结构形式代号，符号"×"表示该轮辋为一件式轮辋，符号"—"表示该轮辋为两件或两件以上的多件式轮辋。在轮辋名义宽度代号之后的拉丁字母表示轮缘的轮廓(E、F、J、JJ、KB、I、V 等)。有些类型的轮辋(如平底宽轮辋)，其名义宽度代号也代表了轮缘轮廓，不再用字母表示。最后面的代号表示了轮辋轮廓类型代号。

例如，北京 BJ2020 型汽车轮辋为 4.50E×16，表示该轮辋名义宽度 4.5in，名义直径 16in，轮缘轮廓代号为 E 的一件式深槽轮辋。对于平底式宽轮辋，只有表示轮辋名义宽度和名义直径的数字，而没有表示轮缘轮廓的拉丁字母代号，例如，东风 EQ1090 型汽车轮辋规格为 7.0—20；解放 CA1091 型汽车轮辋规格为 6.5—20。

3. 车轮规格

车轮的规格表示如图 9.7 所示。除了轮辋宽度 B 和轮辋直径 d 外，还有螺栓孔的节圆直径 d_1，即车轮通常用若干个螺栓安装在轮毂上，各个螺栓孔中心分布圆形成的直径为节圆直径，单位为 mm。车轮的另一个重要规格是偏置距 E，它表示了轮辋中心和车轮安装面之间的水平距离，是选择车轮的重要尺寸。装用偏置距不同的轮胎，会影响车轮轮距及汽车操纵的稳定性。对于发动机前置前驱动的汽车(FF)和发动机前置后驱动的汽车(FR)，其车轮偏置距是不一样的，必须装用符合原车轮偏置距的车轮。此外，还有轮毂直径 d_2，螺栓孔直径 d_3。

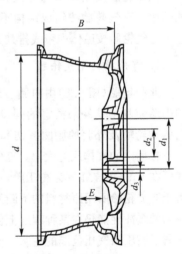

图 9.7 车轮的规格

d—轮辋直径；B—轮辋宽度；E—偏置距；d_1—螺栓孔的节圆直径；d_2—轮毂直径；d_3—螺栓孔直径

轮辋规格只表示轮胎与轮辋的匹配,而不明确是否与车身相匹配,选用时注意对车身的运动校核。

9.2 轮 胎

现代汽车大多采用充气轮胎。轮胎安装在轮辋上,直接与路面接触,主要有以下方面的作用。

(1) 和汽车悬架共同来缓和汽车行驶时所受到的冲击,并衰减由此而产生的振动,以保证汽车有良好的乘坐舒适性和行驶平顺性。

(2) 保证车轮和路面有良好的附着性,以提高汽车的牵引性、制动性和通过性。

(3) 承受汽车的重力,并传递其他方向的力和力矩。

由上可知,轮胎必须有适宜的弹性和承受载荷的能力,同时,在其与路面直接接触的胎面部分,应具有用以增强附着作用的花纹。此外,车轮滚动时,轮胎在所承受的重力和由于道路不平而产生的冲击载荷作用下受到压缩,压缩消耗的功,在载荷去除后并不能完全回收,有一部分消耗于橡胶的内摩擦,结果使得轮胎发热。温度过高将严重地影响橡胶的性能和轮胎的组织,从而大大增加轮胎的磨损而缩短轮胎的使用寿命。

9.2.1 轮胎分类

汽车轮胎按用途分,可分为载货汽车轮胎和轿车轮胎;而载货汽车轮胎又分为重型、中型和轻型载货汽车轮胎。

汽车轮胎按胎体结构不同,可分为充气轮胎和实心轮胎。现代汽车绝大多数采用充气轮胎。充气轮胎按组成结构不同,又分为有内胎轮胎和无内胎轮胎两种。

充气轮胎按胎体中帘线排列方向不同,还可分为普通斜交胎、带束斜交胎和子午线胎。

1. 有内胎的充气轮胎

此种轮胎(图 9.8)由内胎、外胎和垫带组成。内胎中充满着压缩空气;外胎是用以保护内胎使其不受外来损害的强度高而富有弹性的外壳;垫带放在内胎与轮辋之间,防止内胎被轮辋及外胎的胎圈擦伤和磨损。轮胎外胎各部位的名称如图 9.9 所示。

按胎内的气体压力大小,充气轮胎可分为高压胎、低压胎和超低压胎 3 种。过去,一般气压在 0.5~0.7MPa 为高压胎,0.15~0.45MPa 为低压胎,0.15MPa 以下为超低压胎。但由于制造轮胎所用原材料的不断发展,轮胎负荷能力大幅度提高,相应的气压也提高了,而轮胎的缓冲性能仍在某种程度上保持了原来同规格"低压胎"的性能。因此,按过去的标准已属于高压胎气压范围的轮胎,现在国内外还都将其归于"低压胎"这一类。如国产规格为 9.00—20 的 14 层级尼龙胎,载荷容量为 22300N,气压 0.67MPa,仍属低压胎。

目前,轿车、货车几乎全都采用低压胎,因为低压胎弹性好、断面宽、与道路接触面积大以及壁薄而散热性良好。这些特点提高了汽车行驶平顺性、转向操纵的稳定性。此外,道路和轮胎本身的寿命也得以延长。

目前,普通斜交胎和子午线胎在汽车上得到广泛应用,特别是子午线胎的应用最为广泛。下面主要介绍子午线胎。

图9.8 充气轮胎的组成
1—外胎；2—内胎；3—垫带

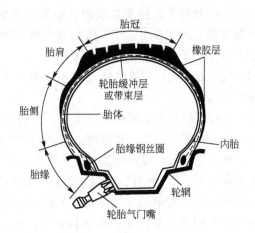

图9.9 外胎各部位的名称

子午线胎的构造如图9.10所示,它由帘布层、带束层、胎冠、胎肩和胎圈组成,并以带束层箍紧胎体。其特点如下。

(1) 帘布层帘线排列的方向与轮胎的子午断面一致。由于帘线如此排列,使其强度得到充分利用。子午线胎的帘布层数一般可比普通斜交胎减少40%～50%,胎体较柔软。

(2) 帘线在圆周方向上只靠橡胶来联系,因此,为了承受行驶时产生的较大的切向力,子午线胎具有若干层帘线与子午断面呈大角度(交角为70°～75°)、高强度、不易拉伸的周向环形的类似缓冲层的带束层。带束层通常采用强度较高、拉伸变形很小的织物帘布(如玻璃纤维、聚酰胺纤维等高强度材料)或钢丝帘布制造。

子午线胎和普通斜交胎的结构比较如图9.11所示。子午线胎帘布层帘线排列的方向与轮胎的子午断面一致,即帘线排列成辐射状,所以胎侧部分柔软。但是,由于胎面内侧有带束层,从而提高了胎冠的刚度。而普通斜交胎的帘布层帘线是按斜线交叉排列,因而从胎冠到胎侧的柔软度是均匀的。

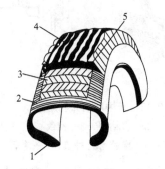

图9.10 子午线胎
1—胎圈；2—帘布层；3—带束层；
4—胎冠；5—胎肩

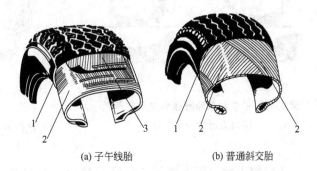

(a) 子午线胎　　　(b) 普通斜交胎

图9.11 子午线胎和普通斜交胎的结构比较
1—外胎面；2—胎体；3—缓冲层(带束层)

子午线胎由于胎冠刚性大,而胎侧部分柔软,所以在侧向力的作用下,胎侧变形较大,胎冠的接地面积基本不变,如图9.12(a)所示。而普通斜交胎在侧向力的作用下胎侧变形不大，但使整个轮胎发生倾斜，结果使轮胎胎冠的接地面积减小[图 9.12(b)]。可见，轮胎在承受侧向力时，子午线胎具有明显的优越性。

综上所述，子午线胎的优点如下。

（1）接地面积大，附着性能好，胎面滑移小，对地面单位压力也小，因而滚动阻力小，使用寿命长。

（2）胎冠较厚且有坚硬的带束层，不易刺穿；行驶时变形小，可降低油耗3%～8%。

（3）因为帘布层数少，胎侧薄，所以散热性能好。

（4）径向弹性大，缓冲性能好，负荷能力较大。

它的缺点是：因胎侧较薄，胎冠较厚，在其与胎侧的过渡区易产生裂口；由于胎侧柔软，受侧向力时变形较大，导致汽车横向稳定性差；制造技术要求高，成本也高。

由于子午线胎明显优越于普通斜交胎，因此在轿车上已普遍采用，在货车上也越来越多地采用了子午线胎，如东风 EQ1090E 型、解放 CA1091 型等载货汽车和越野汽车上的轮胎，均为子午线胎。

2. 无内胎的充气轮胎

无内胎的充气轮胎近年来在轿车和一些货车上的使用日益广泛。它没有内胎，空气直接压入外胎中，因此要求外胎和轮辋之间有很好的密封性。无内胎轮胎在外观上和结构上与有内胎轮胎近似，所不同的是无内胎轮胎的外胎内壁上附加了一层厚 2～3mm 的专门用来封气的橡胶密封层（图 9.13）。它是用硫化的方法粘附上去的。在密封层正对着胎面的下面贴着一层用未硫化橡胶的特殊混合物制成的自粘层。当轮胎穿孔时，自粘层能自行将刺穿的孔粘合，故称为带有自粘层的无内胎轮胎。

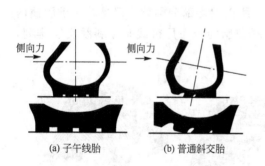

(a) 子午线胎　　(b) 普通斜交胎

图 9.12　子午线胎和普通斜交胎在承受侧向力时的变形状况

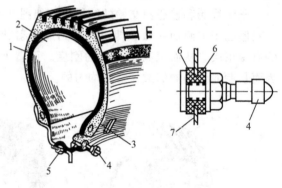

图 9.13　无内胎的充气轮胎

1—橡胶密封层；2—自粘层；3—槽纹；4—气门嘴；
5—铆钉；6—橡胶密封衬垫；7—轮辋

在胎圈上做出若干道同心的环形槽纹，在轮胎内空气压力的作用下，槽纹能使胎圈可靠地紧贴在轮辋边缘上，以保证轮胎与轮辋之间的气密性。但也有的胎圈外是光滑且没有槽纹的。气门嘴直接固定在轮辋上，其间垫以密封用的橡胶密封衬垫。铆接轮辋和辐板的铆钉自内侧塞入，并涂上一层橡胶。无内胎轮胎的优点是：轮胎穿孔时，压力不会急剧下降，能安全地继续行驶；不存在因内、外胎之间摩擦和卡住而引起的损坏；气密性较好，可以直接通过轮辋散热，所以工作温度低，使用寿命较长；结构简单，质量较小。

无内胎轮胎的缺点是：途中修理较为困难；此外，自粘层只有在穿孔尺寸不大时方能粘合；天气炎热时自粘层可能软化而向下流动，从而破坏车轮平衡。因此，一般多采用无自粘层的无内胎轮胎，它的外胎内壁只有一层密封层，当轮胎穿孔后，由于其本身处于压缩状态而紧裹着穿刺物，故能长期不漏气。即使将穿刺物拔出，无内胎轮胎只有在轮胎爆破时才会失效。

9.2.2 轮胎规格的标记方法

充气轮胎尺寸的标记如图 9.14 所示。D 为轮胎外径、d 为轮胎内径、H 为轮胎断面高度、B 为轮胎断面宽度。轮胎断面高度 H 与 B 之比称为轮胎的高宽比（以百分比表示），即 $(H/B) \times 100\%$ 又称轮胎的扁平率。通常高宽比有 80、75、70、60、55 等。

轮胎的高宽比（扁平率）越小，说明轮胎的断面越宽，故高宽比小的轮胎称为宽断面轮胎。宽断面轮胎因断面宽、接地面积大，所以接地比压小，磨损减小，滚动阻力也小，抗侧向稳定性强。因此，在相同的承载能力下，宽断面轮胎较普通轮胎的直径可以减小。如图 9.15 所示，扁平率为 80 的宽断面轮胎较普通轮胎的车轮中心下降了 B 和 A 之差，从而降低了整车质心，提高了汽车的行驶稳定性，因此在高速轿车上得到广泛应用。

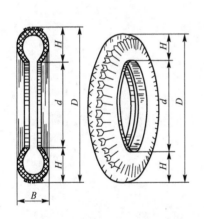

图 9.14 子午线胎尺寸的标记　　图 9.15 具有相同承载能力的普通轮胎和宽断面轮胎的比较

目前，充气轮胎一般习惯用英制表示，但欧洲国家则常用米制表示法；有些国家用英制和米制混合表示；个别国家也有用字母作代号来表示轮胎规格尺寸的。我国轮胎规格标记主要采用英制，有些也用英制和米制混合表示。

随着汽车工业的发展，我国轮胎也制定了相应标准，并经几次修订。现执行的标准为 GB 9743—2007《轿车轮胎》；GB/T 2978—2008《轿车轮胎规格、尺寸、气压与负荷》；GB 9744—2007《载重汽车轮胎》；GB/T 2977—2008《载重汽车轮胎规格、尺寸、气压与负荷》。标准规定了轮胎规格、基本参数、主要尺寸、气压负荷对应关系等。

思 考 题

1. 为什么辐板式车轮比辐条式车轮在汽车上得到更广泛的采用？
2. 试分析在轿车上多采用深槽轮辋而在货车上主要使用平底轮辋的原因。
3. 子午线胎和普通斜交胎相比，有什么区别和特点？为什么子午线胎得到越来越广泛的使用？
4. 无内胎轮胎在结构上是如何实现密封的？为什么在轿车上得到广泛使用？有自粘层和无自粘层的无内胎轮胎有什么不同？应用如何？
5. 国产轮胎规格如何标记？
6. 车轮通风和平衡的目的何在？在结构上是如何实现的？

第 10 章

悬 架

📖 **教学提示**

汽车悬架是车架(或承载式车身)与车桥(或车轮)之间的弹性连接部件。本章重点介绍悬架的组成及各部件的结构原理。

✒️ **教学目标**

掌握悬架的作用;掌握典型悬架的结构;掌握常见减振器的工作原理;了解电控悬架的控制过程。

知 识 点	技 能 点
1. 减振器的类型及结构原理 2. 弹性元件的类型及结构特点 3. 非独立悬架的类型及结构特点 4. 独立悬架的类型及结构特点 5. 电控悬架的类型及结构特点	1. 能够在原车上识别独立悬架的类型及特点 2. 能够在原车上识别非独立悬架的类型及特点 3. 能够在原车上识别电控悬架的组成及特点

10.1 概　述

10.1.1 悬架的功用和组成

悬架是车架(或承载式车身)与车桥(或车轮)之间的一切传力连接装置的总称。它的功用是把路面作用于车轮上的垂直反力(支承力)、纵向反力(驱动力和制动力)和侧向反力以及这些反力所造成的力矩传递到车架(或承载式车身)上,以保证汽车的正常行驶。

现代汽车的悬架尽管有各种不同的结构形式,但是一般都由弹性元件、减振器和导向机构三部分组成(图10.1)。此外,还辅设有缓冲块和横向稳定器。

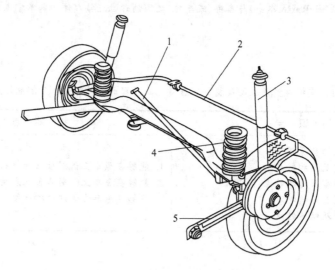

图 10.1　汽车悬架组成示意图
1—横向推力杆;2—横向稳定器;3—减振器;4—弹性元件;5—纵向推力杆

因为汽车行驶的路面不可能绝对平坦,因此,路面作用于车轮上的垂直反力往往是冲击性的,特别是在坏路上高速行驶时,这种冲击力会很大。冲击力传到车架(或车身)上时,可能引起汽车零部件的早期损坏,还会使驾驶人感到极不舒适或使货物受到损伤。为了缓和冲击,在汽车行驶系统中,除了采用弹性的充气轮胎之外,在悬架中还必须装有弹性元件,使车架(或车身)与车桥(或车轮)之间做弹性联系。但弹性系统在受到冲击后将产生振动,持续的振动易使乘员感到不舒适或疲劳,故悬架还应当具有减振作用,使振动迅速衰减(振幅迅速减小)。为此,在许多结构形式的汽车悬架中都设有减振器。

车轮相对于车架和车身跳动时,车轮(特别是转向轮)的运动轨迹应符合一定的要求,否则对汽车的操纵稳定性不利。因此,悬架中某些传力构件同时还承担着使车轮按一定轨迹相对于车架和车身跳动的任务,因而这些传力构件还起导向作用,故称导向机构。

在多数轿车和客车上,为了防止车身在转向行驶等情况下发生过大的横向倾斜,在悬架中,还设有辅助弹性元件——横向稳定器。为限制弹簧的最大变形并防止弹簧直接撞击车架,在货车上辅设有缓冲块。在一些轿车上也设有缓冲块,以限制悬架的最大变形。

10.1.2 悬架的类型

汽车悬架可分为非独立悬架和独立悬架两大类。

非独立悬架如图10.2所示，其结构特点是两侧的车轮由一根整体式车桥相连，车轮连同车桥一起通过弹性悬架与车架（或车身）连接。当一侧车轮因道路不平而发生跳动时，必然引起另一侧车轮在汽车横向平面内发生摆动，故称为非独立悬架。

独立悬架如图10.3所示，其结构特点是车桥做成断开的，每一侧的车轮单独地通过弹性悬架与车架（或车身）连接，两侧车轮可以单独跳动，互不影响，故称为独立悬架。

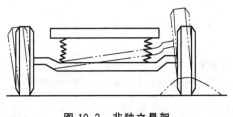　　　　　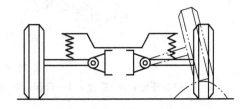

图10.2　非独立悬架　　　　　图10.3　独立悬架

10.2　弹性元件

汽车悬架系统中采用的弹性元件主要有钢板弹簧、螺旋弹簧、气体弹簧和橡胶弹簧等结构形式。

10.2.1　钢板弹簧

钢板弹簧是汽车悬架中应用最广泛的一种弹性元件。它是由若干片等宽不等长（厚度可以相等，也可以不相等）的合金弹簧片组合而成的一根近似等强度的弹性梁。

钢板弹簧的一般构造如图10.4所示。钢板弹簧的第一片（最长的一片）称为主片，其两端弯成卷耳，内装青铜或塑料、橡胶、粉末冶金制成的衬套，以便用弹簧销与固定在车架上的支架或吊耳作铰链连接。钢板弹簧的中部一般用U形螺栓固定在车桥上。主片卷耳受力严重，是薄弱处。为改善主片卷耳的受力情况，常将第二片末端也弯成卷耳，包在主片卷耳的外面称为包耳。为了使各片在弹簧变形时有相对滑动的可能，在主片卷耳和第二片包耳之间留有较大的空隙。有些悬架中的钢板弹簧两端不做成卷耳，而采用其他的支承连接方式。

中心螺栓用以连接各弹簧片，并保证装配时各片的相对位置。中心螺栓距两端卷耳的距离可以相等（称为对称式钢板弹簧），也可以不相等（称为非对称式钢板弹簧）。连接各片的构件，除中心螺栓外，还有若干个弹簧夹。其主要作用是当钢板弹簧反向变形（即反跳）时，使各片不至相互分开，以免主片单独承载；此外，还可防止各片横向错动。弹簧夹用铆钉铆接在与之相连的最下面弹簧片的端部。弹簧夹的两边用螺栓连接，在螺栓上有套管顶住弹簧夹的两边，以免将弹簧片夹得过紧。为了保证弹簧变形时各片可以相互滑移，在螺栓套管与弹簧片之间有一定的间隙。

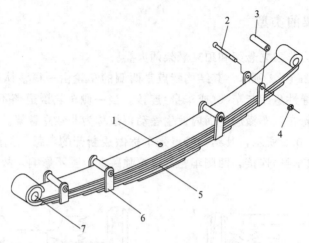

图 10.4 钢板弹簧

1—中心螺栓；2—螺栓；3—套管；4—螺母；5—钢板弹簧；6—弹簧夹；7—卷耳

钢板弹簧在载荷作用下变形时，各片之间由于相对滑动而产生摩擦，可以促使车架振动的衰减。但各片间的干摩擦，将使车轮所受的冲击在很大的程度上传给车架，即降低了悬架缓和冲击的能力，并使弹簧各片加速磨损，这是不利的。为减少弹簧片的磨损，在装合钢板弹簧时，各片间须涂上较稠的润滑剂（石墨润滑脂），应定期进行保养。为了在使用期间长期储存润滑脂和防止污染，有时将钢板弹簧装在护套内。钢板弹簧本身还能兼起导向机构的作用，并且由于各片之间的摩擦而起到一定的减振作用。为了保证在弹簧片间产生定值摩擦力及消除噪声，可在弹簧片之间加入塑料垫片。

近些年来，在越来越多的汽车上采用了变截面钢板弹簧，它是由单片或 2~3 片变厚度断面的弹簧片构成的，如图 10.5 所示。其弹簧片的断面尺寸沿长度方向是变化的，片宽保持不变。这种少片变截面钢板弹簧克服了多片钢板弹簧质量大、性能差的缺点。据统计，在两种弹簧寿命相等的情况下，少片变截面钢板弹簧可减少质量 40%~50%。因此，这种弹簧对实现车辆的轻量化、节约能源和节约合金弹簧钢材大为有利，故应用日渐广泛。

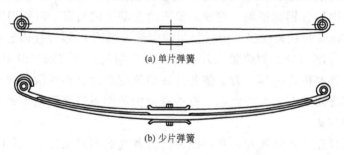

(a) 单片弹簧

(b) 少片弹簧

图 10.5 单片和少片变截面钢板弹簧

10.2.2 螺旋弹簧

螺旋弹簧广泛应用于独立悬架，特别是前轮独立悬架中，有些轿车的后轮非独立悬架中也采用螺旋弹簧，如图 10.1 所示。

螺旋弹簧本身没有减振作用,因此在螺旋弹簧悬架中必须另装减振器。此外,螺旋弹簧只能承受垂直载荷,故必须装设导向机构以传递垂直力以外的各种力和力矩。螺旋弹簧由弹簧钢棒料卷制而成,可做成等螺距或变螺距。等螺距的刚度不变,变螺距的刚度是可变的。

螺旋弹簧和钢板弹簧相比具有以下优点:无须润滑,不忌泥污;安装时所需的纵向空间小;质量轻。

10.2.3 气体弹簧

气体弹簧是在一个密封的容器中充入压缩气体(气压为 0.5~1MPa),利用气体的可压缩性实现其弹簧作用。这种弹簧的刚度是可变的,因为作用在弹簧上的载荷增加时,容器内的定量气体受压缩,气压升高,则弹簧的刚度增大;反之,当载荷减小时,气压下降,刚度减小,故它具有比较理想的变刚度特性。气体弹簧有空气弹簧和油气弹簧两种,空气弹簧又有囊式和膜式之分。

1. 空气弹簧

(1) 囊式空气弹簧。囊式空气弹簧由夹有帘线的橡胶气囊和密闭在其中的压缩空气组成。气囊的内层用气密性的橡胶制成,外层则用耐油橡胶制成。气囊一般做成图 10.6(a)所示的两节,但也有单节或 3、4 节的[图 10.6(b)]。节数越多,弹性越好。节与节之间围有钢质的腰环,使中间部分不致有径向扩张,并防止两节之间相互摩擦。气囊的上下盖板将气囊密闭。

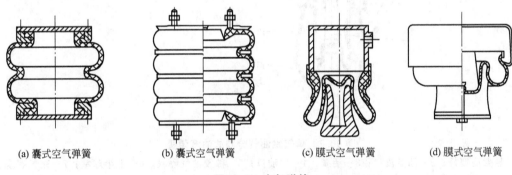

(a) 囊式空气弹簧　　(b) 囊式空气弹簧　　(c) 膜式空气弹簧　　(d) 膜式空气弹簧

图 10.6　空气弹簧

(2) 膜式空气弹簧。膜式空气弹簧的密闭气囊由橡胶膜片和金属压制件组成。与囊式空气弹簧相比,其弹性特性曲线比较理想,因其刚度较囊式小,车身自然振动频率较低,且尺寸较小,在车上便于布置,故多用在轿车上;但是制造较困难,寿命也短。空气弹簧近年来在大客车上特别是在高档豪华大客车上已得到广泛应用。

2. 油气弹簧

油气弹簧以气体(一般为氮气)作为弹性介质,而用油液作为传力介质。它一般是由气体弹簧和相当于液力减振器的液压缸所组成。油气弹簧的形式有单气室、双气室以及两级压力式等。单气室油气弹簧又分为油气分隔式和油气不分隔式两种,前者可以防止油液乳化,便于充气。

图 10.7 所示为单气室油气分隔式油气弹簧。上、下半球室构成的球形气室固装在工

作缸上，球形气室的内腔用橡胶油气隔膜隔开，上半球室充入高压氮气，下半球室通过减振器阻尼阀与工作缸的内腔相通，并充满了工作油液（减振器油）。油气隔膜的作用在于把作为弹性介质的高压氮气与工作油液分开，以避免油液乳化，同时也便于充气和保养。工作缸固定在车身（车架）上，其活塞与导向缸连接成一体，悬架活塞杆的下端与悬架的摆臂（或车桥）相连接。当悬架摆臂（或车桥）与车身（或车架）相对运动时，活塞和活塞导向缸便在工作缸内上、下滑动，而工作油液通过减振器阻尼阀来回运动，起到减振的作用。

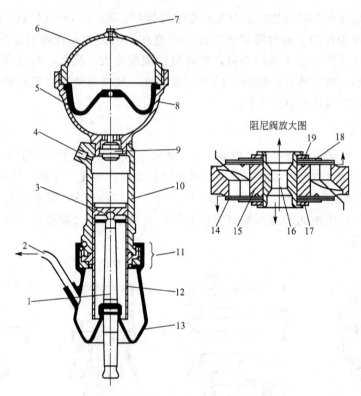

图 10.7 单气室油气分隔式油气弹簧

1—悬架活塞杆；2—油溢流口；3—活塞；4—加油口；5—橡胶油气隔膜；6—上半球室；7—充气螺塞；8—下半球室；9—减振器阻尼阀；10—工作缸；11—密封装置；12—活塞导向缸；13—防护罩；14—伸张阀；15—阀体；16—油液节流孔；17—伸张阀限位挡片；18—压缩阀；19—压缩阀限位挡片

当载荷增加，悬架摆臂（车桥）与车身（车架）之间的距离缩短时，活塞及导向缸上移，使充满工作油液的内腔容积减小，迫使工作油液经压缩阀进入球形气室，从而推动油气隔膜向具有一定压力的氮气室移动，使气体容积减小，氮气压力升高。活塞向上的推力（外界载荷）与氮气压力向下的反作用力相等时，活塞便停止移动。于是，车身（车架）与悬架摆臂（车桥）间的相对位置不再变化。当载荷减小，推动活塞上移的作用力减小时，油气隔膜在高压氮气作用下向下移动，迫使工作油液经伸张阀流回工作腔内腔，推动活塞向下移动，车身（车架）与悬架摆臂（车桥）之间的距离变长，直到氮气室内的压力通过工作油液的传递转化为作用在活塞上的力与外界减小的载荷相等时，活塞才停止移动。

汽车在行驶过程中，油气弹簧所受的载荷是变化的，因此活塞便相应地在工作缸中处于不同的位置。由于氮气充满在密闭的球形气室内，作用在油气隔膜上的载荷小时，气体弹簧的刚度较小；随着载荷的增加，气体弹簧的刚度变大，故它具有变刚度的特性。可见，油气弹簧是空气弹簧的一种特例，它以氮气作为弹性介质，而在气体弹簧与活塞之间引入油液作为传力介质。

10.2.4 橡胶弹簧

橡胶弹簧是利用橡胶本身的弹性来起弹性元件作用的。如图10.8所示，它可以承受压缩载荷与扭转载荷。橡胶弹簧的优点是单位质量的蓄能较金属弹簧多，隔音性能好，工作无噪声，无须润滑。由于橡胶的内摩擦较大，因此橡胶弹簧具有一定的减振能力。橡胶弹簧多用作悬架的副簧和缓冲块。

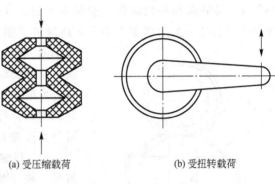

(a) 受压缩载荷　　(b) 受扭转载荷

图 10.8　橡胶弹簧

10.3　减 振 器

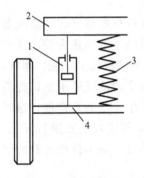

图 10.9　减振器和弹性元件安装示意图

1—减振器；2—车架；
3—弹性元件；4—车桥

为加速车架与车身振动的衰减，改善汽车行驶的平顺性，大多数汽车的悬架系统都有与弹性元件并联安装的减振器，如图10.9所示。

汽车悬架系统中广泛采用液力减振器。液力减振器的工作原理是当车架与车桥做往复相对运动时，减振器中的活塞在缸筒内也做往复运动，于是减振器壳体内的油液便反复地从一个内腔通过一些窄小的孔隙流入另一内腔。此时，孔壁与油液间的摩擦及液体分子内摩擦便形成对振动的阻尼力，使车身和车架的振动能量转化为热能，被油液和减振器壳体所吸收，然后散到大气中。减振器的阻尼力的大小随车架和车桥（或车轮）相对速度的增减而增减，并且与油液的黏度有关。要求减振器所用油液的黏度受温度变化的影响尽可能小，并具有抗汽化、抗氧化及对各种金属和非金属零件不起腐蚀作用等性能。

减振器的阻尼力越大，振动消除得越快，但却使并联的弹性元件的作用不能充分发挥；同时，过大的阻尼力还可能导致减振器连接零件及车架损坏。为解决弹性元件与减振器之间的这一矛盾，对减振器提出以下要求。

(1) 在压缩行程（车桥与车架相互移近的行程）中，减振器的阻尼力应较小，以充分利用弹性元件的弹性来缓和冲击。

(2) 在伸张行程（车桥与车架相互远离的行程）中，减振器的阻尼力应较大，迅速减振。

(3) 当车桥（或车轮）与车架的相对速度过大时，减振器应能自动加大液流通道截面积，使阻尼力始终保持在一定限度之内，以避免承受过大的冲击载荷。

在压缩和伸张两个行程都能起作用的减振器,称为双向作用式减振器;而仅在伸张行程内起作用的减振器,称为单向作用式减振器。目前,汽车上广泛采用双向作用筒式减振器。

10.3.1 双向作用筒式减振器

双向作用筒式减振器一般都有4个阀,如图10.10所示,即压缩阀、伸张阀、流通阀和补偿阀。流通阀和补偿阀是一般的单向阀,其弹簧很弱。当阀上的油压作用力与弹簧力同向时,阀处于关闭状态,完全不通液流;而当油压作用力与弹簧力反向时,只要有很小的油压,阀便能开启;压缩阀和伸张阀是卸载阀,其弹簧较强,预紧力较大,只有当油压升高到一定程度时,阀才能开启;而当油压降低到一定程度时,阀即自行关闭。双向作用筒式减振器的工作原理可分为压缩和伸张两个行程加以说明。

(1) 压缩行程。当车轮移近车架(车身)时,减振器受压缩,减振器活塞下移。活塞下面的腔室(下腔)容积减小,油压升高,油液经流通阀流到活塞上面的腔室(上腔)。由于上腔被活塞杆占去一部分空间,上腔内增加的容积小于下腔减小的容积,故还有部分油液推开压缩阀,流回储油缸筒。这些阀对油液的节流便形成对悬架压缩运动的阻尼力。

(2) 伸张行程。当车轮相对车身移开时,减振器受拉伸,减振器活塞上移。活塞上腔油压升高,流通阀关闭。上腔内的油液便推开伸张阀流入下腔。同样,由于活塞杆的存在,自上腔流来的油液还不足以充满下腔所增加的容积,下腔内产生一定的真空度,这时储油缸筒中的油液便推开补偿阀流入下腔进行补充。此时,这些阀的节流作用即形成对悬架伸张运动的阻尼力。

压缩阀的节流阻力应设计成随活塞运动速度而变化。例如,当车架或车身振动缓慢(即活塞向下的运动速度低)时,油压不足以克服压缩阀弹簧的预紧力而推开阀门。此时,多余部分的油液便经一些常通缝隙流回储油腔。当车身振动剧烈,即活塞向下运动的速度高时,则活塞下腔油压骤增,达到能克服压缩阀弹簧的预紧力时,便推开压缩阀,使油液在很短的时间内通过较大的通道流回储油缸筒。这样,油压和阻尼力都不致超过一定限度,以保证压缩行程中弹性元件的缓冲作用得到充分发挥。

同样,伸张行程中减振器的阻尼力也应设计成随活塞运动速度而变化的形式。当车轮向下运动速度不

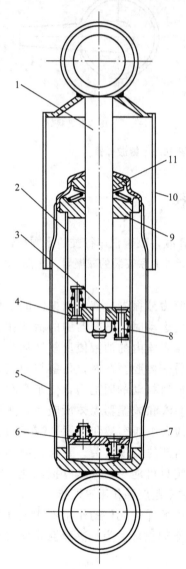

图 10.10 双向作用筒式减振器示意图
1—活塞杆;2—工作缸筒;3—活塞;
4—伸张阀;5—储油缸筒;6—压缩阀;
7—补偿阀;8—流通阀;9—导向座;
10—防尘罩;11—油封

大(即活塞向上的运动速度不大)时,油液经伸张阀的常通孔隙流入下腔,由于通道截面积很小,便产生较大的阻尼力,从而消耗了振动能量,使振动迅速衰减。当车身振动剧烈时,活塞上移速度增大到使油压足以克服伸张阀弹簧的预紧力时,伸张阀开启,通道截面积增大,使油压和阻尼力保持在一定限度以内。这样可使减振器及悬架系统的某些零件不会因超载而损坏。

由于伸张阀弹簧的刚度和预紧力比压缩阀的大,在同样的油压力作用下,伸张阀及相应的常通缝隙的通道截面积总和小于压缩阀及相应的常通缝隙的通道截面积总和,这就保证了减振器在伸张行程内产生的阻尼力比压缩行程内产生的阻尼力大得多。

图 10.11 所示为解放 CA1091 型汽车的双向作用筒式减振器。它有 3 个同心钢筒:防尘罩、储油缸筒和工作缸筒。防尘罩与活塞杆和用以连接车架的上吊环焊接在一起。工作

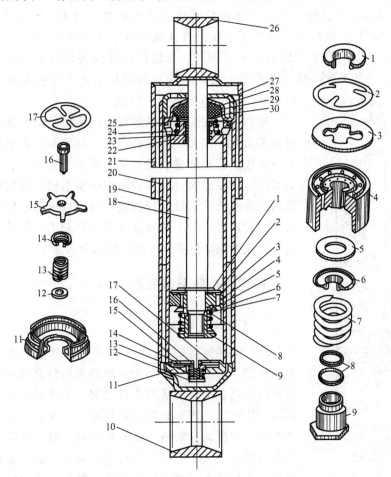

图 10.11 解放 CA1091 型汽车的双向作用筒式减振器

1—流通阀限位座;2—流通阀弹簧片;3—流通阀;4—活塞;5—伸张阀;6—支承座圈;7—伸张阀弹簧;
8—调整垫片;9—压紧螺母;10—下吊环;11—支承座圈;12—压缩阀弹簧座;13—压缩阀弹簧;
14—压缩阀;15—补偿阀;16—压缩阀杆;17—补偿阀弹簧片;18—活塞杆;19—工作缸筒;
20—储油缸筒;21—防尘罩;22—导向座;23—衬套;24—油封弹簧;25—密封圈;
26—上吊环;27—储油缸筒螺母;28—油封;29—油封盖;30—油封垫圈

缸筒装于储油缸筒内,并用螺母通过密封圈和导向座压紧。储油缸筒的下端焊有用以连接车桥的下吊环。在减振器工作时,这两个缸筒是作为一个整体一起随车桥运动的。储油缸筒与工作缸筒之间形成储油腔,内装减振油液,但不装满,工作缸筒内则充满减振油液。活塞杆穿过工作缸筒和储油缸筒的密封装置伸入工作缸筒内,在活塞杆的下端用压紧螺母固定着活塞。活塞的头部有内、外两圈沿圆周均布的轴向通孔,外圈10个孔的直径大于内圈10个孔的直径。在活塞头部上端面上,有仅能盖住外圆通孔的流通阀,用弹簧片压紧,并由流通阀限位座限位。在活塞头部下端面上均匀分布4个小槽,当伸张阀被压紧时,便形成4个缺口。该缺口为常通的缝隙,在压缩或伸张行程中,减振油液均可通过此缺口流动。在伸张阀与压紧螺母之间装有调整垫片,用以调整伸张阀弹簧的预紧力。在工作缸筒下端装有支承座圈,座圈孔上端面有两个小缺口,与装在它上面的星形补偿阀形成两个缝隙,作为工作腔和储油腔之间的常通缝隙。补偿阀中央有孔,孔中装有压缩阀杆,阀杆上部钻有中心孔,而且阀杆圆柱面上有两个圆孔与中心孔相通。在压缩阀杆上滑套着压缩阀,不工作时,压缩阀在其弹簧作用下,其上端面紧压在补偿阀上,内部形成一锥形小空腔。此时,油液经阀杆上的中心孔及圆孔仅能流到锥形小空腔,而与储油腔隔绝。

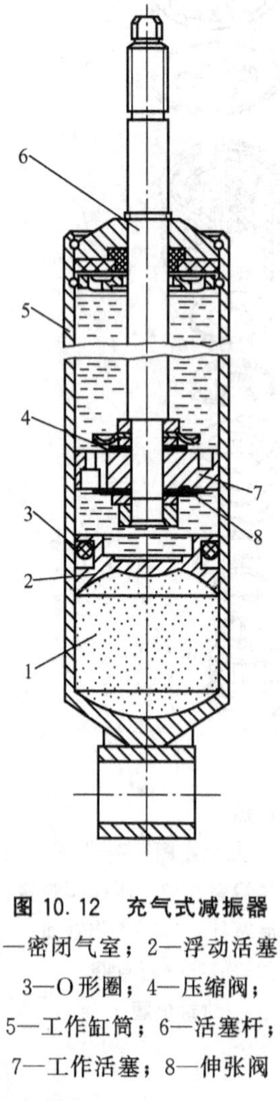

座圈上端在安装好以后翻边,将补偿阀弹簧片紧压在阀杆顶端边缘,成为不可拆的。工作缸筒的上部装有密封装置和导向座。密封装置由橡胶密封圈、橡胶油封、油封盖、油封垫圈、油封弹簧及储油缸筒螺母所组成。橡胶密封圈用以密封工作缸筒的周缘,而橡胶油封用以密封活塞杆。当活塞杆往复运动时,杆上的油液被密封件刮下,经导向座上的径向小孔流回储油缸筒。导向座用来为活塞杆导向。

10.3.2 新型减振器

1. 充气式减振器

充气式减振器是20世纪60年代以来发展起来的一种新型减振器,图10.12所示为一种轿车用的充气式减振器。其结构特点是在工作缸筒的下部装有一个浮动活塞,在浮动活塞与工作缸筒一端形成的密闭气室中,充有高压(2~3MPa)的氮气。在浮动活塞的上面是减振器油液。浮动活塞上装有大断面的O形圈,它把油和气完全分开,故此活塞又称封气活塞。工作活塞上装有随其运动速度大小而改变通道截面积的压缩阀和伸张阀。此二阀均由一组厚度相同、直径不等、由大到小而排列的弹簧钢片组成。

当车轮上下跳动时,减振器的工作活塞在油液中做往复运动,使工作活塞的上腔和下腔之间产生油压差,压力油便推开压缩阀或伸张阀而来回流动。由于阀对压力油产生较大的阻尼力,使振动衰减。

图10.12 充气式减振器
1—密闭气室;2—浮动活塞;
3—O形圈;4—压缩阀;
5—工作缸筒;6—活塞杆;
7—工作活塞;8—伸张阀

由于活塞杆的进出引起的工作缸筒容积的变化,由浮动活塞的上下运动来补偿,因此,这种减振器不需储油缸筒,所以又称单筒式减振器。而前述的双向作用筒式减振器又称双筒式减振器。

充气式减振器与双向作用筒式减振器相比较,具有以下优点。

(1) 由于采用浮动活塞而减少了一套阀门系统,使结构大为减化,零件数量减少约15%。

(2) 由于减振器内充有高压气体,能有效地减少车轮受到突然冲击产生的高频振动,并有助于消除噪声。实践证明,充气式减振器能改善汽车的行驶平顺性和轮胎的接地性。

(3) 在防尘罩直径相同的情况下,充气式减振器的工作缸筒和活塞直径比双筒式减振器大,所以在每厘米行程中流经阀的流量较双筒式减振器大几倍,故在同样泄流的不利工作条件下,它比双筒式能更可靠地保证产生足够的阻尼力。

(4) 由于充气式减振器内的高压气体和油液被浮动活塞隔开,消除了油液的乳化现象。

充气式减振器的缺点主要有以下几方面。

(1) 对油封要求高。

(2) 充气工艺复杂,不能修理。

(3) 一旦工作缸筒受到冲击产生变形,减振器就不能工作。

2. 阻力可调式减振器

试验证明,悬架系统中理想的阻力特性应该是随着使用因素(如道路条件、载荷)的变化而改变,即减振器的阻力应和悬架系统的参数有适当的匹配关系。当悬架系统的某一参数发生变化时,减振器的阻力也应随之而改变,从而保证悬架系统有良好的振动特性。图10.13所示为某高级轿车上采用的阻力可调式减振器示意图。

装有这种阻力可调式减振器的悬架系统,采用了刚度可变的空气弹簧。其工作原理是,当汽车的载荷增加时,空气囊的气压升高,则气室内的气压也随之升高,膜片向下移动与弹簧产生的压力相平衡。与此同时,膜片带动与它相连的柱塞杆和柱塞下移,因而使得柱塞相对空心连杆上的节流孔的位置发生变化,结果减小了节流孔的通道截面积,也就是减少了油液流经节流孔的流量,从而增加了油液流动阻力。反之,当汽车载荷减小时,柱塞上移,增大了节流孔的通道截面积,从而减小了油液的流动阻力,达到了随着汽车载荷的变化而改变减振器阻力的目的。这种阻力可调式减振器正在被日益重视,将有可能逐步推广、应用到各种车辆上去。

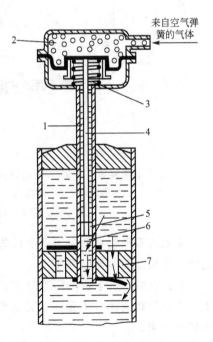

图10.13 阻力可调式减振器示意图
1—空心连杆;2—气室;3—弹簧;
4—柱塞杆;5—柱塞;
6—节流孔;7—活塞

10.4 非独立悬架

非独立悬架结构简单，工作可靠，被广泛应用于货车的前、后悬架。在轿车中，非独立悬架一般仅用作后悬架。

悬架的结构，特别是导向机构的结构，随所采用的弹性元件不同而有所差异，而且有时差别很大。采用螺旋弹簧、气体弹簧时，需要有较复杂的导向机构；而采用钢板弹簧时，由于钢板弹簧本身可兼起导向机构的作用，并有一定的减振作用，使得悬架结构大为简化。因此，在非独立悬架中大多数采用钢板弹簧作为弹性元件。

10.4.1 纵置钢板弹簧非独立悬架

钢板弹簧在车上通常是纵向布置的。图 10.14 所示为解放 CA1092 型汽车的前悬架。钢板弹簧中部用两个 U 形螺栓固定在前桥上。弹簧两端的卷耳孔中压入衬套。前端卷耳用钢板弹簧销与前支架相连，形成固定的铰链支点；而后端卷耳则通过前板簧吊耳销与用铰链挂在吊耳支架上可以自由摆动的吊耳相连接，从而保证了弹簧变形时两卷耳中心线间的距离有改变的可能。这种用铰链和吊耳将钢板弹簧两端固定在悬架上的结构，是目前广泛采用的一种连接形式。

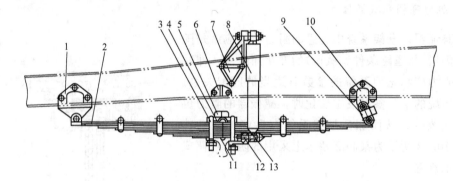

图 10.14 解放 CA1092 型汽车的前悬架
1—钢板弹簧前支架；2—前钢板弹簧；3—U 形螺栓；4—前板簧盖板；5—缓冲块；
6—限位块；7—减振器上支架；8—减振器；9—吊耳；10—吊耳支架；
11—中心螺栓；12—减振器下支架；13—减振器连接销

钢板弹簧销钻有轴向油道及径向油道，通过润滑油嘴将锂基润滑油脂 2 号加至衬套处润滑，延长弹簧的使用寿命。

减振器的上、下两吊环通过橡胶衬套和减振器连接销分别与固定在车架和车桥上的上、下支架相连接。在盖板上装有橡胶缓冲块，以限制弹簧的最大变形，并防止弹簧直接撞击车架。

图 10.15 所示为东风 EQ1090E 型汽车后悬架。它由主钢板弹簧和副钢板弹簧叠合而成，是中型货车后悬架常用的结构形式。从受力情况而言，主、副钢板弹簧是并联的。当汽车空载或实际装载质量不大时，副簧不承受载荷而由主簧单独工作；在重载和满载

情况下，车架相对车桥下移，使车架上的副簧滑板式支座与副簧接触，即主、副簧共同参加工作，一起承受载荷而使悬架刚度增大，以保证车身振动频率不致因载荷增大而变化过大。这种结构形式悬架的主要缺点是在副簧起作用瞬间，悬架的刚度增加很突然，对汽车行驶平顺性不利。

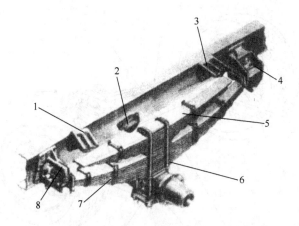

图 10.15　东风 EQ1090E 型汽车后悬架
1—前滑板式支座；2—缓冲块位总成；3—后滑板；4—吊耳总成；5—副钢板弹簧；
6—U 形螺栓；7—主钢板弹簧；8—前支架总成

为提高汽车行驶的平顺性，有的轻型货车后悬架采用将副簧置于主簧下面的渐变刚度钢板弹簧，如图 10.16 所示。主簧由 5 片较薄钢板弹簧片组成，副簧由 5 片较厚的弹簧片组成，它们用中心螺栓固定在一起。在小载荷时，仅主簧起作用；而当载荷增加到一定值时，副簧开始与主簧接触，悬架刚度随之相应提高，弹簧特性变为非线性的。当副簧全部接触后，弹簧特性又变为线性的。这种渐变刚度钢板弹簧的特点是副弹簧逐渐地起作用，因此悬架刚度的变化比较平稳，从而改善了汽车行驶平顺性。但在使用中因主簧与副簧之间容易存积泥垢，对悬架刚度的渐变有一定影响。如果在主、副簧外装上护套，则可消除此缺点。

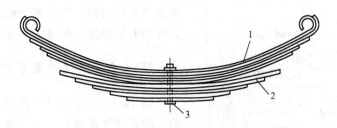

图 10.16　渐变刚度钢板弹簧
1—主簧；2—副簧；3—中心螺栓

10.4.2　螺旋弹簧非独立悬架

图 10.17 所示为奥迪 100 型轿车的后悬架，是螺旋弹簧非独立悬架。螺旋弹簧套在减振器的外面。减振器的下连接环用螺栓与焊在后轴上的支座相连。弹簧下座紧套在减振

器缸筒外面，并由减振器外筒上沿圆周分布的 3 个凸台限位。弹簧上座用螺栓紧固在车身底板上。弹簧和弹簧上座之间装有弹簧软垫，防止车轮的高频振动传给车身。在弹簧上座和车身之间还装有橡胶隔振块，它除起隔振作用外，还可保证减振器的上铰链点不发生运动干涉。

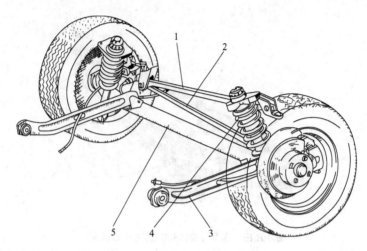

图 10.17　螺旋弹簧非独立悬架
1—加强杆；2—横向推力杆；3—纵向推力杆；4—螺旋弹簧和减振器总成；5—后轴

左、右车轮用一根整体轴相连，纵向推力杆的后端与车轴焊在一起，其前端头部有孔，孔中装有橡胶衬套，连接螺栓穿过橡胶衬套与车身相连，并形成橡胶铰链点。车轮跳动时，整个后轴在汽车纵向平面内绕左、右橡胶铰链中心连线摆动。与此同时，左、右车轮还绕横向推力杆与车身的铰链点在汽车的横向平面内摆动。由于这些铰链点都采用橡胶衬套，故可消除两个方向摆动的干涉。

螺旋弹簧非独立悬架一般只用作轿车的后悬架。其纵、横向推力杆是悬架的导向机构，用来承受和传递车轴和车身之间的纵向和横向作用力及其力矩。加强杆的作用是加强横向推力杆的安装强度，并可使车身受力均匀。

10.4.3　空气弹簧非独立悬架

图 10.18 所示为空气弹簧非独立悬架示意图。囊式空气弹簧的上、下端分别固定在车架和车桥（或与车桥相连的支架）上。从空气压缩机产生的压缩空气经油水分离器和压力调节器进入储气筒。压力调节器可使储气筒中的压缩空气保持一定的压力。储气罐通过管路与两个（或几个）空气弹簧相通。储气罐和空气弹簧中的空气压力由车身高度调节阀控制。空气弹簧和螺旋弹簧一样只能传递垂直力，其纵向力和

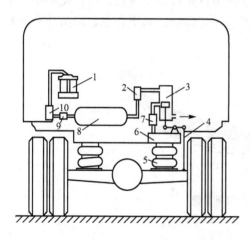

图 10.18　空气弹簧非独立悬架示意图
1—空气压缩机；2、7—空气滤清器；3—车身高度控制阀；4—控制杆；5—空气弹簧；6—储气罐；8—储气筒；9—压力调节器；10—油水分离器

横向力及其力矩也是由纵向推力杆和横向推力杆来传递。这种悬架中也装有减振器。

为提高汽车行驶平顺性，应将弹簧做得尽可能柔软，但如果弹簧太软，在汽车空载和满载时，弹簧的变形数值会相差很大。空车时车身将被抬得很高，满载时车身则被压得很低，出现经常碰撞缓冲块的现象。而不同类型的汽车在使用中提出不同的要求，对重型矿用车及大型客车而言，要求空车和满载时车身高度相等；对于轿车，要求在好路上降低车身高度以便高速行驶，在坏路上提高车身以便增大通过能力。这说明，在保证行驶平顺性的前提下，车身高度与汽车使用要求之间存在着较大的矛盾，为此，应该对车身高度进行调节。

采用空气弹簧悬架时，容易实现车身高度的自动调节。在装有空气压缩机的汽车上，一般用随载荷的不同而改变空气弹簧内的空气压力的方法来达到这个目的。车身高度控制阀即起这个作用。高度阀固定在车架上，通过控制杆与车桥相连。高度阀体内有两个阀：通气源的充气阀和通大气的放气阀，这两个阀均由控制杆操纵。当汽车载荷增加、车桥移近车架时，控制杆上升，通过摇臂机构打开充气阀，压缩空气便进入空气弹簧，使车架和车身升高，直到恢复车身与车桥的原定距离为止；而当载荷减小，车桥远离车架时，控制杆下移，打开放气阀，则空气弹簧内的空气排入大气，车身和车架随即降低至原定数值。

10.4.4 油气弹簧非独立悬架

油气弹簧装在汽车上和其他弹簧一样，可以构成独立悬架或非独立悬架。图10.19所示为某矿用自卸汽车油气弹簧非独立悬架示意图。两个油气弹簧的两端分别固定在前轴上的支架和纵梁上的支架上。左、右两侧各有一根下纵向推力杆，装在前轴和纵梁之间。一根上纵向推力杆安装在前轴的支架和纵梁的内侧支架上。上、下两纵向推力杆构成平行四边形，既可传递纵向力，承受制动力引起的反作用力矩，又可保证车轮上、下跳动时主销倾角不变，有利于汽车操纵稳定性。一根横向推力杆装在左侧纵梁和前轴右侧的支架上，传递侧向力。在两纵梁下面装有缓冲块，以避免在很大的冲击载荷作用下前轴直接碰撞车架。

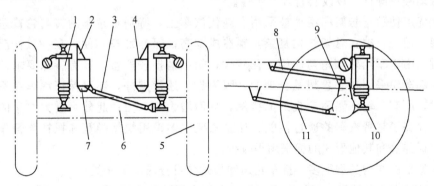

图10.19 某矿用自卸汽车油气弹簧非独立悬架示意图
1—油气弹簧；2、9、10—支架；3—横向推力杆；4—纵梁；5—车轮；6—前轴；
7—缓冲块；8—上纵向推力杆；11—下纵向推力杆

大吨位的自卸汽车采用的油气弹簧悬架(简称油气悬架)与钢板弹簧悬架相比有以下特点:油气悬架具有变刚度特性,可保证汽车具有良好的行驶平顺性,特别是工地和矿山用车,其道路条件和装载条件都很恶劣(用大型电铲将矿石从空中往车箱里倾装时,会产生很大的冲击)。采用油气悬架后,可显著地缓和冲击,减少颠簸,从而改善驾驶人的劳动条件和提高平均车速;油气弹簧纵向尺寸小,对整车总布置有利,有的自卸汽车采用了烛式独立悬架,能使转向轮偏转角达45°,大大减小了汽车的转弯直径;改变缸筒工作腔的油量和气室的充气压力,可得到不同的变刚度特性,从而使油气弹簧的主要部件可以在不同吨位的汽车上通用。基于以上特点,油气悬架越来越广泛地被采用在大型矿用自卸汽车上。

10.5 独立悬架

高速公路的发展促使汽车速度不断提高,使得非悬独立架已不能满足行驶平顺性和操纵稳定性等方面提出的要求。因此,独立悬架获得了很大的发展空间。独立悬架的结构特点是,两侧的车轮各自独立地与车架或车身弹性连接(图10.3),因而具有以下优点。

(1) 在悬架弹性元件一定的变形范围内,两侧车轮可以单独运动而互不影响,这样在不平道路上行驶时可减少车架和车身的振动,而且有助于消除转向轮不断偏摆的不良现象。

(2) 减少了汽车的非簧载质量(即不由弹簧支承的质量)。在非独立悬架的情况下,整个车桥和车轮都属于非簧载质量部分。在采用独立悬架时,对驱动桥而言,由于主减速器、差速器及其外壳均固定在车架上,成了簧载质量;对转向桥而言,它仅具有转向主销销和转向节,而中部的整体梁不再存在,所以在采用独立悬架时,非簧载质量只包括车轮质量和悬架系统的一部分零件的全部或部分质量,显然比用非独立悬架时的非簧载质量要小得多。在道路条件和车速相同时,非簧载质量越小,则悬架所受到的冲击载荷也越小,故采用独立悬架可以提高汽车的平均行驶速度。

(3) 采用断开式车桥,发动机总成的位置可以降低和前移,使汽车质心下降,提高了汽车行驶稳定性;同时能给予车轮较大的运动空间,因而可以将悬架刚度设计得较小,使车身振动频率降低,以改善行驶平顺性。

以上优点使独立悬架广泛地被采用在现代汽车上,特别是轿车的转向轮普遍采用了独立悬架。但是,独立悬架结构复杂,制造成本高;保养维修不便;在一般情况下,车轮跳动时,由于车轮外倾角与轮距变化较大,轮胎磨损较严重。具有特殊要求的某些越野汽车全部车轮采用独立悬架是合理的,因为除上述优点外,还可保证汽车在不平道路上行驶时,所有车轮和路面有良好的接触,从而增大驱动力;此外可增大汽车的离地间隙,大大提高了越野汽车的通过性能。独立悬架中多采用螺旋弹簧和扭杆弹簧作为弹性元件,钢板弹簧和其他形式的弹簧用得较少。

独立悬架的结构类型很多,按车轮运动形式分可分成以下4类。

(1) 横臂式独立悬架,车轮在汽车横向平面内摆动的悬架[图10.20(a)]。

(2) 纵臂式独立悬架,车轮在汽车纵向平面内摆动的悬架[图10.20(b)]。

(3) 烛式悬架[图10.20(c)]和麦弗逊式悬架[图10.20(d)],车轮沿主销移动的悬架。

(4) 单斜臂式独立悬架,车轮在汽车的斜向平面内摆动的悬架[图10.20(e)]。

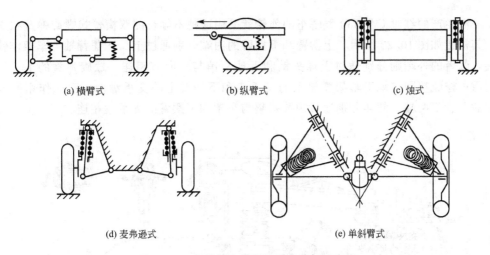

图 10.20 四种基本类型的独立悬架示意图

10.5.1 横臂式独立悬架

横臂式独立悬架分为单横臂式和双横臂式两种。

1. 单横臂式独立悬架

这种独立悬架的特点是当悬架变形时，车轮平面将产生倾斜而改变两侧车轮与路面接触点间的距离（轮距），致使轮胎相对于地面侧向滑移，破坏轮胎和地面的附着，且轮胎磨损较严重。此外，这种悬架用于转向轮时，会使主销内倾角和车轮外倾角发生较大的变化，对于转向操纵有一定的影响，目前在前悬架中很少采用。

2. 双横臂式独立悬架

双横臂式独立悬架的两个摆臂长度可以相等，也可以不等，如图 10.21 所示。在两摆臂等长的悬架[图 10.21(a)]中，当车轮上、下跳动时，车轮平面没有倾斜，但轮距却发生了较大的变化，这将增加车轮侧向滑移的可能性。在两摆臂不等长的悬架[图 10.21(b)]中，如两臂长度选择适当，可以使车轮和主销的角度以及轮距的变化都不太大。不大的轮距变化在轮胎较软时可以由轮胎变形来适应，目前轿车的轮胎可容许轮距的改变在每个车轮上达到 4～5mm 而不致沿路面滑移。因此，不等长的双横臂式独立悬架在轿车前轮上的应用较为广泛。

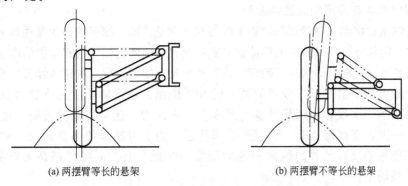

图 10.21 双横臂式独立悬架示意图

一汽生产的红旗CA7560型轿车的前轮就采用这种不等长的双横臂式螺旋弹簧独立悬架，其构造如图10.22所示。上摆臂和下摆臂的内端分别通过上、下摆臂轴与车架作铰链连接，两者的外端则分别通过上球头销和下球头销与转向节相连。螺旋弹簧的上、下端分别通过橡胶垫圈支承于车架横梁上的支承座和下摆臂上的支承盘内。双向作用筒式减振器的上、下两端，同样分别通过橡胶衬垫与车架和下摆臂的支承盘相连。

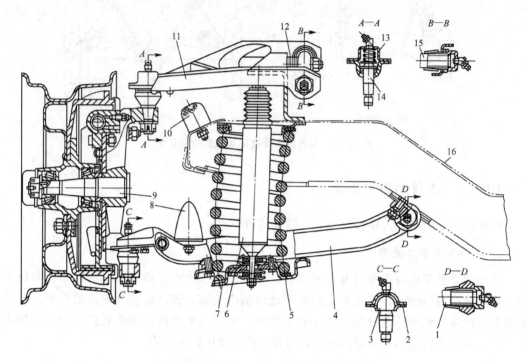

图10.22　红旗CA7560型轿车的前悬架

1—下摆臂轴；2—垫片；3—下球头销；4—下摆臂；5—螺旋弹簧；6—筒式减振器；7—橡胶垫圈；
8—下缓冲块；9—转向节；10—上缓冲块；11—上摆臂；12—调整垫片；
13—弹簧；14—上球头销；15—上摆臂轴；16—车架横梁

上摆臂与上球头销是铆接不可拆的，其中装有弹簧，保证当球头销与销座有磨损时，自动消除两者之间的间隙。下摆臂和下球头销是可拆的。下球头销如有松动出现间隙时，可以拆开球头销，适当减少垫片以消除间隙。

该轿车采用球头结构代替主销，属于无主销式，即上、下球头销的连心线相当于主销轴线，转向时车轮即围绕此轴线偏转。

主销后倾角由移动上摆臂在摆臂轴上的位置来调整，而上摆臂的移动是通过上摆臂轴的转动实现的。前轮外倾角由加在上摆臂轴与固定支架间的调整垫片调整。主销内倾角和车轮外倾角的关系已被转向节的结构所确定，故调整车轮外倾角以后，主销内倾角自然正确。

悬架的最大变形由上、下分置的两个缓冲块限制。路面对车轮的垂直力依次通过转向节、下球头销、下摆臂和螺旋弹簧传到车架。纵向力、侧向力及其力矩均由转向节及导向机构——上、下摆臂及上、下球头销来传递。为了可靠地传递纵向力、侧向力及其力矩，必须使悬架具有足够的纵向和侧向刚度。为此，上、下摆臂都是叉形的刚性架，其内端宽，外端窄。

10.5.2 纵臂式独立悬架

纵臂式独立悬架有单纵臂式和双纵臂式两种,如图 10.23 所示。

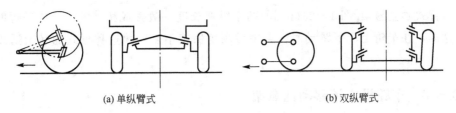

(a) 单纵臂式 (b) 双纵臂式

图 10.23 纵臂式独立悬架示意图

1. 单纵臂式独立悬架

转向轮采用单纵臂式独立悬架[图 10.23(a)]时,车轮上、下跳动将使主销的后倾角产生很大变化,因此,单纵臂式独立悬架一般不用于转向轮。

图 10.24 所示为桑塔纳轿车的后悬架。它属于单纵臂式独立悬架,其弹性元件为螺旋弹簧。但是,它与上述的单纵臂式独立悬架的结构又有不同。它有一根整体 V 形断面横梁(板厚为 6mm),在其两端焊接上变截面的管状纵臂形成一个整体构架(后轴体)。在纵臂的前端通过橡胶-金属支承与车身作铰链式连接。纵臂的后端与轮毂、减振器相连。

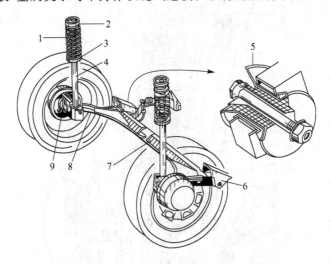

图 10.24 桑塔纳轿车后悬架
1—螺旋弹簧;2—弹簧上座;3—弹簧下座;4—减振器;5—橡胶-金属支承;
6—后轴体支架;7—后轴体;8—纵臂;9—轮毂

当汽车行驶时,车轮连同后轴体相对车身以橡胶-金属支承为支点作上、下摆动,相当于单纵臂式独立悬架。当两侧悬架变形不等时,则后轴体的 V 形断面横梁发产生扭转变形。因该横梁有较大的弹性,故可起横向稳定器的作用,而不像普通带有整体轴的非独立悬架那样,一侧车轮的跳动影响另一侧车轮。因此,该悬架又称纵臂扭转梁式独立悬架。该悬架结构的另一特点是,由于橡胶-金属支承是不对称的橡胶楔形结构,其径向弹性小,轴向弹性大,因此,当汽车转弯行驶时,在侧向力的作用下,可以认为后轴轴线只有轴向移动,而没有垂直轴线的偏转。也就是说,消除了后轴的自转向动作,从而保持了原设计的汽车转向特性。

2. 双纵臂式独立悬架

双纵臂式独立悬架[图10.23(b)]的两个纵臂长度一般做成相等的,形成平行四连杆机构。这样,在车轮上、下跳动时,主销后倾角保持不变,故这种形式的悬架适用于转向轮。

10.5.3 车轮沿主销移动的悬架

车轮沿主销移动的悬架目前可大致分为两种形式:一种是车轮沿固定不动的主销轴线移动的烛式悬架,另一种是车轮沿摆动的主销轴线移动的麦弗逊式悬架。

1. 烛式悬架

烛式悬架如图10.25所示,车轮的转向节沿着刚性地固定在车架上的主销上、下移动。

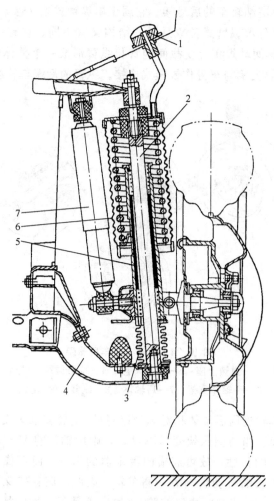

图 10.25 烛式悬架示意图

1—通气管;2—主销;3、6—防尘罩;4—车架;5—套筒;7—减振器这种悬架对于转向轮来说,当悬架变形时,主销的定位角不会发生变化,仅轮距、轴距稍有改变,因此有利于汽车的转向操纵和行驶稳定性。但是侧向力全部由套在主销上的长套筒和主销承受,则套筒与主销之间的摩擦阻力大,磨损严重。因此,此种形式目前很少采用。

2. 麦弗逊式悬架

麦弗逊式悬架又称滑柱连杆式悬架,由滑动立柱和横摆臂组成。该结构可看作是烛式悬架的改进型,由于增加了横摆臂而改善了滑动立柱的受力状况。

图10.26所示为麦弗逊式悬架。筒式减振器为滑动立柱,横摆臂的内端通过铰链与车身相连,其外端通过球铰链与转向节相连。减振器的上端通过带轴承的隔振块总成与车身相连,减振器的下端与转向节相连。车轮所受的侧向力通过转向节大部分由横摆臂承受,其余部分由减振器活塞和活塞杆承受。因此,这种结构形式与烛式悬架相比,在一定程度上减少了滑动摩擦和磨损。

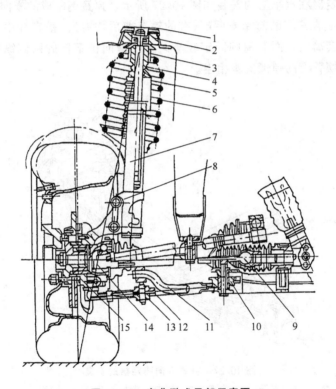

图10.26 麦弗逊式悬架示意图

1—连接板总成(汽车翼子板);2—带轴承的隔振块总成;3—螺旋弹簧上托盘;4—前缓冲块;5—防尘罩;6—螺旋弹簧;7—筒式减振器;8—转向节;9—转向拉杆内铰链;10—横摆臂内铰链;11—横向稳定器;12—横摆臂;13—橡胶缓冲块;14—传动轴;15—横摆臂球铰链

筒式减振器上铰链的中心与横摆臂外端的球铰链中心的连线为主销轴线,此结构是无主销结构。当车轮上、下跳动时,因减振器的下支点随横摆臂摆动,故主销轴线的角度是变化的。这说明车轮是沿着摆动的主销轴线而运动。因此,这种悬架在变形时,使得主销的定位角和轮距都有些变化。并且,如果适当地调整杆系的布置,可使车轮的这些定位参数变化极小。

该悬架突出的优点是增大了两前轮内侧的空间,便于发动机和其他一些部件的布置;其缺点是滑动立柱摩擦和磨损较大。为减少摩擦,通常是将螺旋弹簧中心线与滑柱中心线设为不重合形式。另外,还可将减振器导向座和活塞的摩擦表面用减磨材料制成,以减少磨损。

麦弗逊式悬架是目前前置前驱轿车和某些轻型客车首选的较好的悬架结构形式。例如,国产的桑塔纳、富康、奥迪100、红旗CA7220型等轿车,都采用这种结构形式。

10.5.4 横向稳定器

近代轿车的悬架一般都很软,在高速行驶中转向时,车身会产生很大的横向倾斜和横向角振动。为减少这种横向倾斜,往往在悬架中加设横向稳定器。用得最多的是杆式横向稳定器。

杆式横向稳定器在汽车上的安装如图10.27所示。弹簧钢制成的横向稳定杆呈扁平的U形,横向地安装在汽车的前端或后端(有的轿车前后均有)。稳定杆中部的两端自由地支承在两个橡胶套筒内,而套筒则固定在车架上。横向稳定杆的两侧纵向部分的末端通过支杆与悬架下摆臂上的弹簧支座相连。

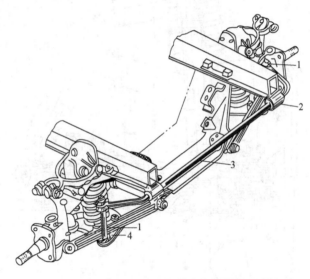

图10.27 杆式横向稳定器的安装
1—支杆;2—套筒;3—横向稳定杆;4—弹簧支座

当车身只做垂直移动而两侧悬架变形相等时,横向稳定杆在套筒内自由转动而不起作用。当两侧悬架变形不等而车身相对于路面横向倾斜时,车架的一侧移近弹簧支座,稳定杆的该侧末端就相对于车架向上移,而车架的另一侧远离弹簧支座,相应的稳定杆的末端则相对于车架向下移。然而,在车身和车架倾斜时,横向稳定杆的中部对于车架并无相对运动。这样在车身倾斜时,稳定杆两边的纵向部分向不同方向偏转,于是稳定杆便被扭转。弹性的稳定杆所产生的扭转的内力矩就妨碍了悬架弹簧的变形,因而减小了车身的横向倾斜和横向角振动。

10.6 电子控制悬架系统

普通悬架系统弹簧刚度的确定，是以某种路面情况和车速为基础，兼顾其他方面优化选定一种刚度和阻尼系数。而汽车在行驶过程中，路面状况和车速是复杂多变的，这种悬架系统只能满足特定的道路状态和速度要求，在其他道路条件下行驶时，就不能保证乘坐舒适性、行驶平顺性和操纵稳定性。为了克服普通悬架的不足，人们开始对各种悬架控制技术进行探讨。20世纪80年代主动悬架开始在一部分汽车中得到应用。目前，较高档的轿车和赛车，大都采用了电子控制悬架系统。

10.6.1 电子控制悬架系统的分类和组成

1. 电子控制悬架系统的分类

电子控制悬架分为主动悬架和半主动悬架两大类。

所谓主动悬架，就是根据车辆的运动状态和路面情况，主动调节悬架系统刚度、减振器阻尼系数、车身高度和姿态，使悬架始终处于最佳的减振状态。这种调节要消耗能量，需要有动力源提供能源，即系统是有源的。通常采用闭环电子控制系统对主动悬架进行控制和调节。

半主动悬架仅对减振器的阻尼力进行调节，有些还对横向稳定器的刚度进行调节，调节方式也有机械式和电子控制式两种。这种调节系统是无源的。而传统的汽车悬架中，各部件的特性是不可调节的，称为被动式悬架。

根据悬架使用的介质不同，又可分为油气式主动悬架和空气式主动悬架两种。目前，我国进口汽车使用较多的为空气式主动悬架。

2. 电子控制悬架系统的组成

电子控制悬架系统由传感器、电子控制器和调节悬架的执行机构三部分组成。

（1）传感器。传感器将汽车行驶的车速、起动、加速、转向、制动和路面状况（汽车的振动）等转变为电信号，输送给电子控制器。主要有以下几种传感器：车身加速度传感器、车身高度传感器、车速传感器、转向盘转角传感器、节气门位置传感器和车门传感器等。

（2）电子控制器。电子控制器即ECU将传感器输入的电信号进行综合处理，输出对悬架的刚度、阻尼及车身高度进行调节的控制信号。电子控制器一般由计算机和信号输出放大电路组成。

（3）执行机构。调节悬架参数的执行机构按照ECU的控制信号，准确及时地动作，调节悬架的刚度、阻尼系数及车身的高度。通常所用的执行元件是电磁阀和步进电动机及气泵电动机等。

10.6.2 半主动悬架

半主动悬架系统通常以车身振动加速度作为控制目标参数，以悬架减振器的阻尼大小为控制对象。改变悬架阻尼一般是通过控制步进电动机，由步进电动机驱动可调阻

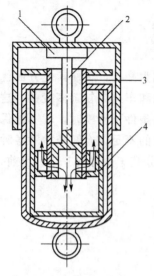

图 10.28 可调阻尼减振器的结构

1—步进电动机；2—驱动杆；3—活塞杆；4—活塞

尼减振器中的部件，进而实现对阻尼值的控制和调节。可调阻尼减振器的结构如图 10.28 所示。

在半主动悬架系统的 ECU 中，事先设定了一个目标控制参数 6，它是以汽车行驶平顺性最优控制为目的设计的。汽车行驶时，安装在车身上的加速度传感器产生车身振动加速度信号，经过整形放大后输入 ECU，ECU 能立刻计算出当前数值，6_i，并与设定的目标参数 6 比较，根据比较结果输出控制信号。

若 $6_i=6$，控制器不输出调整悬架阻尼控制信号；若 $6_i>6$，输出增大悬架阻尼控制信号；若 $6_i<6$，输出减小悬架阻尼控制信号。根据 ECU 输出的控制信号，步进电动机带动驱动杆转动，改变驱动杆与空心活塞的相对角度，从而改变减振器阻尼孔的流通面积，使减振器的阻尼发生变化，而且这种无级变化响应快，可以在几毫秒内由最小变到最大。

半主动悬架可以根据路面的激励和车身的响应，对悬架的阻尼系数进行自适应调整，使车身的振动被控制在一定的范围之内。但是，汽车在转向、起步、制动等工况时不能对刚度和阻尼进行有效的控制。

10.6.3 主动悬架

电子控制主动空气悬架系统的配置如图 10.29 所示。它由一组传感器、ECU、空气悬架和车高控制装置等组成。主动空气悬架系统根据车身高度、车速、转向和制动等传感器信号，由 ECU 经过运算分析后输出控制信号，控制电磁式或步进电动机执行器，及时改变悬架的刚度、阻尼系数和车身高度，以适应各种复杂的行驶工况对悬架特性的不同要求，保证汽车行驶过程中的操纵稳定性和乘坐舒适性。高度控制阀按照 ECU 的控制信号完成开闭动作，改变空气悬架的充气量，实现车身高度调节。调压器使气泵输出的压缩空气压力保持稳定。

1. 主动悬架的控制功能

主动悬架系统中，悬架的刚度与阻尼有"软"和"硬"两种控制模式。每种模式下按刚度与阻尼的大小依次有低、中、高 3 种状态。"软"或"硬"控制模式可以用手扳动选择开关决定，有的悬架控制系统则是由计算机来决定。模式一经确定，就由 ECU 在低、中、高三种状态间自动调节刚度和阻尼系数。

主动悬架系统主要对车速与路面感应、车身姿态、车身高度 3 个方面进行控制。

(1) 车速与路面感应控制。

(2) 车身姿态控制。车身姿态控制是从驾驶人员的操作中预测车身姿态的变化趋势，对悬架的刚度和阻尼实施控制 ECU 抑制车身的过度摆动，从而确保车辆乘坐舒适性和操纵稳定性。

(3) 车身高度控制。车身高度控制是在汽车行驶车速和路面变化时，ECU 对悬架输出控制信号，调控车身的高度，以确保汽车行驶的稳定性和通过性。

第 10 章 悬 架

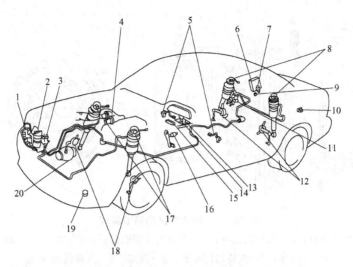

图 10.29 电子控制主动空气悬架系统的配置图

1—干燥器和排气阀；2—高度控制压缩机；3—1 号高度控制阀；4—主节气门位置传感器；5—门控
灯开关；6—悬架 ECU；7—2 号高度控制继电器；8—后悬架控制执行器；9—高度控制插接器；
10—高度控制 ON/OFF 开关；11—2 号高度控制阀和溢流阀；12—后车身位移传感器；
13—LRC 开关；14—高度控制开关；15—转向传感器；16—停车灯开关；
17—前悬架控制执行器；18—车身高度传感器；
19—1 号高度控制继电器；20—IG 调节器

改变车身高度是通过控制器输出的控制信号，使空气压缩机和高度控制阀通电工作，将压缩空气送入悬架气室实现的。

2. 空气悬架刚度和阻尼的调节控制

空气悬架由空气弹簧、减振器、空气管和执行器等组成。空气弹簧是在主、副气室内充入惰性压缩气体，利用气体的可压缩性起到弹簧作用。当弹簧上的载荷增加时，密闭在气室内的气体被压缩，气压升高，弹簧的刚度增大；当载荷减小时，气室内的气体气压下降，弹簧刚度减小。

悬架刚度调节是由步进电动机带动空气控制阀转动，改变主、副气室之间通路的大小。如图 10.30 所示，当空气阀芯的开口转到对准图示"低"位置时，主、副气室通路的大孔被打开，主气室的气体经过阀芯的中间孔、阀体侧面的通道与副气室的气体连通。两气室的气体互相流动，参与承受载荷的气体容积增加，悬架的刚度降低处于低状态。当阀芯开口转到对准"中"的位置时，气体通路的小孔被打开，主、副气室间的流量变小，悬架刚度增大，处于中状态。当阀体开口转到对准"高"位置时，主、副气室间的通路被切断，只有主气室单独承受载荷，悬架刚度更进一步增大，处于高状态。

通过转动与调节杆连接的转阀，使转阀上的 3 个阻尼孔分别处于开、闭状态，改变阻尼孔的流通面积，就可以实现阻尼大小的调节。

3. 汽车车身高度调节控制

电子控制空气悬架可以实现汽车车身高度自动控制。当汽车高速行驶时，可自动降低车身高度，以提高行驶稳定性和空气动力学参数；在关断点火开关后，能使汽车车身

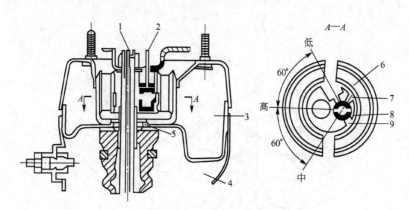

图 10.30 悬架刚度的调节原理

1—阻尼调节杆；2—气阀控制杆；3—主、副气室通路；4—主气室；5—副气室；
6—气阀体；7—气体通路小孔；8—阀芯；9—气体通路大孔

降低到目标高度，改善汽车驻车姿态；当乘客和承载质量发生变化时，汽车可以保持在一个恒定的高度等。

车身高度调节装置由空气压缩机、直流电动机、高度控制电磁阀、排气电磁阀、调压阀、空气干燥器等组成，如图 10.31 所示。ECU 根据车高传感器的信号和驾驶人给出的控制信号，向电磁阀发送控制指令。当需要车身升高时，直流电动机带动空气压缩机

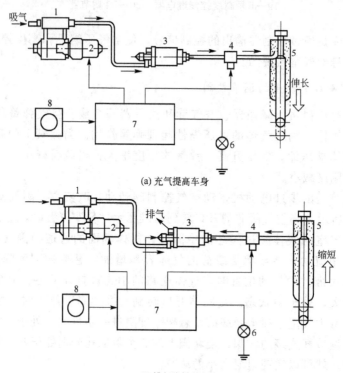

图 10.31 车身高度调节装置

1—压缩机和调压器；2—电动机；3—干燥器和排气阀；4—高度控制电磁阀；
5—空气悬架；6—指示灯；7—悬架 ECU；8—车身高度传感器

工作，压缩空气经过空气干燥器后，在高度控制电磁阀控制下进入悬架主气室，车身高度增大。达到规定高度时，高度控制电磁阀断电关闭，悬架主气室的气量保持不变，车身维持在一定的高度。当需要车身下降时，压缩机停止工作，在ECU控制下高度控制电磁阀和排气阀同时通电打开，悬架主气室气体排出，车身高度下降。

思 考 题

1. 汽车上为什么设置悬架总成？一般它是由哪几部分组成的？
2. 汽车悬架中的减振器和弹性元件为什么要并联安装？对减振器有哪些要求？
3. 双向作用筒式减振器的压缩阀、伸张阀、流通阀和补偿阀各起什么作用？压缩阀和伸张阀的弹性为什么较强？预紧力为什么较大？
4. 常用的弹性元件有哪几种？试比较它们的优缺点。
5. 何谓独立悬架、非独立悬架？钢板弹簧能否作为独立悬架的弹性元件？螺旋弹簧、气体弹簧等能否作为非独立悬架的弹性元件？
6. 何谓主动悬架和半主动悬架？它们有何区别？
7. 电子控制悬架系统主要由哪几部分组成？

第 11 章

汽车转向系统

教学提示

汽车转向系统是使汽车改变或恢复其行驶方向的机构,在汽车行驶过程中,与汽车的安全性密切相关。本章主要介绍汽车转向系统的功用及类型、机械转向系统、液压动力转向系统、电控动力转向系统及四轮转向系统的组成和结构原理。

教学目标

了解汽车转向系统的功用与类型;重点掌握机械转向系统的组成及转向器的结构原理;重点掌握液压动力转向系统的组成和结构原理;理解电控动力转向系统及四轮转向系统的组成和结构原理。

知 识 点	技 能 点
1. 机械转向系统的功用及组成 2. 机械转向器的类型及结构特点 3. 动力转向系统的组成及类型 4. 动力转向器的类型及结构特点 5. 传统液压动力转向系统组成及转向过程 6. 电控动力转向系统(EPS、EPHS、PPS)的组成及工作过程 7. 四轮转向系统类型及结构原理	1. 具备在原车识别转向系统类型及组成的基本能力 2. 能够正确拆装和调整转向器 3. 能够在原车分析四轮转向系统的工作 4. 能够在原车识别电动转向系统主要元件位置及功用

第 11 章　汽车转向系统

11.1　概　　述

转向系统的功用是保证汽车按照驾驶人的需要改变行驶方向，而且还可以克服路面侧向干扰力使车轮产生的转向，恢复汽车原来的行驶方向。

根据转向系统的功用，转向系统应满足以下要求：工作可靠，操纵轻便，转向时要求车轮纯滚动而无滑动，调整简单易行，转向轮受到冲击时，转向盘上的感觉应最小，但要保证驾驶人有正确的道路感觉。

11.1.1　转向系统的类型

汽车转向系统根据其转向能源的不同，可分为机械转向系统和动力转向系统两大类型。

1. 机械转向系统

以驾驶人的体力作为转向能源，又称人力转向系统。机械转向系统由转向操纵机构、转向器和转向传力机构三大部分组成。

图 11.1 所示为货车机械转向系统的组成和布置示意图。当汽车转向时，驾驶人对转向盘 1 施加的转向力矩通过转向轴 2、转向万向节 3 和转向传动轴 4 输入转向器 5。经转向器放大后的力矩和减速后的运动传到转向摇臂 6，再经过转向直拉杆 7 传给固定于左转向节 9 上的转向节臂 8，使左转向节和它所支承的左转向轮偏转。通过转向梯形，使右转向节 13 及其支承的右转向轮随之同向偏转相应角度。转向梯形由固定在左、右转向节上的梯形臂 10、12 和两端与梯形臂作球铰链连接的转向横拉杆 11 组成。

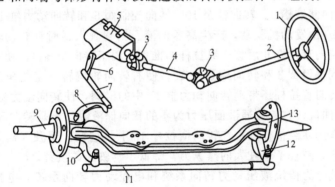

图 11.1　货车机械转向系统示意图

1—转向盘；2—转向轴；3—转向万向节；4—转向传动轴；5—转向器；
6—转向摇臂；7—转向直拉杆；8—转向节臂；9—左转向节；
10、12—梯形臂；11—转向横拉杆；13—右转向节

从转向盘到转向传动轴的一系列零部件属于转向操纵机构，由转向摇臂至转向梯形的一系列零部件（不含转向节）均属于转向传动机构。

2. 动力转向系统

动力转向系统是兼用驾驶人体力和发动机动力为转向能源的转向系统。在正常情况下，汽车转向所需能量只有一小部分由驾驶人提供，而大部分由发动机通过转向加力装置提供。但在转向加力装置失效时，一般还能由驾驶人独力承担汽车转向任务。因此，动力转向系统是在机械转向系统的基础上加设一套转向加力装置而形成的，如图 11.2 所示，称为液压动力转向系统。

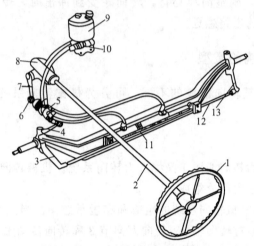

图 11.2 动力转向系统示意图
1—转向盘；2—转向轴；3、13—梯形臂；4—转向节臂；5—转向控制阀；
6—转向直拉杆；7—转向器摇臂；8—机械转向器；9—转向储液罐；
10—转向油泵；11—转向动力缸；12—转向横拉杆

图 11.2 中转向储液罐 9、转向油泵 10、转向控制阀 5 和转向动力缸 11 属于转向加力装置。转向油泵 10 由发动机驱动，产生高压油液。当驾驶人逆时针转动转向盘 1 时，转向器摇臂 7 推动转向直拉杆 6 后移。纵拉杆的推力作用于转向节臂 4，使左转向轮向左偏转，同时依次传到梯形臂 3 和转向横拉杆 12，使右转向轮偏转一定的角度，汽车向左转向。与此同时，转向直拉杆还带动转向动力缸 11 中的滑阀，使转向动力缸 11 的左腔接通转向油泵 10 的出油口，右腔接通液面压力为零的转向储液罐。于是转向动力缸 11 的活塞所受向右的液压作用便经推杆施加在转向横拉杆 12 上。这样，驾驶人需要加在转向盘上的转向力矩小得多，减轻了驾驶人的操纵力，降低了驾驶人的疲劳。

动力转向系统分为传统液压动力转向系统和电控动力转向系统。电控动力转向系统在机械转向机构的基础上，增加了信号传感器、电子控制单元和转向助力机构。其主要类型有电控液压动力转向系统(Electrically Powered Hydraulic Steering，EPHS)、液力反应型步进动力转向系统(Progressive Power Steering，PPS)、电动助力动力转向系统(Electric Power Steering，EPS)等。

11.1.2 转向的运动规律

1. 转向中心和转弯半径

汽车在行驶时，为了避免转向时产生的路面对汽车行驶的附加阻力和轮胎过快磨损，要求所有车轮都作纯滚动,即所有车轮的轴线都交于一点,该交点 O 称为转向中心,如图 11.3 所示。

由图 11.3 中的几何关系可知,汽车转向时内转向轮偏转角 β 应当大于外转向轮偏转角 α。在车轮为绝对刚体的假设条件下,α 和 β 的理想关系式为

$$\cot\alpha = \cot\beta + B/L$$

式中:B 为两侧主销轴线与地面交点之间的距离,称为轮距;L 为汽车轴距。

不过在实际情况下,由于有制造误差,汽车内外侧转向角的关系只能大体上接近于理想关系。

由转向中心 O 到外转向轮与地面接触点的距离 R 称为汽车转弯半径。转弯半径越小,则汽车转向所需场地就越小,机动性能越好。

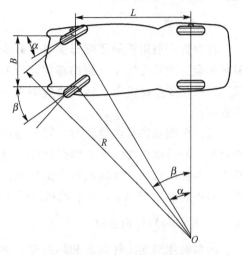

图 11.3 汽车转向示意图

由图 11.3 可知,在理想情况下,当外转向轮偏转角达到最大值 $\alpha_{\max}$ 时,转弯半径最小。最小转弯半径 $R_{\min}$ 与 $\alpha_{\max}$ 的关系为

$$R_{\min} = L/\sin\alpha_{\max}$$

2. 转向系统角传动比

转向盘转角增量与同侧转向节相应转角增量之比 i_ω 称为转向系统角传动比;转向盘的转角增量与转向摇臂转角的相应增量之比 $i_{\omega1}$ 称为转向器角传动比;转向摇臂转角增量与转向盘所在一侧的转向节的转角相应增量之比 $i_{\omega2}$ 称为转向传动机构角传动比。显然 $i_\omega = i_{\omega1} i_{\omega2}$。由此可见,转向系角传动比 i_ω 越大,则为了克服一定的地面转向阻力矩所需的转向盘上的转向力矩便越小,从而在转向盘直径一定时,驾驶人施加于转向盘的手力也越小,即驾驶人越轻松。但 i_ω 过大,将导致转向操纵不够灵敏,并且使得得到一定的转向节偏转角所需的转向盘转角过大,所以,选取 i_ω 时应适当兼顾转向省力和转向灵敏的要求。

转向传动机构角传动比 $i_{\omega2}$ 的数值较小,对于一般汽车而言,大约为 1。$i_{\omega2}$ 虽然会随转向节转角不同而有所变化,但一般说来,变化幅度不大。转向器角传动比 $i_{\omega1}$,货车的为 16~32,轿车的为 12~20。由此可知,转向系统角传动比 i_ω 主要取决于转向器角传动比 $i_{\omega1}$。

汽车的转向操纵性能并不完全取决于转向系统,还与行驶系统有关,悬架导向机构的结构和布置,轮胎的径向和侧向刚度都对汽车的转向操纵性有很大的影响。

11.2 机械转向系统

11.2.1 转向操纵机构

图 11.1 所示的转向操纵机构由转向盘、转向轴、转向万向节和转向传动轴等组成。转向轴上部与转向盘固定连接,下部装有转向器。转向轴与转向器的连接方式有两种:

一种是通过万向传动装置间接与转向器的输入轴相连接,一种是与转向器的输入轴直接连接,如图 11.3 所示。

1. 转向盘

转向盘一般用花键和螺母安装在转向轴上端,其上装有喇叭按钮。大部分轿车车型的转向盘中安装有安全气囊的部件,有的中高级轿车的转向盘上还装有巡航和 CD 机按钮。当汽车发生碰撞时,转向盘应能有一定的变形,吸收一部分能量以减轻驾驶人的受伤程度。

转向轮在直线行驶位置时,转向盘的空转角度称为转向盘的自由行程。因为在转向系统中,各传动件之间存在装配间隙,这些间隙反映到转向盘上就变成了转向盘的空转角度,即自由行程。转向盘的自由行程应控制在转向轮处于直线行驶位置时转向盘向左或向右不超过 10°~15°,对于缓和路面冲击及避免驾驶人过度紧张比较有利。

2. 转向轴和转向管柱

转向轴用来连接转向盘和转向器,并传递它们之间的转矩。转向轴分为普通式和能量吸收式,现代汽车更多地采用能量吸收式转向轴结构。

转向柱管安装在车身上,支承转向轴和转向盘。转向轴从转向柱管中穿过,支承在柱管内的轴承和衬套上。转向管柱上装有能改变转向盘位置的装置,在一定范围内调整转向盘的安装角度和高度,以适应驾驶人的体型和驾驶习惯。大多数轿车的转向柱上还安装有点火开关、转向信号开关、刮水器开关等,有的车型的变速杆也安装在转向柱上。

当汽车发生正面碰撞时,能够有效吸收碰撞能量,防止或减少碰撞能量伤害驾驶人的转向轴称为能量吸收式转向轴。转向轴和转向柱管的吸能装置有多种形式,图 11.4(a) 所示是网状管式转向柱管吸能装置,图 11.4(b) 所示为波纹管式转向柱管吸能装置。当汽车发生猛烈碰撞时,网状管部分或波纹管部分将被压缩,产生塑性变形,吸收冲击能量,以减轻对人体的伤害。

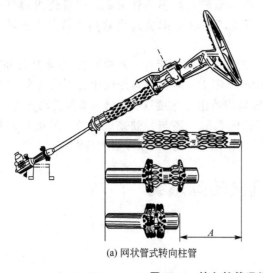
(a) 网状管式转向柱管

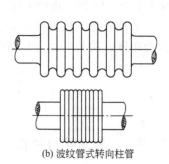
(b) 波纹管式转向柱管

图 11.4 转向柱管吸能装置示意图

11.2.2 转向器

转向器是转向系统中的减速增扭传动装置，其功用是将驾驶人加在转向盘上的力矩放大，并降低速度，然后传给转向传动机构。目前，在汽车上常用的转向器有齿轮齿条式、循环球式、蜗杆指销式等。

转向器是一个大传动比的机构，其传动效率一般很低。转向器的输出功率与输入功率之比称为转向器的传动效率。在功率由转向轴输入、由转向摇臂输出的情况下求得的传动效率称为正效率，而在传动方向与此相反时求得的效率称为逆效率。为了减轻驾驶人的体力消耗，应尽量提高转向器的传动效率。正效率与逆效率均很高的转向器称为可逆式转向器；逆效率极低的转向器称为不可逆式转向器；逆效率略高于不可逆式转向器的称为极限可逆式转向器。

可逆式转向器有利于汽车转向结束后转向轮和转向盘自动回正，但也能将坏路对车轮的冲击力传到转向盘，发生"打手"情况。轿车多用可逆式转向器。逆效率很低的转向器使驾驶人无"路感"，并且转向结束后转向轮和转向盘无自动回正能力。极限可逆式转向器的反向传力性能介于可逆式和不可逆式之间，而接近于不可逆式。采用极限可逆式转向器时，驾驶人能有一定的"路感"，转向轮自动回正也可实现，而且路面冲击力只有在其量很大时才能部分地传到转向盘，常用于越野汽车和工矿用自卸汽车。

1. 齿轮齿条式转向器

齿轮齿条式转向器结构简单、制造方便。它的传动方式是齿轮齿条直接啮合，操纵灵敏度非常高，滑动和转动阻力小，转矩传递性能较好，转向力非常轻，并可安装转向助力机构。齿轮齿条式转向器的正效率与逆效率都很高，属于可逆式转向器，自动回正能力强，因此常用于轻型轿车的转向系中。但由于其传动比较小，在使用中受到一定的限制。

图 11.5 所示为轿车的齿轮齿条式转向器。作为传动副主动件的转向齿轮 3 与转向齿条 2 啮合，整个系统通过外罩两端和车身部分连接在一起。

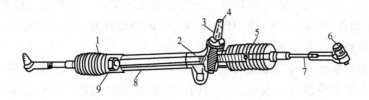

图 11.5 轿车的齿轮齿条式转向器
1—防护罩；2—转向齿条；3—转向齿轮；4—花键与转向柱；5—内端球；
6—转向横拉杆末端；7—转向横拉杆总成；8—外壳；9—齿条导块

图 11.6 所示为齿轮齿条式转向器示意图。转向器壳体 11 支承在车身上，作为传动副主动件的转向齿轮 4 垂直地安装在壳体中，其上端与转向轴的安全万向节 3 相连。与转向齿轮相啮合的齿条 9 水平布置，弹簧 7 通过压块 8 将齿条压靠在齿轮上，保证无间隙啮合。弹簧的弹力可用调整螺塞 6 调整，转向减振器 5 一端连接在转向器壳体上，另一端连接

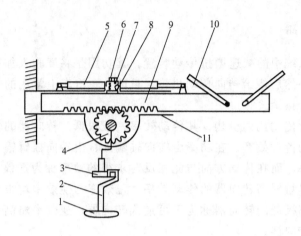

图 11.6 齿轮齿条式转向器示意图

1—转向盘；2—转向轴；3—安全万向节；4—转向齿轮；5—转向减振器；6—调整螺塞；
7—弹簧；8—压块；9—齿条；10—转向拉杆；11—转向器壳体

在齿条上，用以减小转向轮的摆振。有效长度可调的转向拉杆10一端铰接在转向节臂上，另一端支承在齿条上。

在转向时，驾驶人转动转向盘，通过转向轴、安全万向节带动转向齿轮转动，齿轮使齿条轴向移动，带动转向拉杆移动，使转向轮偏转，实现转向。

2. 循环球式转向器

循环球式转向器分为循环球-齿条齿扇式和循环球-滑块曲柄销式两种。其中，循环球-齿条齿扇式应用较广，它有两级传动副，第一级是螺杆螺母传动副，第二级是齿条齿扇传动副。

图11.7所示为循环球-齿条齿扇式转向器的整体结构。转向螺杆4的轴颈支承在两个推力球轴承上。轴承紧度可用调整垫片2、6调整。转向螺母9的下平面上加工成齿条，与齿扇部分啮合。可见转向螺母既是第一级传动副的从动件，也是第二级传动副（齿条齿扇传动副）的主动件（齿条）。通过转向盘和转向轴转动螺杆时，转向螺母不能转动，只能轴向移动，并驱使齿扇及摇臂轴转动。

为了减少转向螺杆和转向螺母之间的摩擦，二者的螺纹并不直接接触，转向螺杆和螺母上都加工出断面轮廓为两段或三段不同心圆弧组成的近似半圆的螺旋槽。两者的螺旋槽能配合形成近似圆形断面的螺旋管状通道，其间装有许多钢球，以实现滚动摩擦。转向螺母的内径大于转向螺杆的外径，故能松套在螺杆上。转向螺母外有两根钢球导管，每根导管的两端分别插入螺母侧面的一对通孔中，导管内装满了钢球，这样两根导管和螺母内的螺旋管状通道组合成两条各自独立的封闭的钢球"流道"。

转向螺杆转动时，通过钢球将力传给转向螺母，螺母即沿轴轴向移动，同时在螺杆与螺母二者和钢球间的摩擦力偶作用下，所有钢球便在螺旋管状通道内滚动，形成"球流"。循环球式转向器的正传动效率很高（最高可达90%～95%），故操纵轻便，使用寿命长，但其逆效率也高，容易将路面冲击力传到转向盘。对于较轻型的、前轴轴载质量不

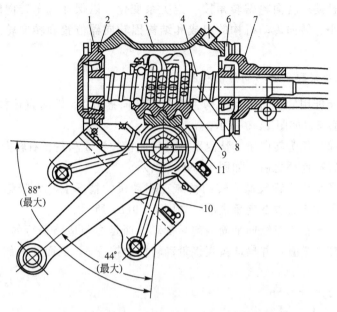

图 11.7 循环球-齿条齿扇式转向器的整体结构
1—下盖；2、6—调整垫片；3—外壳；4—转向螺杆；
5—螺塞；7—上盖；8—导管；9—转向螺母；10—转向摇臂；11—齿条齿扇传动副

重而又经常在好路上行驶的汽车而言，这一缺点影响不大，因此循环球式转向器在汽车上应用广泛。

3. 蜗杆指销式转向器

蜗杆指销式转向器的传动副是蜗杆和指销。按指销的数目不同，可分为单销式和双销式两种，如图 11.8 所示。

转向蜗杆具有梯形螺纹，通过两个滚动轴承支承在壳体内，在壳体下盖上装有调整螺塞，用以调整轴承的预紧度。蜗杆与两个锥形指销相啮合，指销均用双列圆锥滚子轴承支承在转向摇臂轴的曲柄上。轴承无内座圈，轴承滚子直接与销颈接触。指销装在滚子轴承上可以减轻蜗杆和指销的磨损，并提高传动效率，使转向轻便。

当汽车直线行驶时，两个指销分别与蜗杆的螺旋槽相啮合。在汽车转向时，蜗杆轴转动，嵌于蜗杆螺旋槽内的锥形指销一边自转，一边使转向摇臂轴转动，并通过转向传动机构使汽车转向轮偏转而实现汽车转向。

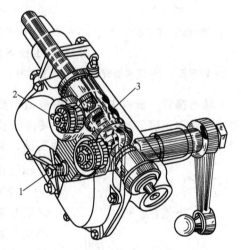

图 11.8 蜗杆指销式转向器
1—摇臂轴；2—指销；3—转向蜗杆

11.2.3 转向传动机构

转向传动机构的功用是将转向器输出的力和运动传到转向桥两侧的转向节，使两侧转向轮偏转,而且使二转向轮偏转角按一定关系变化,以保证汽车转向时车轮与地面的相对滑动尽可能小。转向传动机构的组成和结构因转向器位置和转向轮悬架类型的不同而不同。

1. 与非独立悬架配用的转向传动机构

与非独立悬架配用的转向传动机构主要包括转向摇臂2、转向直拉杆3、转向节臂4和左右转向梯形臂5,如图11.9所示。

后置式:在前桥仅为转向桥的情况下,由转向横拉杆6和左、右转向梯形臂5组成的转向梯形一般布置在前桥之后,如图11.9(a)所示。

前置式:在发动机位置较低或转向桥兼充驱动桥的情况下,为避免运动干涉,往往将左、右转向梯形臂5布置在前桥之前,如图11.9(b)所示。

若转向摇臂2不在汽车纵向平面内前后摆动,而是在与道路平行的平面内左右摆动,则可将转向直拉杆3横置,并借球头直接带动转向横拉杆6,从而使两侧梯形臂转动,如图11.9(c)所示。

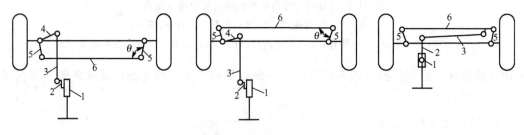

(a) 转向梯形布置在前桥之后　　(b) 转向梯形布置在前桥之前　　(c) 转向直拉杆横置

图11.9　与非独立悬架配用的转向传动机构

1—转向器;2—转向摇臂;3—转向直拉杆;4—转向节臂;5—左、右转向梯形臂;6—转向横拉杆

转向摇臂一般由中碳合金钢锻造而成。转向摇臂连着转向器和转向直拉杆,使转向直拉杆处在正确的高度,以保证转向横拉杆和梯形臂之间有平行关系。转向摇臂小端锥形孔中装有与直拉杆相连接的球头销,大端为锥形、带三角形细花键的槽孔,与转向摇臂轴外花键相连接,如图11.10所示。

转向直拉杆在转向轮偏转而且因悬架弹性变形而相对于车架跳动时,其与转向摇臂及转向节臂的相对运动都是空间运动。因此,为了不发生运动干涉,三者之间的连接件都是球形铰链,工艺要求较高。

转向直拉杆是一段两端扩大的钢管,如图11.11所示。其前端(图11.11中左端)带有球头销2,球头销的尾端可用螺母1固定于转向节臂的端部。两个球头座5在压缩弹簧6的作用下将球头销的球头夹持住。为保证球头与座的润滑,可从油嘴注入润滑脂,使之充满直拉杆体端部管腔。拆装时供球头出入的孔口用橡胶防尘片

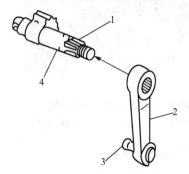

图11.10　转向摇臂和摇臂轴

1—带锥度的细齿花键;2—转向摇臂;3—球头销;4—摇臂轴

3封盖。压缩弹簧6随时补偿球头与座的磨损，保证两者之间无间隙，并可缓和经车轮和转向节传来的路面冲击。转动端部螺塞4可调节弹簧预紧力，螺塞位置校准好后须用开口销固定。弹簧起到缓冲和减振的作用，当球头销作用的内球头座上的冲击力超过压缩弹簧预紧力时，弹簧便进一步变形而吸收冲击能量。弹簧变形量受到弹簧座7自由端的限制，这就可以防止弹簧超载，并保证在弹簧折断的情况下球头销不致从管腔中脱出。

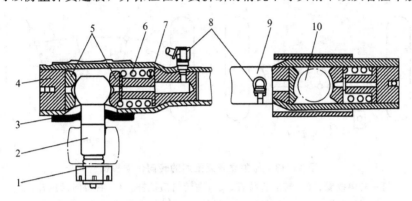

图 11.11 转向直拉杆及接头
1—螺母；2—球头销；3—橡胶防尘片；4—端部螺塞；5—球头座；
6—压缩弹簧；7—弹簧座；8—油嘴；9—直拉杆体；10—转向摇臂球头销

直拉杆体后端（图11.11中右端）嵌装有转向摇臂的球头销10。这一端的压缩弹簧也装在球头座后方（图11.11中为右方），这样两个压缩弹簧可分别在沿轴线的不同方向上起缓冲作用。自球头销2传来的向后的冲击力由前压缩弹簧承受。当球头销2受到向前的冲击力时，冲击力即依次经前球头座、前端部螺塞4、直拉杆体9和后端部螺塞传给后压缩弹簧。

转向横拉杆连接着转向直拉杆和左、右转向梯形臂，左、右转向梯形臂用螺栓与转向节相连，如图11.12所示。

横拉杆由横拉杆体和旋装在两端的接头组成，两端的接头结构相同。其中，球头销的锥形部分与梯形臂相连，上、下球头座用聚甲醛制成，有良好的耐磨性，装配时两球头座的凸凹部分相互嵌合。弹簧保证两球头座与球头销紧密接触，并起缓冲作用，其预紧力由螺塞调整。

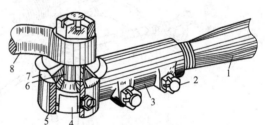

图 11.12 转向横拉杆及接头
1—转向横拉杆体；2—夹紧螺母；3—横拉杆接头；
4—弹簧；5—球头座；6—球头销；
7—防尘垫；8—梯形臂

两接头用管螺纹与横拉杆体连接，并沿轴向开槽，故径向具有弹性。接头旋装到横拉杆体上后，用夹紧螺母夹紧。横拉杆体两端的管螺纹，一端为右旋，另一端为左旋，因此，在旋松夹紧螺母后，转动横拉杆体即可改变横拉杆的总长度，用以调整前束。

前桥驱动的汽车，因其主减速器占去了一定的空间，故其后置横拉杆是弯曲的。为调整方便，两端接头制成叉形，与杆体连接螺纹的螺距不等。

2. 与独立悬架配用的转向传动机构

当采用独立悬架时，每个转向轮都需要相对于车架做独立运动，因而转向桥必须是断开式的。与此相应，转向传动机构中的转向梯形臂也必须分成两段或三段，并且由在平行于路面的平面中摆动的转向摇臂直接带动或通过转向横拉杆带动，如图 11.13 所示。

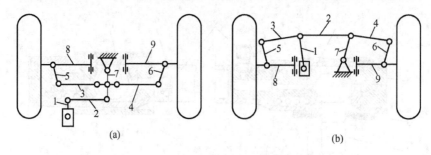

图 11.13 与独立悬架配用的转向传动机构
1—转向摇臂；2—转向直拉杆；3—左转向横拉杆；4—右转向横拉杆；
5—左梯形臂；6—右梯形臂；7—摇杆；8—悬架左摆臂；9—悬架右摆臂

奥迪轿车的转向器及转向传动机构的结构如图 11.14 所示，由左横拉杆、右横拉杆、转向节臂和转向减振器等零件组成。

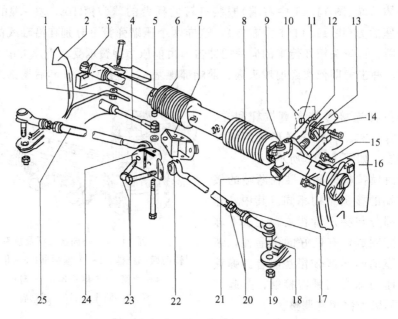

图 11.14 奥迪轿车的转向器及转向传动机构的结构

1、19—锁紧螺母；2—右侧车轮罩；3、15、23—螺栓；4—转向减振器；5—软管夹箍；
6—螺母；7—支架；8—波形管（内含齿条）；9—调整螺钉；10—隔板；11—自锁螺母；
12—隔板密封件；13—法兰套管；14—夹箍；16—左侧车轮罩；17—调整拉杆；18—横拉杆
球头铰链；20—锁止螺母；21—转向齿轮；22—左横拉杆；24—更换锁止板；25—右横拉杆

左右横拉杆和转向减振器的内端通过托架用螺栓固定在转向齿条上。转向减振器外

第 11 章 汽车转向系统

端固定在车身支架上。左右横拉杆的外端，为防止运动干涉，用球头铰链和左右转向节臂分别连在一起，而转向节臂和转向节是焊成一体的。

汽车转向时，转向器齿条横向移动，使左右横拉杆一根受压、一根受拉，并随之移动。两横拉杆带动左右转向节臂，使左右转向节分别绕主销转动，从而使装在转向节上的车轮偏转一定角度，实现汽车转向。

11.3 动力转向系统

11.3.1 传统液压动力转向系统

动力转向系统按照动力能源可分为液压式和气压式。前者以液压为动力源，应用广泛；后者以压缩空气为动力源，仅限于重型且采用气压制动的汽车。按动力缸、控制阀及转向器的相对位置分为整体式、半整体式和转向加力器 3 种。整体式的机械转向器和动力缸设计成一体，并与转向控制阀组装在一起；半整体式的转向控制阀同机械转向器组合成一体，而转向动力缸是一独立部件；转向加力器的机械转向器独立，而将转向控制阀和转向动力缸组合成一体。

由于液压系统工作压力高，其部件尺寸小，并且工作时无噪声，工作滞后时间短，还能吸收来自不平路面的冲击，因此在各类车上液压转向加力装置得到了广泛应用。图 11.15 所示为常见的液压动力转向系统在车上的布置。

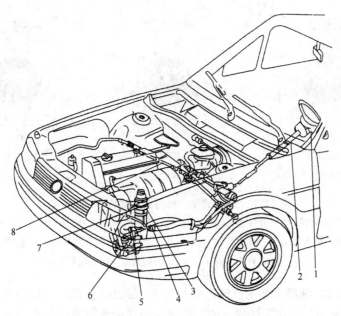

图 11.15 液压动力转向系统在车上的布置
1—转向盘；2—转向柱；3—回油管；4—伺服动力转向器；
5—横拉杆；6—进油管；7—叶片泵；8—转向油罐

1. 动力转向器

动力转向器是在原机械式齿轮齿条式转向器的基础上增加了液压阀结构，齿条端部增加了活塞，在转向器壳体上与活塞相配处增加了活塞缸。下面介绍常见的动力转向器的结构和工作原理。图11.16所示是一种转阀式动力转向器。

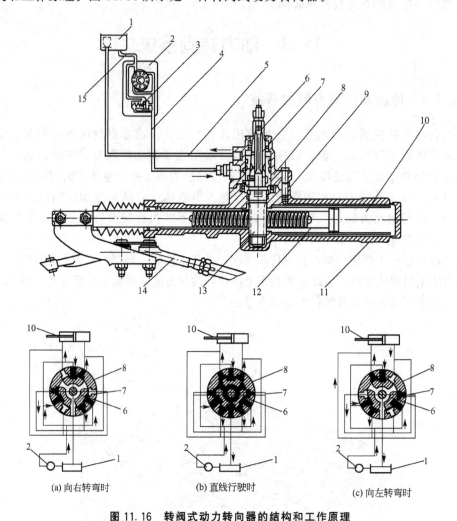

图11.16 转阀式动力转向器的结构和工作原理
1—转向油罐；2—叶片泵；3—压力与流量限制阀；4—进油管；5—回油管；
6—扭力杆；7—阀芯；8—阀套；9—螺钉；10—动力缸；11—壳体；
12—转向齿条；13—转向齿轮；14—横拉杆

当轿车行驶时，油罐1的油液流入叶片泵2，通过叶片泵产生压力油，并经过流量限制阀3，流量限制阀与叶片泵做成一体，流量限制阀能调节油压与油液流量两个参数，因而又称"压力与流量限制阀"。通过限制阀使最大工作油压限制在104kPa，额定流量限制在6L/min，油液经过限制阀后进入转阀阀体。

转阀阀体内的主要零件为阀套8、阀芯7及扭力杆6。转向盘与转向轴以花键连接，转向轴通过柔性万向节与扭力杆6以花键连接，扭力杆上端部又以销钉与阀芯连接，阀芯与阀套能相对位移,而阀套下部又以销轴与小齿轮连接,扭力杆下部与小齿轮刚性连接。

转向压力油进入阀体后,由图11.16(b)可见,阀套8内壁开有6个纵向槽,相应地在阀芯7外表有6个凸肩,每个凸肩左右与阀套纵向槽配合处有间隙,这就是转阀的预开隙。叶片泵2向阀套8的3个进油孔供油,工作油通过预开隙进入阀芯7的凹槽,再通过阀芯的回油孔进入阀芯7与扭力杆6间的空腔,再经过阀套8的回油孔,通过回油管流回油罐1,形成油路循环。

另一回路是由叶片泵2压入阀套8的油经过预开隙进入阀套8左右两侧的出油孔,其中一路进入转向器活塞缸10的左油缸,另一路进入转向器活塞缸10的右油缸。由于左、右油缸均进油,且油压相等,更由于油路连通回油道而建立不起高压,因此无转向助力作用,这也即是直线行驶状态。

右转弯:当转向盘向右转弯方向打动时,转向盘带动转向轴转动并带动扭力杆6顺时针转动[图11.16(a)]。扭力杆端头与阀芯7以销钉连接,因而带动阀芯转动一个角度,这时阀套8的进油孔一侧的预开隙被关闭,另一侧的预开隙开度增大,压力油压向转向器活塞缸的右缸,活塞向伸出转向器方向移动,也即将齿条推出转向器,这时起到了转向助力的作用,轿车向右转弯。

活塞缩进转向器时,活塞缸左缸的油液被压出,通过阀套孔、阀芯及阀芯与扭力杆间的间隙流回转向油罐1。

左转弯:当转向盘向左打方向转动时,转向盘带动转向轴转动并带动扭力杆6逆时针转动[图11.16(c)]。扭力杆端头与阀芯7连接,因而带动阀芯转动一个角度,这时阀套8的进油孔一侧的预开隙被关闭,另一侧的预开隙开度增大,压力油压向转向器活塞缸的左缸,活塞向缩进转向器方向移动,也即将齿条推进转向器,这时起到了助力作用,轿车向左转弯。

在转向时转向盘转动扭力杆,扭力杆底部与小齿轮刚性连接,小齿轮受到转向阻力而不能转动,此时由施加在转向盘上的转向力矩使扭力杆产生扭转变形而带动阀芯转动。当液压油推动齿条移动时使小齿轮转动,小齿轮与阀套相连,则使阀套向阀芯转动的同方向转动,使阀套与阀芯的相互位置至直线行驶时的初始位置,这时转向助力作用消失。这个原理就是液压系统的随动工作原理。使扭力杆产生扭转变形的转向力矩反映在转向盘上就是转向时驾驶人的路感。

除了转阀式动力转向器,常见的还有滑阀式动力转向器,它们仅仅是控制阀结构不同,其他均相同。

2. 液压动力转向系统类型

目前,广泛采用的液压转向加力装置根据油液的工作情况分为常压式和常流式两种;根据转向加力装置的结构可分为整体式和分置式两种。

1) 常压式和常流式

常压式液压转向加力装置的工作原理示意图如图11.17所示。其特点是无论汽车是否处于转向状态,液压系统的

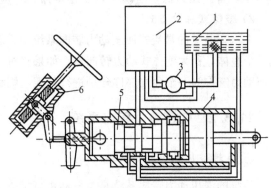

图 11.17 常压式液压系统转向加力
装置的工作原理示意图

1—转向油罐;2—储能器;3—转向油泵;
4—转向动力缸;5—转向控制阀;6—机械转向器

工作管路中总是保持高压状态，因此称为常压式。当转向盘处于中立位置时，转向控制阀5关闭，转向油泵3输出的压力油充入储能器2，当储能器的压力达到规定值后，转向油泵即自动卸荷空转。驾驶人转动转向盘时，机械转向器6工作，同时带动转向控制阀5开启，储能器中的压力油流入转向动力缸4，产生推力以助转向。转向盘一旦停止转动，转向控制阀关闭，助力作用停止。储能器2起到了保持系统高压的作用。

常流式液压转向加力装置的工作原理示意图如图11.18所示。其特点是无论汽车是否处于转向状态，液压系统的工作管路中的油液总是在流动，压力较低，只有在转向时才产生瞬时高压，因此称为常流式。当转向盘处于中立位置时，流量控制阀4保持开启，转向动力缸8活塞两侧压力相等，不产生动作，此时系统中的油泵在空转，油液处于低压流动状态。驾驶人转动转向盘时，机械转向器7工作，同时带动转向控制阀6动作，处于与某一转弯方向相应的工作位置，此时转向动力缸相应的工作腔与回油管路隔绝，转而与油泵输出管路相通，压力急剧升高，而另一工作腔仍然通回油管路，压力较低，转向动力缸活塞移动，产生推力。转向盘停止转动后，转向控制阀随即回到中立位置，动力缸停止工作。

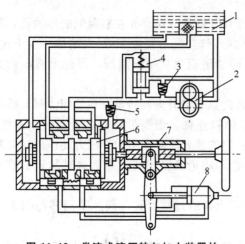

图11.18 常流式液压转向加力装置的工作原理示意图

1—转向油罐；2—转向油泵；3—安全阀；
4—流量控制阀；5—单向阀；6—转向控制阀；
7—机械转向器；8—转向动力缸

对上述两种液压转向加力装置进行比较，常压式的优点在于有储能器积蓄液压能，可以使用流量较小的转向油泵，而且还可以在油泵不运转的情况下保持一定的动力转向能力，使汽车能够持续行驶相当长的距离，但系统工作压力高，易泄漏，发动机功率消耗大，因此目前在少数重型汽车上采用这种动力转向系统；常流式结构简单，油泵消耗功率小，管路压力低，泄漏少，工作寿命长，应用广泛。

2) 整体式和分置式

在汽车常见的常流式液压动力转向系统中，转向控制阀、转向动力缸与机械转向器结合成一个整体，称为整体式动力转向器；如果将机械转向器与转向控制阀组合成一个整体，将转向动力缸作为一个独立部件分别进行装配，则称为分置式(或半整体式)动力转向器。

11.3.2 电控动力转向系统

1. 电控液压动力转向系统

传统的液压动力转向系统是由发动机直接驱动液压泵，因此发动机往往要损失一部分功率，电控液压动力转向系统(EPHS)虽然也是靠液压力进行转向，但是液压泵通过电动机驱动，与车辆发动机在机械上毫无关系。图11.19所示为电控液压动力转向系统的简单组成。

与传统的液压助力转向系统相比，电控液压助力转向系统有多种优点：节约能源，最多能节约85%的能源,实际行驶中节约燃油约0.2L/100km;主动安全性更好,一般在转向时,转向盘转动很轻便,但高速行驶时,转向较重;当传感器失灵时,助力转向系统即进入程序设定的紧急运行状态,此时转向功能得以保证,但转向较重,从而保证了行驶的安全性。

图11.20所示是电控液压动力转向系统的组成及工作示意图。其助力传动装置与传统的齿轮齿条式转向器是相同的,不同的是增加了转向传感器和助力转向控制单元。系统通过转向传感器来检测转向盘的转动。当电控单元接收到传感器转动方向和载荷大小时,通过调节电动机以及齿轮泵的转速,进而调节供油量,更确切地说是液压油的体积流量,从而控制转向助力的大小和方向。

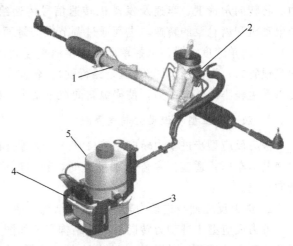

图11.19 电控液压动力转向系统的简单组成
1—转向传动装置;2—助力转向传感器G250;3—带电动泵的齿轮泵;4—助力转向控制单元J500;5—储油罐

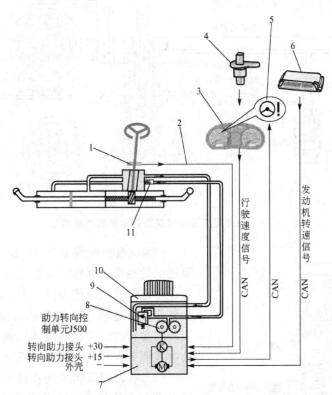

图11.20 电控液压动力转向的组成及工作示意图
1—助力转向传感器G250;2—转向角速度信号;3—仪表板J285中带显示单元的控制单元;4—车速测量传感器G22;5—转向控制灯K92;6—发动机控制单元J220;7—电动泵;8—齿轮泵;9—限压阀;10—液压油储油罐;11—止回阀

在点火开关接通及发动机运转的情况下，电动机带动齿轮泵运转，可以产生转向助力。将转向角速度、车速及发动机转速信号传递给助力转向控制单元，控制单元可以调节电动机和齿轮泵的转速，进而通过调节供油量而调整转向助力的大小。当车速小（如停车）、转向角速度大时，电控单元调节供油量增大，可以产生较大的转向助力，使操纵转向轻便省力；当车速高（如高速公路行驶）、转向角速度小时，电控单元调节供油量减小，可以产生较小的转向助力，使操纵转向沉重费力，确保高速行车转向安全。

2. 液力反应型步进动力转向系统

液力反应型步进动力转向系统（PPS），控制油液压力作用于压力反应腔，改变转向助力使其与车速相适应。在停车和低速时，转向反应轻便；在中速和高速时，则有较重的转向反应。

1）液力反应型步进动力转向系统的结构组成

液力反应型步进动力转向系统的结构组成如图11.21所示。液力反应型步进动力转向系统主要由储液罐、叶轮泵、动力转向齿轮箱、动力转向缸和齿轮齿条转向器等组成。动力转向齿轮箱主要由电磁调节阀、流量分配阀、转向齿轮控制阀、液力反应腔及量孔等集成。电控系统主要由车速传感器、动力转向ECU和电磁调节阀等组成。

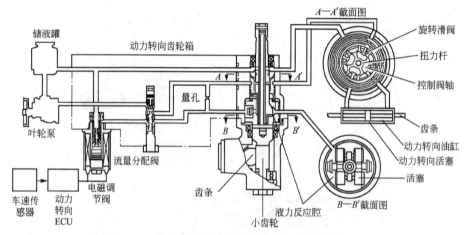

图11.21　液力反应型步进动力转向系统的结构组成

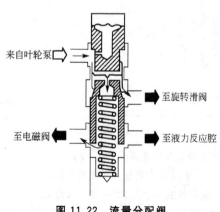

图11.22　流量分配阀

（1）流量分配阀如图11.22所示，分配叶轮泵送来的油液，并将油液送至控制阀中的旋转滑阀、电磁调节阀及液力反应腔。旋转滑阀的液压调整传递到电磁调节阀和液力反应腔的液流量。当转向盘转动时，旋转滑阀液速增加，同时传递到电磁调节阀和液力反应腔液流量增大。

（2）电磁调节阀装配在齿轮箱上。动力转向ECU根据车速传感器的车速信号，控制通往电磁调节阀电流大小，从而控制作用于液力反应腔的油液压力。动力转向ECU信号输出控制流经电磁调节阀电流的占空比，电流的改变与占空比变化成正比。电流增大，电磁调节阀开度增大，流量分配阀至储液罐的回油通道面积增大。

（3）量孔。当车辆转向和油液压力作用在旋转滑阀时，油液直接流过量孔到液力反应腔，使液力反应腔的压力增大。

（4）转向齿轮控制阀由扭力杆、控制阀轴和旋转滑阀组成，其结构及原理与传动液压助力转向系统相当。

（5）液力反应腔如图 11.23 所示，它由 4 个活塞组成。它位于旋转滑阀下面，转向小齿轮上面。当车辆以中、高速行驶时，油液压力作用在活塞的后面，其压力大小受车速的控制，当转向时，油压通过活塞推压控制阀轴的杠杆，产生与转向盘转向力的反力矩，加大转向阻力，使转向反应较重。

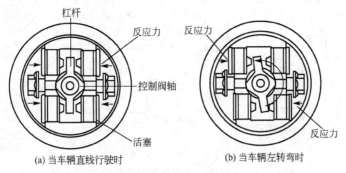

图 11.23　液力反应腔

2）液力反应型步进动力转向系统的工作过程

（1）车辆停止或低速行驶时的转向，如图 11.24 所示。车辆低速行驶时，动力转向 ECU 向电磁调节阀提供大电流，回油通道面积开大，油液经流量分配阀通过电磁调节阀回流到储液罐。因此，只有较低的油液压力作用于液力反应腔，活塞推动控制阀轴的反应力（阻力）就非常小。此时，转向助力的产生与前述相同，使车辆在停止或低速行驶中，驾驶人能轻松自如地转动转向盘。

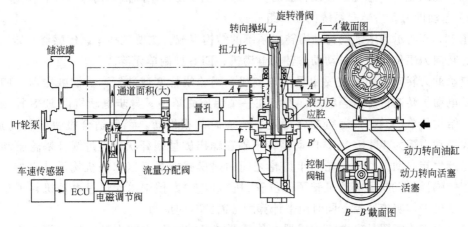

图 11.24　车辆停止或低速行驶时转向的 PPS 状态

（2）车辆中、高速行驶时的转向如图 11.25 所示。当车辆直线向前以中、高速行驶时，给转向盘一个小的转动量，旋转滑阀开度较小，油液压力在旋转滑阀内升高。由于流量分配阀的作用，使流经电磁调节阀和液力反应腔的油液流量增大。当车速增加，来自 ECU 的电流减小，电磁调节阀的开度也减小，回流到储液罐的油液减少，更多的油液作用于液力反应腔，使活塞产生一个很大的作用阻力。此时，部分油液从量孔也流到液力反应腔。因此，转向盘转向角的增大，便会有大的转向阻力，确保高速转向时的行车安全。

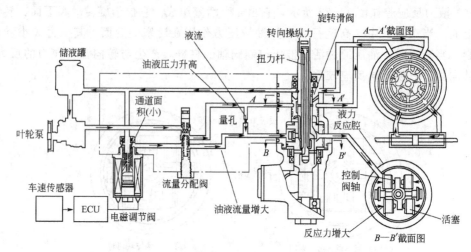

图 11.25 车辆中、高速行驶时转向的 PPS 状态

3. 电动助力动力转向系统

与电控液压动力转向系统相比，电动助力动力转向系统(EPS)使用的是一个带有"双小齿轮"的系统。转向助力通过另外一个同时作用在转向齿条上的小齿轮提供，该小齿轮的驱动是通过电动机完成的。电动机产生的转向助力与转向扭矩、车速、转向角和转向速度有关。

电动助力动力转向系统具有如下优点：节约燃油消耗 0.1～0.2L/100km，获得在各种路况下的最佳转向感觉，直线行驶时实现车轮主动复位，降低车内噪声等。

1) 电动助力动力转向系统的结构组成

图 11.26 所示为电动助力动力转向系统的结构组成，主要包括车速传感器、转向角传感器、转向力矩传感器、电动助力转向电动机、EPS 控制单元等。

电动助力转向电动机主要由异步电动机、蜗轮蜗杆变速装置、摇摆减振器、EPS 小齿轮及电动机转速传感器等组成，安装在一个铝质壳罩中。异步电动机由 EPS 控制单元操纵，结构简单(无刷)，运行非常稳定，响应时间很短暂，因此适合极快的转向运动，其最大助动力矩为 4.4N·m。电动机转子轴在输出侧呈蜗杆状，通过蜗杆蜗轮驱动 EPS 小齿轮产生转向助力。驱动轮与小齿轮之间的摇摆减振器可以保证机构活动自如。电动机转速传感器可以获得电动机转子的位置(扭转角度)，控制单元通过电动机转子位置信号对电动机工作实施监控，同时用来计算所必需的转向助力。

转向力矩传感器是磁电式传感器。传感器转子(齿圈)安装在转向控制阀的扭力杆转轴上，传感器安装在转向齿轮轴上。转向盘作用力不同，扭力杆旋转圈数不同，由此在齿圈与传感器之间产生相对运动。转向力矩传感器可以测量转向主动齿轮上的力矩，因为电动转向助力大小与该力矩有关。

第 11 章 汽车转向系统

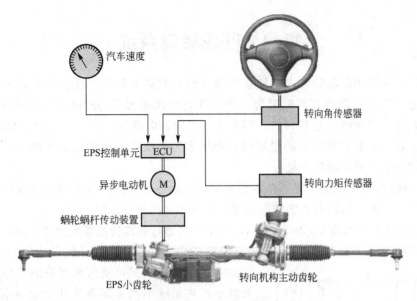

图 11.26 电动助力动力转向系统的结构组成

2) 电动助力动力转向系统工作过程

驾驶人开始转向，如图 11.27(a)所示，通过转向盘转动扭杆。转向力矩传感器 G269 捕捉扭转并向控制单元 J500 报告所获得的转向力矩，转向角传感器 G85 报告当前的转向角及转向速度。控制单元由转向力矩、车速、发动机转速、转向角、转向速度及在控制单元中存储的特征曲线获得触发电动机的额定力矩。此时作用在转向盘上的扭矩和电动机助力力矩之和即为推动转向齿条作用在转向器上的有效力矩，由此获得转向助力。

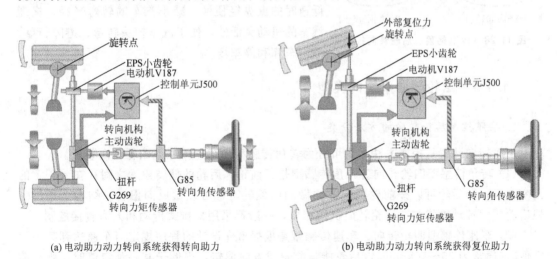

(a) 电动助力动力转向系统获得转向助力　　　　(b) 电动助力动力转向系统获得复位助力

图 11.27 电动助力动力转向系统的工作过程

如果驾驶人不再施加作用力在转向盘上或松开转向盘，车轮将转向复位，由于转向系统的摩擦，复位力一般都很小。控制单元通过转向力矩、车速、发动机转速、转向角、转向速度和在控制单元中保存的特征曲线来计算出复位所需要的电动机转矩，触发电动机获得复位助力力矩。车辆在直线行驶时将实现转向轮的主动复位，如图 11.27(b)所示。

11.4 四轮转向系统

现代汽车多采用前轮转向，能够基本满足汽车的转向行驶。在汽车前轮设置转向装置的基础上，后轮也设置有转向装置，称为四轮转向系统（four wheel steering，4WS）。后轮转向装置对汽车转向是有利的，可改善汽车的转向性能。4WS 的主要优点是：缩短转向动作过程，提高了转向时的稳定性，提高了转向操作的随动性和正确性，变换车道更容易，并缩短了最小转弯半径等。

设置 4WS 的汽车根据前轮转向角和车速决定后轮转向角，其工作方式有机械式、液压式和电动式。前、后转向轮的转向控制有同向和逆向两种情况。

(1) 同向转向，如图 11.28(a)所示，在中、高速行驶或转向盘转角较小时，前、后轮实现同相位转向，即后轮的偏转方向与前轮的偏转方向相同（后轮最大转向角一般为 2.5°）。这种转向方式可使汽车车身的横摆角速度大大减小，并能减小汽车车身发生动态侧偏的倾向，保证汽车在高速超车、进出高速公路及高架引桥及立交桥时，处于稳定转向状态。

(2) 逆向转向，如图 11.28(b)所示，在低速行驶或者转向盘转角较大时，前、后轮实现逆相位转向，即后轮的偏转方向与前轮的偏转方向相反，且偏转角度随转向盘转角增大而在一定范围内增大（后轮最大转向角一般为 5°）。这种转向方式可改善汽车低速时的操纵轻便性，减小汽车的转弯半径，提高汽车的机动灵活性，便于汽车掉头转弯、避障行驶、进出车库和停车场。

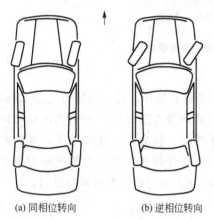

图 11.28 4WS 的前、后轮转向控制
(a) 同相位转向　(b) 逆相位转向

11.4.1 四轮转向系统的类型

1. 按照控制后轮转向的方法分类

后轮转向装置从控制方法上讲可分为转角传感型和车速传感型四轮转向装置。

(1) 转角传感型四轮转向。转角传感型是指前轮和后轮的偏转角度之间存在着一定的因变关系，即后轮可以按前轮偏转方向做同向偏转，也可以做反向偏转。结构上通过一根后轮转向传动轴将前、后轮转向机构相连，一般都采用机械式传动和人力直接控制。

(2) 车速传感型四轮转向。车速传感型是根据事先设计的程序规定当车速达到某一预定值时（通常为 35～40km/h），后轮能与前轮同方向偏转，当低于某一预定值时，则与前轮反方向偏转。车速感应型四轮转向一般为液压式、电控液压式、电控机械液压式、电控电动式。其后轮偏转是由液力驱动的，后轮偏转方向和转角大小受转向盘转动方向和转角大小的控制，但主要受车速高低的限制。

2. 按照控制和驱动后轮转向的方式分类

后轮转向装置主要有后轮转向驱动装置（后转向器）和后轮转向控制装置。按照控制和驱动后轮转向方式可分为机械式(驾驶人通过机械传动控制并驱动后轮转向)、液压式(借助液压来控制并驱动后轮转向)、电动式(借助电力来控制并驱动后轮转向)。

机械式后轮转向装置的结构简单,多用于轻、微型汽车上;液压式后轮转向装置适用于各种汽车,但结构较复杂,并且主要用于改善汽车高速行驶的操纵稳定性;电动式四轮转向系统结构简单、布置容易、控制效果好,是四轮转向系统的发展趋势。

11.4.2 机械式四轮转向系统

机械式 4WS 系统同时具有同相位及逆相位转向功能。该系统是由前轮转向器、后轮转向器及连接前后轮转向器的中央轴组成。两转向器之间用机械装置连接,前轮转向角决定后轮转向角,属于转角传感型四轮转向系统。

当转动转向盘时,前轮转向器中的小齿轮由齿轮-齿条式转向器的齿条带动,将齿条的左右运动再变换为小齿轮的转动,经中央轴使后轮转向器的转向齿轮产生动作。

当转向盘转动量小时,后轮与前轮同向偏转;当转向盘转动量大时,后轮与前轮反向偏转,这样可以提高汽车高速时的操纵稳定性,并可以减小汽车的转弯半径。其工作特性如图 11.29 所示。

转向盘处于直线行驶状态时,后轮也处于直线行驶位置;当转向盘开始转向时,后轮开始按前轮的方向转动。利用后轮转向齿

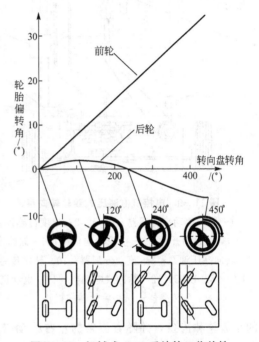

图 11.29 机械式 4WS 系统的工作特性

轮机构,当转向盘角度约为 120°时,同相位转向角达到最大角度。然后,后轮逐渐恢复直线行驶的状态,在转向盘角度约为 240°时,后轮便重新回到直线行驶状态。转向盘角度继续增大,后轮就会向与前轮相反的方向转动。

11.4.3 液压式四轮转向系统

1. 液压式四轮转向系统的结构组成

如图 11.30 所示,电控机械液压式四轮转向系统主要由机械-液压系统与电子控制系统两大部分组成。机械-液压系统主要由前轮转向机构、后轮转向机构、转向高压油泵和储油罐四部分组成。

电子控制系统主要由传感器、脉冲电动机和电控单元 ECU 组成。横向摆动率传感器向 ECU 输送车身摆动信号,监视四轮转向装置的工作是否可靠。电动机旋转角传感器向 ECU 输送的电动机旋转角度和方向信号,ECU 根据该传感器信号矫正电动机旋转角度和方向。

使后轮产生转向角的工作原理就是转换后轮转向机构的控制阀油路，使阀芯左右移动。在前轮有转向运动时，控制阀将后轮的最大转向角控制到5°（大转向角控制），而与前轮转向无关时将后轮的转向角最大控制到1°（小转向角控制）。前者属于依靠传动绳索的机械式转向，而后者是依靠脉冲电动机的电子式转向，后轮的转向角是由上述两者合成的。

该系统根据检测出的车身横摆角速度来控制后轮的转向量。通过横摆角速度可以直接测出车身的自转运动，因此根据检测到的数值对后轮的转角也作相应的增减，就可能从转向初期开始，使车身方向与前进方向之间的误差非常小。同时由于它能直接感知车辆的自转运动，即使有转向以外的力引起车身自转，也能马上感知到，并通过对后轮的转向控制来抑制自转运动。

1) 前轮转向操纵机构

图 11.31 所示为前轮转向操纵机构的结构。转向盘的旋转运动传递到转向器的小齿轮和齿条，并随着齿条的左右移动带动小齿轮旋转。此时与小齿轮成为一体的前滑轮就做正反旋转。前滑轮的旋转通过转向角传动缆绳传递到后轮转向操纵机构的后滑轮上。控制齿条上有长为1的自由行程（盲区），而相应的转向盘的转动范围大约为250°，所以不能进行与前轮转向角连动的后轮转向操纵。高速行驶时，后轮不能进行这样大的转向角的转向操纵。因此高速行驶时，后轮只是通过脉冲电动机进行电子式转向控制。

2) 后轮转向操纵机构

图 11.32 所示为后轮转向操纵机构的结构。机械式转向操纵机构的情况是通过缆绳将转动传递到后滑轮并带动控制凸轮，而凸轮推杆仿照凸轮外形运动带动阀套筒左右移动。转向盘向左转动时，后滑轮作右旋转。此时随着旋转，凸轮曲率半径变小，凸轮推杆被拉出，阀套筒就向左移动。转向盘右转时，则相反。随着凸轮曲率半径变大，凸轮推杆被推进，阀套筒就向右移动。阀

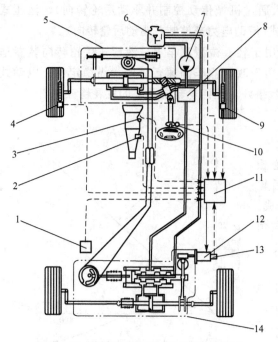

图 11.30 电控机械液压式四轮转向系统

1—横向摆动率传感器；2、4、9—速度传感器；3—空挡起动开关；5—前轮转向机构；6—储油罐；7—转向高压油泵；8—流动分配器；10—转向传感器；11—4WS ECU；12—脉冲式电动机；13—电动机转角传感器；14—后轮转向机构

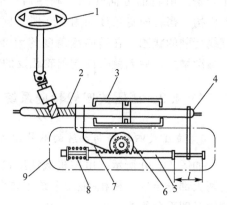

图 11.31 前轮转向操纵机构

1—转向盘；2—齿条及小齿轮；3—转向齿轮油缸；4—齿条端；5—控制齿条；6—前滑轮；7—缆绳；8—中立回位弹簧；9—滑轮传动

套筒和阀芯的相对位移使来自液压泵的工作压力油路被切换。转向盘向左转时,阀套筒就向左移,使油液进入液压缸的右室,动力活塞向左移动。此时与活塞一体的拉杆向左移动,将后轮向右转。相反,当前轮向右转时,动力活塞向右移动,后轮就向左转。无论何种情况,总是逆相位转向操纵。

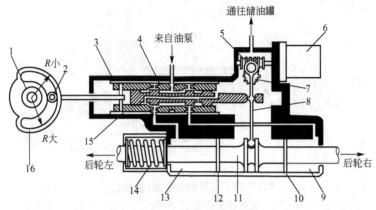

图 11.32　后轮转向操纵机构

1—后位滑轮；2—凸轮推杆；3—滑套管；4—滑塞；5、7—传动齿轮；
6—脉动电动机；8—阀控杆；9—右室；10、12—动力活塞；11—活塞杆；
13—左室；14—回位弹簧；15—阀套筒；16—控制凸轮

2. 系统的工作过程

按照前轮的转向量,后轮的转向控制状态有大转向角控制和小转向角控制两种。

1) 大转向角控制(机械式控制)

当前轮转向角处在与后轮转向无关的转向齿条自由行程范围内时,阀芯与阀套筒之间的相对位置处于中立状态。因而,来自油泵的工作油液被排出,且返回到储油罐,动力油缸的左右室都成为中立的低油压,活塞杆在复位弹簧的作用下停止在中立位置。

当前轮向左转向时,阀套筒向左方向移动,并与阀芯之间产生相对位移。图 11.33 中的 a 部分以及 b 部分被节流,高压作用于动力油缸的右室,推动活塞杆向左移动,而后轮就向右转向。当活塞杆向左移动时,因为脉冲电动机不工作,阀控制杆就以支点 A 为中心回转,并将阀芯从 B 点移到左方的 B' 点。因此,打开处于节流状态的阀 a 部分及 b 部分,降低动力油缸右室的压力。结果是当活塞杆移动到规定位置时,a 部分以及 b 部分的节流压力与来自车轮的外力相平衡,后轮就不能进行更多的转向。

外力产生变化时,活塞杆将有微小的变化,但阀控杆立即将变化反馈给阀芯并改变节流量。这个过程直到动力活塞的压力与外力相平衡为止,从而保持稳定。

2) 小转向角控制(电子式控制)

为了将脉冲电动机的旋转运动变为阀芯的直线运动,采用螺旋齿轮和曲柄组合机构。脉冲电动机的旋转通过蜗轮机构传递到从动齿轮,借助曲柄使阀控杆移动,如图 11.34(a)所示。当从动齿轮向左旋转时,阀控杆的上端支点 A 就以从动齿轮中心 O 点为回转中心移动到 A' 点。脉冲电动机刚起动的瞬间,后转向轴还没有运动。所以,阀控杆就以 C 点为回转中心向左运动,杆中央的 B 点成为 B' 点,使阀芯向左移动。缆绳不动时,阀套

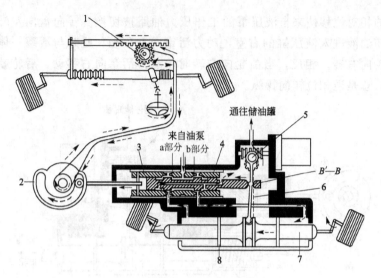

图 11.33 大转向角控制(逆相位)

1—后位控制滑轮；2—后位控制凸轮；3—阀套筒；4—滑阀；5—支点 A；
6—阀控杆(反馈杆)；7—活塞杆；8—动力活塞

筒固定不动，与阀套筒产生相对位移，图 11.34(b)中阀的 a 部分及 b 部分被节流，高压油进入油缸左室。

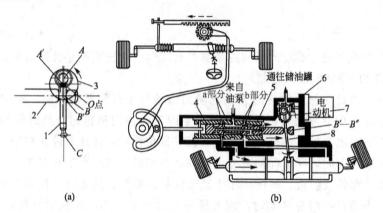

图 11.34 小转向角控制(同相位)

1、8—阀控杆(反馈杆)；2—阀塞；3、7—从动齿轮；
4—阀套筒；5—滑阀；6—支点 A'

当活塞杆向右移动时，阀控杆以支点 A 为中心回转，使阀套筒向右移动到 B'' 点为止。结果打开 a 部分和 b 部分，能减少节流使压力下降，而后以与机械式转向操纵相同的方法保持平衡。

11.4.4 电动式四轮转向系统

1. 电动式四轮转向系统的结构组成

图 11.35 所示为电控电动式四轮转向系统的组成。它装于转向执行机构内的电动机可

使后轮转向，所以不像其他方式那样，用拉杆连接前齿轮机构和执行机构。前轮与普通的动力转向机构相同，为机械式转向机构，而后轮则由电动转向，后轮转向角由计算机控制。

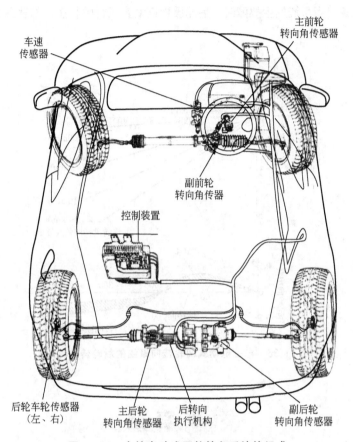

图 11.35　电控电动式四轮转向系统的组成

控制后轮转向角的计算机，通过检测车速，转向角的转向、角度及速度等，监视汽车的转向状况。计算机根据转向盘的操作状态及车速，计算出后轮的目标转向角，以及目标转向角与实际后轮转向角的差，向电动机输入电流使后轮转向。

采用这种方式可准确细致地掌握汽车的行驶状态，然后根据实际情况得出后轮转向角。例如，在低速行驶时，可控制转向盘转向角的大小比例，使后轮与前轮进行逆相位转向便于转小弯。在中速行驶时，可减少后轮的转动，接近于二轮转向系统的操纵性，减轻了操纵时的不自然感。而当高速行驶时，后轮与前轮进行同相位转向，其转向角变大，适当地减少了转弯时车身的转动，可提高稳定性。

2. 后轮转向特性

与机械式相同，根据转向盘转向角度的大小，使后轮的转向从同相位转变为逆相位。但是可根据车速使这一特性产生变化，还可根据转动转向盘的速度，减小同相位的转向角，便于改变车身的转向，提高车身姿势的稳定性。这样，根据车速和转向盘操作状态来改变后轮转向角的特性，可以实现驾驶人所期待的转弯效果，如图 11.36 所示。

电控电动式四轮转向系统的优点是按照存入计算机内部的后轮转向角数据，可参照各种条件进行灵活的转向。可根据小轿车和运动车等各自的特点，改变计算机的数据，进行随意的控制。另外，前轮与后轮无机械连接，只需布设电缆便可使后轮转向，便于布置安装。该系统还备有安全设备，当系统发生故障时，后轮缓慢恢复直线行驶状态，与普通的两轮转向系统一样行驶。

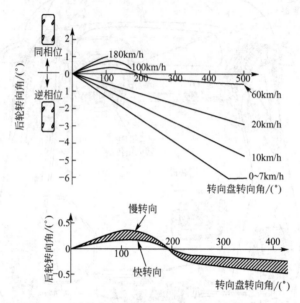

图 11.36 电控电动式四轮转向系统的后轮转向特性

1. 试述汽车转向系统的功用及类型。
2. 试述机械转向系统的主要组成部件及各自的功用。
3. 简述 3 种机械式转向器的基本结构和工作原理。
4. 介绍传统液压动力转向系统的主要类型及组成。
5. 简述液压动力转向系统的助力转向的工作过程。
6. 简述电控液压动力转向系统(EPHS)的组成及工作过程。
7. 简述液力反应型步进动力转向系统(PPS)的组成及工作过程。
8. 简述电动助力动力转向系统(EPS)的组成及工作过程。
9. 简述同向转向和逆向转向的特点。
10. 简述机械式四轮转向系统的组成及工作过程。
11. 简述液压式四轮转向系统的组成及工作过程。
12. 简述电动式四轮转向系统的组成及工作过程。

第 12 章

汽车制动系统

教学提示

制动系统工作的可靠性关系到汽车行驶的安全性,是汽车重要的系统之一。本章主要介绍制动系统的类型、制动器的结构原理、制动传动装置和制动过程、制动力调节装置及汽车主动安全系统等内容。

教学目标

掌握制动系统的类型及其组成;掌握鼓式和盘式制动器的结构原理;掌握机械、液压、气压 3 种制动传动系统的组成及工作过程;理解制动力调节装置的类型、结构原理;理解汽车主动安全系统 ABS、ASR、ESP 等的组成及控制过程。

知 识 点	技 能 点
1. 汽车制动系统类型及制动原理 2. 盘式制动器和鼓式制动器结构特点及工作原理 3. 助力式伺服制动系统组成及制动原理 4. 真空助力器的结构原理 5. 气压制动传动系统组成及的结构和制动原理 6. 电控防抱死制动系统 ABS 组成及结构原理 7. 驱动防滑系统 ASR/TRC 组成及结构原理 8. 车身稳定系统 ESP/VSC 系统组成及结构原理	1. 能够正确拆装车轮制动器并调整制动间隙 2. 能够在原车识别制动系统类型及主要元件位置 3. 具备在原车识别和理解汽车主动安全系统的基本能力

12.1 概 述

随着汽车行驶速度的不断提高,道路情况越来越复杂,为了在技术上保证汽车的安全行驶,使行驶中的汽车减速或停车,必须强制地对汽车施加一个与行驶方向相反的力。这个可控制的、对汽车进行制动的外力,称为制动力。产生制动力的专门装置即称为汽车制动系统。

12.1.1 制动系统的功用与组成

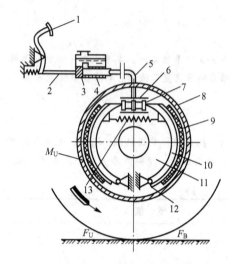

图 12.1 制动系统的工作原理示意图
1—制动踏板;2—推杆;3—主缸活塞;
4—制动主缸;5—油管;6—制动轮缸;
7—轮缸活塞;8—制动鼓;9—摩擦片;
10—制动蹄;11—制动底板;12—支承销;13—制动蹄回位弹簧

为了确保车辆运行安全,汽车制动系统必须具备3种功用:①驾驶人能够根据道路和交通等情况对制动力进行控制,以实现一定程度的强制制动,使汽车减速或停车;②汽车下坡行驶时,使汽车维持稳定车速;③使汽车在原地可靠停车,包括在坡道停车。

汽车制动系统具有以下4个基本组成部分,如图12.1所示。

(1) 供能装置:包括供给、调节制动所需能量以及改善传能介质状态的各种部件,其中产生制动能量的部分称为制动能源。人的肌体也可作为制动能源。

(2) 控制装置:包括产生制动动作和控制制动效果的各种部件。图12.1中的制动踏板机构即为最简单的一种控制机构。

(3) 传动装置:包括将制动能量传输到制动器的各个部件。图12.1中的制动主缸4和制动轮缸6即是传动装置部件之一。

(4) 制动器:产生阻碍车辆运动或运动趋势的制动力的部件,其中也包括辅助制动系统中的缓速装置,如图12.1中的鼓式制动器。

较为完善的制动系统还具有制动力调节装置以及报警装置、压力保护装置等附加装置。

12.1.2 制动系统的工作原理

汽车制动系统的工作原理,可用图12.1所示的简单的液压制动系统来说明,该制动系统由车轮制动器和液压传动机构组成。

车轮制动器主要由旋转部分、固定部分和张开机构组成。旋转部分是以内圆面为工作表面的金属的制动鼓8,它固定在车轮轮毂上,随车轮一同旋转。固定部分主要包括制动蹄10和制动底板11等。制动底板用螺栓与转向节凸缘(前轮)或桥壳凸缘(后轮)固定在一起。在固定不动的制动底板上,有两个支承销12,支承着两个弧形制动蹄10的下端。

制动蹄的外圆面上装有摩擦片 9，上端用制动蹄回位弹簧 13 拉紧压靠在轮缸活塞 7 上。液压轮缸也安装在制动底板上。

液压传动机构主要由制动踏板 1、推杆 2、制动主缸 4、制动轮缸 6 和油管 5 等组成。在车架上的制动主缸 4 用油管 5 与制动轮缸 6 相连通。主缸活塞 3 可由驾驶人通过制动踏板操纵。

制动系统不工作时，制动鼓的内圆面与制动蹄摩擦片的外圆面之间保留有一定的间隙，使制动鼓可以随车轮自由旋转。

要使行驶中的汽车制动，应踩下制动踏板 1，推杆 2 便推动主缸活塞 3，使主缸中的油液以一定压力流入制动轮缸 6，通过轮缸活塞 7 使两制动蹄的上端向外张开，从而使摩擦片压紧在制动鼓的内圆面上。这样，不旋转的制动蹄就对旋转着的制动鼓产生一个摩擦力矩 M_U，其作用方向与车轮旋转方向相反，摩擦力矩大小取决于轮缸的张力、摩擦因数和制动鼓及制动蹄的尺寸等。制动鼓将该力矩 M_U 传到车轮后，由于车轮与路面间的附着作用，车轮即对路面作用一个向前的周缘力 F_U，与此同时，路面给车轮作用一个向后的反作用力 F_B，即制动力。制动力 F_B 由车轮经车桥和悬架传递给车架和车身，迫使整个汽车产生一定的减速度。制动力越大，减速度也越大。当松开制动踏板时，制动蹄回位弹簧 13 即将制动蹄拉回原位，摩擦力矩 M_U 和制动力 F_B 消失，制动作用即行终止。

12.1.3 制动系统的类型

汽车制动系统的种类繁多，可从以下几个方面对其进行分类。

1. 按制动系统的功用分类

行车制动系统：使正在行驶中的汽车减速或停车。

驻车制动系统：使已经停在各种路面上的汽车驻留原地、可靠停车。

应急制动系统：在行车制动系统失效的情况下，保证汽车仍能实现减速或停车。

辅助制动系统：经常在山区行驶的汽车以及某些特殊用途的汽车，为了提高行车的安全性和减轻行车制动系统性能的衰退及制动器的磨损，用以在下坡时稳定车速。

2. 按制动系统的制动能源分类

人力制动系统：以驾驶人的肌体作为唯一的制动能源。

动力制动系统：靠发动机的动力转化而成的气压或液压形式的势能进行制动。

伺服制动系统：兼用人力和发动机动力进行制动。

3. 按制动能量的传输方式分类

制动系统又可分为机械式、液压式、气压式和电磁式等。同时采用两种以上传输制动能量的方式称为组合式制动系统。

4. 按制动回路的布置型式分类

制动系统可分为单回路和双回路两种。全车制动采用单一的气压或液压回路称为单回路制动系统。单回路制动系统只要有一处损坏而渗漏，整个制动系统即失效。全车制动采用两个彼此隔绝的气压或液压管路称为双回路制动系统。双回路制动系统即使其中一个回路失效,还能利用另一个回路获得一定的制动力。现代汽车均使用双回路制动系统。

12.2 制动器

制动器是制动系统中用以产生阻碍车辆运动或运动趋势的力的部件。目前,一般制动器都是通过其中的固定元件对旋转元件施加制动力矩,使后者的旋转角速度降低,同时依靠车轮与路面的附着作用,产生路面对车轮的制动力以使汽车减速。凡是这种利用固定元件与旋转元件工作表面的摩擦而产生制动力矩的制动器,都称为摩擦制动器。

目前各类汽车所用的摩擦制动器可分为鼓式和盘式两大类。鼓式制动器的摩擦副旋转元件为制动鼓,其工作表面为圆柱面;盘式制动器的旋转元件则为圆盘状的制动盘,以其端面为工作表面。

旋转元件固装在车轮或半轴上,即制动力矩直接分别作用于两侧车轮上的制动器称为车轮制动器。旋转元件固装在传动系的传动轴上,其制动力矩须经过驱动桥再分配到两侧车轮上的制动器,则称为中央制动器。车轮制动器一般用于行车制动,也有兼用于应急制动和驻车制动;中央制动器一般只用于驻车制动和缓速制动。

12.2.1 车轮制动器

1. 鼓式制动器

鼓式制动器有内张型和外束型两种。前者的制动鼓以其内圆柱面为工作表面,在汽车上广泛应用;后者制动鼓的工作表面则是外圆柱面,目前只有少数汽车应用为驻车制动器。

鼓式制动器根据制动蹄张开装置(即促动装置)形式不同,可分为轮缸式制动器和凸轮式制动器。前者被液压制动系统采用,后者被气压制动系统采用。

1)轮缸式鼓式制动器

轮缸式鼓式制动器旋转元件是制动鼓,其工作表面是内圆柱面。制动蹄的张开是由液压机构控制的制动轮缸驱动的。轮缸式鼓式制动器按照其结构与工作特点不同,又分为领从蹄式、双领蹄式、双从蹄式制动器和自增力式制动器。

(1)领从蹄式制动器(非平衡式制动器)。领从蹄式制动器结构如图12.2所示。制动底板5固定在后桥壳或前桥转向节凸缘上,在制动底板的下部装有两个偏心的调整螺钉1,两个制动蹄11、12的下端有孔,套装在偏心调整螺钉上,并用锁止螺母3锁止。制动底板的中部装有两制动蹄托架4,以限制制动蹄的轴向位置。制动蹄上端用回位弹簧10拉靠在制动轮缸9的顶块上。制动蹄的外圆面上,用埋头螺钉铆接用石棉和铜丝压制成的摩擦片8。作为制动蹄促动装置的制动轮缸也用螺钉固装在制动底板上。制动鼓固装在车轮轮毂的凸缘上,随车轮一起转动。

领从蹄式制动器的受力情况如图12.3所示。当汽车前进行驶时,制动鼓的旋转方向如图中箭头所示。制动时,两制动蹄绕各自的支承点向外旋转张开。制动蹄1的旋转方向与制动鼓的旋转方向相同,称为领蹄,制动蹄2的旋转方向与制动鼓的旋转方向相反,称为从蹄。当汽车倒驶制动时,制动蹄1变成从蹄,而制动蹄2变成领蹄。这种在汽车前进制动和倒向行驶制动时,都有一个领蹄和一个从蹄的制动器即称为领从蹄式制动器。

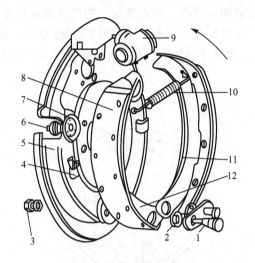 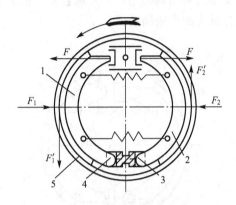

图 12.2 领从蹄式制动器
1—偏心调整螺钉;2—垫圈;3—锁止螺母;
4—托架;5—制动底板;6—偏心轮调整螺钉;
7—偏心轮;8—摩擦片;9—制动轮缸;
10—回位弹簧;11、12—制动蹄

图 12.3 领从蹄式制动器的受力情况
1—领蹄;2—从蹄;
3、4—支承销;5—制动鼓

制动时,两制动蹄 1 和 2 在相等的促动力 F 的作用下,绕各自的支承点 3、4 向外偏转一个角度,紧压在制动鼓 5 上,旋转的制动鼓即对两制动蹄分别作用垂直方向的反作用力 F_1 和 F_2,以及相应的切线方向的摩擦反作用力 F_1' 和 F_2'。领蹄 1 上的摩擦力 F_1' 对支承销 4 所形成的力矩的方向,与促动力 F 对支承销形成的力矩方向是相同的,所以由于 F_1' 作用的结果,使领蹄 1 在制动鼓上压得更紧,从而使力 F_1、F_1' 变得更大,起到增势作用,故领蹄又称增势蹄。而从蹄 2 上的摩擦力 F_2',对支承销 3 所形成的力矩的方向,与促动力 F 对支承销形成的力矩方向是相反的。由于 F_2' 的作用,使从蹄 2 有离开制动鼓的趋势,使力 F_2、F_2' 变得更小,起到减势作用,故从蹄又称减势蹄。由此可见,虽然两蹄所受的促动力 F 相等,但由于摩擦力 F_1、F_2 所起的作用不同,因而使两蹄所产生的制动力矩不等。当其他条件相同时,领蹄制动力矩为从蹄制动力矩的 2~3 倍。为了使领蹄和从蹄的摩擦片寿命相近,一般的措施是将领蹄摩擦片设计得比从蹄长些。由于领蹄和从蹄所受的法向力 F_1、F_2 不能互相平衡,因此这种制动器又称简单非平衡式制动器。不平衡的法向力由车轮轮毂轴承的反力来平衡,这就对轮毂轴承形成了附加径向载荷,影响轮毂轴承的使用寿命。

(2) 双领蹄式制动器(平衡式制动器)。在制动鼓正向旋转时,两蹄均为领蹄的制动器称为双领蹄式制动器,如图 12.4 所示。两制动蹄各用一个单活塞式轮缸,两轮缸与前后制动蹄及其调整凸轮等零件在制动底板上均为对称中心布置。两轮缸用油管连接,使其中油压相等。这样,在前进制动时两蹄均为领蹄,从而提高了前进制动时的制动效能;但在倒车制动时,两制动蹄都变成从蹄,制动效能下降很多。

如将图 12.4 双领蹄式制动器翻转 180°,便成为在汽车前进时两蹄均为从蹄的双从蹄式制动器。显然,双从蹄式制动器的前进制动效能低于双领蹄式和领从蹄式制动器。但其制动效能对摩擦因数变化的敏感程度较小,即具有良好的制动效能稳定性。

图 12.5 所示为双向双领蹄式车轮制动器的结构示意图。制动底板上的所有固定元件,制动蹄、制动轮缸、回位弹簧等都是成对的,而且既按轴对称、又按中心对称布置。两制动蹄的两端均采用浮式支承且支点的周向位置也是浮动的。红旗 CA7560 型轿车即采用该种形式的车轮制动器。

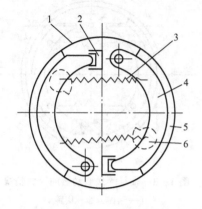

图 12.4 双领蹄式车轮制动器的结构示意图
1—制动底板;2—制动轮缸;3—制动蹄回位弹簧;4—制动鼓;5—摩擦片;6—调整凸轮

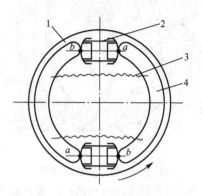

图 12.5 双向双领蹄式车轮制动器的结构示意图
1—制动底板;2—制动轮缸;3—回位弹簧;4—制动蹄

在前进制动时,轮缸活塞均在液压作用下向外移动,将两制动蹄压靠到制动鼓上。在摩擦力矩作用下,两蹄绕车轮中心朝车轮旋转方向转动,将两轮缸的活塞外端的支座推回,直到顶靠在轮缸端面为止。于是两蹄便以此为支点,如同图 12.4 所示的制动器一样工作。

倒车制动时,制动轮缸的另一端成为制动蹄的支点,使两蹄同样成为领蹄,产生与前进制动时一样的制动效能。

制动器的间隙可以用轮缸处的调整螺母来调整。拨动蹄片向外或向内轴向移动可改变蹄鼓间隙的大小,调整好后用螺母锁紧。

双领蹄式、双从蹄式与双向双领蹄式制动器的固定元件都是中心对称布置的,如果间隙调整正确,两制动蹄对制动鼓所施加的法向作用力能够相互平衡,不会对轮毂轴承造成附加的径向载荷,因此这 3 种制动器都是平衡式制动器。

(3) 自增力式制动器。自增力式车轮制动器分为单向自增力式和双向自增力式两种。

单向自增力式制动器的结构原理如图 12.6 所示。第一制动蹄和第二制动蹄的下端分别浮支在浮动的顶杆的两端。制动器只有上方有一个支承销。不制动时,两蹄上端均借各自的回位弹簧拉靠在支承销上。

汽车前进制动时,单活塞式轮缸将促动力 F_1 加于第一蹄,使其上端离开支承销,整个制动蹄绕顶杆左端支承点旋转,并压靠到制动鼓上。正因为顶杆是完全浮动的,不受制动底板的约束,作用在第一蹄上的促动力和摩擦力的作用没有像一般的领蹄那样完全被制动鼓的法向反力和固定于制动底板上的支承反力的作用所抵消,而是通过顶杆形成第二蹄的促动力 F_2,并且第二蹄的制动力矩大于第一蹄的制动力矩。显然第二蹄也是领蹄。由此可见,在制动鼓尺寸和摩擦因数相同的条件下,这种制动器的前进制动效能不仅高于领从蹄式制动器,而且高于两蹄中心对称的双领蹄式制动器。

倒车制动时,第一蹄上端压靠在支承销上不动。此时第二蹄虽然仍是领蹄且促动力仍可能与前进制动时相等,但其力臂却大为减小,因而它的制动效能此时比一般领蹄低得多。第二蹄因未受促动力而不起制动作用,故此时整个制动器的制动效能是很低的。

双向自增力式制动器的结构原理如图 12.7 所示。其特点是制动鼓正向和反向旋转时均能借蹄鼓摩擦起自增力作用。不同于单向自增力式之处主要是采用双活塞式轮缸,可向两蹄同时施加相等的促动力。

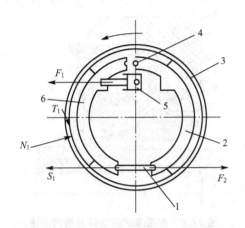 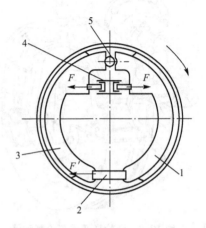

图 12.6 单向自增力式制动器的结构原理图　　图 12.7 双向自增力式制动器的结构原理图
1—顶杆;2—第二制动蹄;3—制动鼓;　　　　1—前制动蹄;2—顶杆;3—后制动蹄;
4—支承销;5—轮缸;6—第一制动蹄　　　　　　4—轮缸;5—支承销

我国南京汽车制造厂生产的依维柯轻型汽车和北京吉普车有限公司生产的切诺基 BJ2021 轻型越野车的后轮制动器,即属于双向自增力式制动器,而且还加了机械促动装置兼充驻车制动器。

2) 凸轮式鼓式制动器

目前,常见国产汽车和部分国外汽车的气压制动系,均采用凸轮促动的车轮制动器。这种制动器除了用制动凸轮作为张开促动装置以外,其余部分结构与液压传动的领从蹄式制动器大体相同。

图 12.8 所示为凸轮张开式车轮制动器。该制动器用气体作为工作介质。两制动蹄由回位弹簧拉靠在制动凸轮轴的凸轮上。制动凸轮轴通过支架固定在制动底板上,其尾部花键轴插入制动调整臂的花键孔中。

制动时,压缩空气进入制动气室,制动调整臂在制动气室推杆的推动下带动制动凸轮轴,使制动凸轮转过一个角度,从而推动制动蹄张开,并紧压在制动鼓上,产生制动作用。

解放 CA1092 型汽车及东风 EQ1092 型汽车的车轮制动器也是凸轮式制动器,与上述车轮制动器相似。

2. 盘式制动器

盘式制动器中的旋转元件是以端面工作的金属圆盘,称为制动盘。其固定元件有着多种结构形式,根据固定元件的结构形式不同,盘式制动器大体上可以分为钳盘式制动器和全盘式制动器两类。

1) 钳盘式制动器

钳盘式制动器中的固定元件是工作面积不大的摩擦块与其金属背板组成的制动块,每个制动器中有2~4块。这些制动块及其促动装置都装在横跨制动盘两侧的钳形支架中,总称为制动钳。根据制动钳的结构形式不同,钳盘式制动器又分为定钳盘式制动器和浮钳盘式制动器两种。

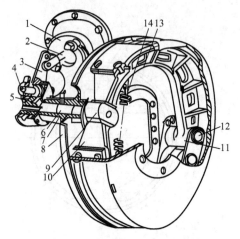

图 12.8 凸轮张开式车轮制动器
1—制动气室;2—连接叉;3—制动调节臂;
4—蜗杆;5—蜗轮;6—制动凸轮轴;
7—支架;8—制动底板;9—制动凸轮;
10、13—制动蹄;11—支承销座;
12—支承销;14—回位弹簧

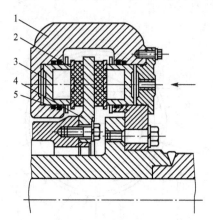

图 12.9 定钳盘式制动器的结构简图
1—制动钳支架;2—摩擦片;3—轮缸活塞;
4—制动盘;5—密封圈

(1) 定钳盘式制动器。定钳盘式制动器的基本结构如图12.9所示。制动盘4与车轮相连接,随车轮一起转动。轮缸活塞3布置在制动盘两侧的制动钳支架中,活塞的端部粘有摩擦片2。制动钳用螺栓固定在桥壳或转向节上,既不能旋转,也不能轴向移动。制动时,高压制动液被压入两侧制动轮缸中,推动轮缸活塞3,使两个制动摩擦片2同时压向制动盘4,产生制动作用。此时活塞上矩形橡胶密封圈的刃边在活塞摩擦力的作用下,产生弹性变形。其极限变形量应等于(制动器间隙为设定值时的)完全制动所需的活塞行程。解除制动时,活塞在密封圈的弹力作用下回位,直至密封圈变形完全消失为止。此时摩擦片与制动盘之间的间隙即为设定间隙。

若制动器存在过量间隙,则制动时活塞密封圈变形达到极限值后,轮缸活塞在液压作用下克服密封圈的摩擦力而继续移动,直到完全制动为止。但解除制动后,活塞密封圈将活塞拉回的距离为制动器间隙的设定值。由此可见,密封圈能兼起活塞回位弹簧和一次调准式间隙自调装置的作用。制动钳结构简单,造价低廉,故在轻、中型轿车上得到广泛应用。但这种结构对橡胶密封圈的弹性、耐热性、耐磨性及加工精度要求较高,而且所能保持的制动器间隙较小,在保证彻底解除制动方面还不十分可靠。

(2) 浮钳盘式制动器。浮钳盘式制动器的制动钳是浮动的,可以相对于制动盘作轴向

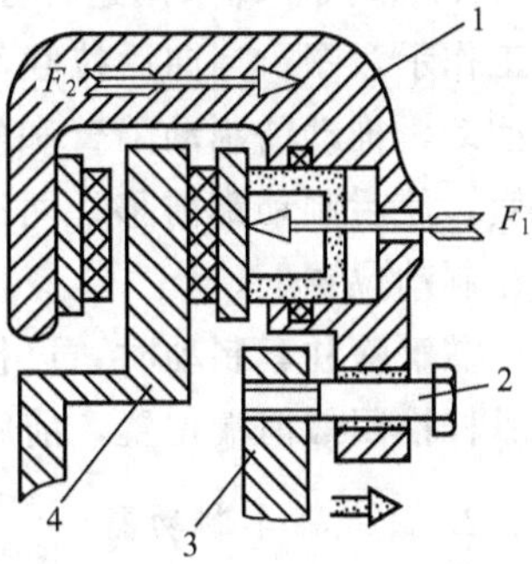

移动。其中只在制动盘的内侧设置油缸,用以驱动内侧制动块,而外侧的制动块则附着在钳体上,制动时随制动钳作轴向移动。图 12.10 所示为浮钳盘式制动器的结构示意图。制动时,内侧活塞及摩擦片在液压作用力 F_1 作用下,向左移动压向制动盘 4。同时,液压的反作用力 F_2 推动制动钳体 1 向右移动,使外侧摩擦片也压靠到制动盘 4 上。导向销 2 上的橡胶衬套不仅能够稍微变形以消除制动器间隙,而且可使导向销免受泥污。解除制动时,橡胶衬套所释放出来的弹性能有助于外侧制动块离开制动盘。活塞密封圈使活塞回位。若制动器产生了过量的间隙,活塞则相对于密封圈滑移,借此实现间隙自动调整。

图 12.10　浮钳盘式制动器
的结构示意图
1—制动钳体；2—导向销；
3—制动钳支架；4—制动盘

与定钳盘式制动器相比,浮钳盘式制动器的单侧油缸结构简单,使制动器的轴向与径向尺寸较小,有可能布置得更接近车轮轮毂。浮钳盘式制动器在兼充行车和驻车制动器时,不用加设驻车制动钳,只需在行车制动钳油缸附近加装一些驻车制动机械传动零件,用以推动油缸活塞。由于浮钳盘式制动器优点较多,近年来在轿车及轻型载货汽车上得到广泛应用。

一汽奥迪 100、捷达、红旗 CA7220 轿车及上海桑塔纳轿车和北京切诺基 BJ2021 轻型越野车的前轮均采用了浮钳盘式制动器。

2) 全盘式制动器

在重型和超重型载货汽车上,要求有更大的制动力,为此采用了全盘式制动器。全盘式制动器摩擦副的固定元件和旋转元件都是圆盘形的,分别称为固定盘和旋转盘。其结构原理与摩擦离合器相似。

盘式制动器与鼓式制动器相比,鼓式制动器单面传热,内外两面温差较大,导致制动鼓变形,同时,长时间制动后,制动鼓因高温而膨胀,减弱制动效能,而盘式制动器两面传热,圆盘旋转易冷却,不易变形,制动效果好;结构简单,维修方便,易实现间隙自动调整。不足之处在于盘式制动器摩擦片直接压在圆盘上,无自动摩擦增力作用,所以在此系统中须另行装设动力辅助装置;兼用驻车制动时,加装的驻车制动传动装置较鼓式制动器复杂,因而用在后轮上受到限制。

12.2.2　驻车制动器

驻车制动器的功用是使汽车停放可靠,便于上坡起步,配合行车制动装置制动或行车制动装置失效后用于应急制动。多数汽车的驻车制动器安装在变速器或分动器之后,也有少数装在主减速器主动轴的前端,还有的以制动器兼充驻车制动器(如奥迪 100 型轿车等)。驻车制动器制动机构有盘式、鼓式和带式 3 种。其中鼓式制动器可采用高效能的自动增力式,由于其外廓尺寸较小,便于调整,且防泥沙和防水性能较好,停车后无制动热负荷,从而应用日趋广泛。

1. 盘式驻车制动器

盘式驻车制动器散热性能好,摩擦片更换方便,安全可靠,使用寿命长。解放

CA1092型汽车即采用这种驻车制动器。图12.11所示为解放CA1092型汽车驻车制动器的工作示意图。当向后拉驻车制动操纵杆时，操纵杆通过传动拉杆带动拉杆臂逆时针方向摆动，推动前制动蹄臂和制动蹄后移，同时通过蹄臂拉杆拉动后制动蹄臂，压缩定位弹簧，使后制动蹄前移，两制动蹄即夹紧制动盘，产生制动作用，并由棘爪将操纵杆锁止在制动位置上。

需解除驻车制动时，可按操纵杆上端的拉杆按钮，使下端的棘爪脱出，将驻车制动操纵杆推回最前端位置，前后制动蹄在定位弹簧的作用下回位，驻车制动解除。

2. 鼓式驻车制动器

鼓式驻车制动器的基本结构与前面所述的盘式制动器大致相同，常用的有凸轮张开式和自增力式两种，这里主要介绍凸轮张开式驻车制动器。图12.12所示为东风EQ1092型汽车的凸轮张开式鼓式驻车制动器和机械传动机构。

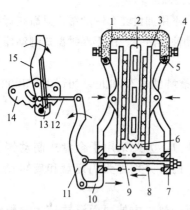

图12.11 解放CA1092型汽车驻车制动器的工作示意图
1—支架；2—制动盘；3—制动蹄；4—调整螺钉；5—销；6—拉簧；7—后制动蹄臂；8—定位弹簧；9—蹄臂拉杆；10—前制动蹄臂；11—拉杆臂；12—传动拉杆；13—棘爪；14—齿扇；15—驻车制动操纵杆

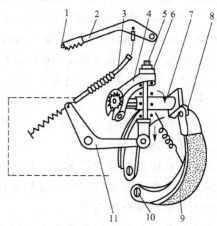

图12.12 东风EQ1092型汽车驻车制动器
1—按钮；2—驻车制动操纵杆；3—拉丝软轴；4—摆臂；5—拉杆；6—调整螺母；7—凸轮轴；8—滚轮；9—制动蹄；10—偏心支承销；11—摇臂

制动时，拉动操纵杆，通过拉丝软轴使摇臂绕支销顺时针转动，拉杆通过摆臂带动凸轮轴转动，将两制动蹄张开而产生制动，并使棘爪和齿扇锁住操纵杆，保持制动状态。

解除制动时，按下棘爪按钮，将操纵杆推到向前的极限位置，松开按钮即可。

12.3 制动传动装置

12.3.1 机械制动传动装置

在汽车发展的早期，行车制动系统和驻车制动系统都是机械式的，直到20世纪

50 年代初，机械式行车制动才全部被淘汰，然而，机械传动装置还是保留至今，主要用于驻车制动。

机械式驻车制动系统的传动装置主要由杠杆、拉杆、轴、摇臂等机械零件组成。其制动器可以是与行车制动系统共用的车轮制动器，例如图 12.14 所示的奥迪 100 型轿车驻车制动系统；也可以是专设的中央制动器，例如图 12.11 所示的解放 CA1092 和图 12.12 所示的东风 EQ1092 汽车用驻车制动器系统。

驻车制动系统必须可靠地保证汽车在原地停驻并在任何情况下不致自动滑行。这一点只有用机械锁止方法才能实现，这也是驻车制动系统多用机械式传动装置的主要原因。

采用中央制动器的驻车制动系统不宜用于应急制动，因为其制动力矩是作用在传动轴上的，在汽车行驶中紧急制动时，极易造成传动轴和驱动桥严重超载荷，还可能因差速器壳被抱死而发生左右两驱动轮的旋转方向相反的状况，致使汽车制动时跑偏甚至掉头。

12.3.2 液压制动传动装置

液压制动传动装置与离合器液压操纵装置相似，是利用特制油液作为传力介质，将驾驶人施加于踏板上的力放大后传到制动器，推动制动蹄产生制动作用。

液压式传动装置按制动回路布置可分为单回路液压传动装置和双回路液压传动装置两种。现代汽车的行车制动系统均采用双回路，因此，主要介绍双回路液压制动传动装置。

双回路液压传动装置是利用彼此独立的双腔制动主缸，通过两个独立回路，分别控制两桥或三桥的制动器。这种制动系统在一个回路出现故障时，另一回路仍然能起制动作用，从而提高了汽车制动的可靠性和安全性。

图 12.13 所示为双回路液压制动系统的管路布置示意图。该系统主要由制动踏板 5，制动主缸 4，储液罐 3，油管 2、6，制动轮缸 1、7、9、11 和制动器 8、12 等组成。

驾驶人所施加的控制力，通过制动踏板 5 传到制动主缸 4，制动主缸将制动液经油管 2、6 分别输入到前、后轮制动器 12 和 8 中的制动轮缸，将制动蹄推向制动鼓，消除制动间隙，产生制动力矩。随着踏板力的增大，制动力矩也应成比例地增加，直到完全制动。放松制动踏板，制动蹄和轮缸活塞在各自回位弹簧作用下回位，制动液被压回制动主缸，制动作用随之解除。

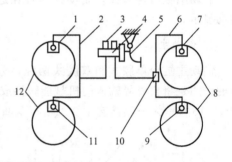

图 12.13 双回路液压制动系统示意图
1、7、9、11—制动轮缸；2、6—油管；3—储液罐；4—制动主缸；5—制动踏板；8—后轮制动器；10—比例阀；12—前轮制动器

图 12.14 所示为一汽奥迪 100 型轿车的制动系统示意图，该制动系统采用真空助力、双回路对角线布置。制动主缸 4 的后腔与右前轮、左后轮的制动回路 3 相通；制动主缸 4 的前腔与左前轮、右后轮的制动回路 5 相通，制动回路 3、5 呈交叉型对角线布置。

制动时，驾驶人踩下制动踏板 1，踏板力经真空助力器放大后，作用在制动主缸 4 上，制动主缸将制动液加压后，分别输送到两个制动回路，使制动器产生制动作用。

这种液压传动对角线双回路制动系统能保证在任一个回路出现故障时，仍能得到总制动效能的 50%。此外，这种制动系统结构简单，并且直行时紧急制动的稳定性好。

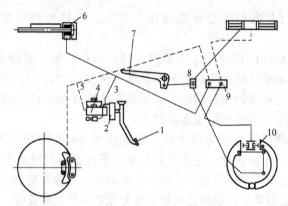

图 12.14 一汽奥迪 100 型轿车的制动系统示意图
1—制动踏板；2—真空助力器；3、5—制动回路；4—制动主缸；
6—前轮盘式制动器；7—驻车制动操纵杆；
8—驻车制动操纵缆绳；9—感载比例阀；
10—后轮鼓式制动器

要施行驻车制动时，只要用手向后拉平驻车制动操纵杆7，并通过自锁机构锁住。在此过程中，由驻车制动操作杆带动驻车制动操纵缆绳8，缆绳牵引制动软轴，再由软轴带动制动器里的拉杆，使两个后轮制动器中的两个制动蹄向外张开，使制动鼓产生制动作用。解除制动时，先用手指压下制动操纵杆头部按钮来解除锁止作用，然后向前推动驻车制动操纵杆直到不能移动为止。

制动踏板机构和驻车制动操纵杆在进行制动时和电气开关相接触，指示灯亮，进行制动显示。

1. 制动主缸

制动主缸分单腔式和双腔式两种，分别用于单回路和双回路液压制动系统。制动主缸的作用是将自外界输入的机械能转换成液压能，从而液压能通过管路再输给制动轮缸。图 12.15 所示为一汽奥迪 100 型轿车双回路液压制动系统中的串联式双腔制动主缸。缸体

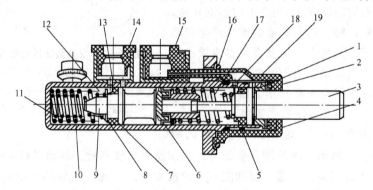

图 12.15 奥迪 100 型轿车双回路液压制动系统中的串联式双腔制动主缸
1—套；2—密封套；3—第一活塞；4—盖；5—防动圈；6、13—密封圈；
7—垫片；8—挡片；9—第二活塞；10—弹簧；11—缸体；
12—第二工作腔；14、15—进油孔；16—定位圈；
17—第一工作腔；18—补偿孔；19—回油孔

11 内装有两个活塞 3 和 9，将主缸内腔分为两个工作腔 17 和 12。第一工作腔 17 即与右前轮盘式制动器轮缸相通，还经感载比例阀与左后轮鼓式制动器轮缸相通。第二工作腔 12 也有两条通路，一是通往左前轮盘式制动器轮缸；二是经感载比例阀通往右后轮鼓式制动器轮缸。每套管路和工作腔又分别通过补偿孔 18 和回油孔 19 与储油罐相通。第二活塞 9 两端均承受弹簧力，但左弹簧张力小于右弹簧张力，故主缸不工作时，第二活塞由右端弹簧保持在正确的初始位置，使补偿孔和进油孔与缸内相通。第一活塞 3 在左端弹簧作用下，压靠在套 1 上，使其处于补偿孔 18 和回油孔 19 之间的位置。密封套 2 用来防止主缸漏油。此外每个活塞上都装有密封圈，以便两腔建立油压并保证密封。

制动时，驾驶人踩下制动踏板，真空助力器推动第一活塞 3 向左移动，在其密封圈遮住补偿孔 18 后，第一工作腔 17 的油压开始升高。油液一方面通过腔内出油孔进入右前左后制动管路，另一方面又对第二活塞 9 产生推力，在此推力及活塞 3 左端弹簧力的共同作用下，第二活塞 9 也向左移动，这样第二工作腔 12 也产生了压力，推开腔内出油阀，油液进入左前右后制动管路，于是两制动管路对汽车施行制动。

解除制动时，驾驶人松开制动踏板，活塞在弹簧作用下回位，液压油自轮缸和管路中流回制动主缸。如活塞回位迅速，工作腔内容积也迅速扩大，使油压迅速降低。由于管路阻力的影响，管路中的油液不能及时流回工作腔以充满活塞移动让出的空间，使工作腔形成一定的真空度。这时，储液罐里的油液便经进油孔和活塞上面的小孔（图中未画出）推开密封圈的边缘流入工作腔。当活塞完全回位时，补偿孔打开，工作腔内多余的油由补偿孔流回储液罐。液压系统漏油，或者由于温度变化引起主缸工作腔、管路、轮缸中油液的膨胀或收缩，都可以通过补偿孔进行调节。

2. 制动轮缸

制动轮缸的功用是将液体压力转变为制动蹄张开的机械椎力。制动轮缸有单活塞式和双活塞式两种。单活塞式制动轮缸主要用于双领蹄式和双从蹄式制动器，而双活塞式制动轮缸应用较广，既可用于领从蹄式制动器，又可用于双向双领蹄式制动器和自增力式制动器。

图 12.16 所示为双活塞式制动轮缸示意图。在缸体 4 内装有两个活塞 2，两个皮碗 3 装在两个活塞 2 的端面以实现油腔的密封，弹簧 5 保持皮碗、活塞、制动蹄的紧密接触，并保持两活塞之间的进油间隙。防尘罩 1 除防尘外，还可以防止水分进入，以免活塞和缸体生锈而卡死。制动时，来自制动主缸的制动液经油管接头和进油孔进入两活塞之间的油腔，将活塞向外推开，通过顶块 6 推动制动蹄。一汽奥迪 100 型轿车、捷达轿车和上海桑塔纳轿车的后制动器轮缸都是双活塞式。

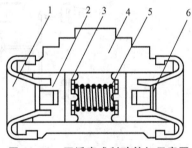

图 12.16 双活塞式制动轮缸示意图
1—防尘罩；2—活塞；3—皮碗；
4—缸体；5—弹簧；6—顶块

图 12.17 所示为一汽奥迪 100 型轿车后制动器轮缸分解图。放气螺塞螺栓 5 的作用是排出制动管路及轮缸中的气体，以保证制动灵敏可靠。凸圆头螺钉 3 将制动轮缸固定在制动底板上，位于两个制动蹄之间。

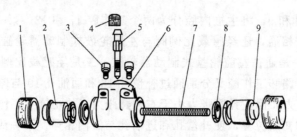

图 12.17 奥迪 100 型轿车后制动器中的制动轮缸分解图

1—防尘罩；2—活塞；3—凸圆头螺钉；

4—护帽；5—放气螺塞螺栓；6—缸体；

7—弹簧；8—密封圈；9—顶块

12.3.3 气压制动传动装置

气压制动传动装置是将压缩空气的压力作为机械推力，使车轮产生制动。气压制动的制动力大，制动灵敏，广泛用于中型、重型载货汽车上。驾驶人只需按不同的制动强度要求，控制制动踏板的行程，便可控制制动气压的大小，获得所需要的制动力。

气压制动传动装置按制动回路的布置形式也可分为单回路和双回路，单回路已趋于淘汰，目前汽车上几乎都采用双回路或多回路制动传动装置。

图 12.18 所示为解放 CA1091 型汽车双回路气压制动传动装置示意图。双缸风冷式空

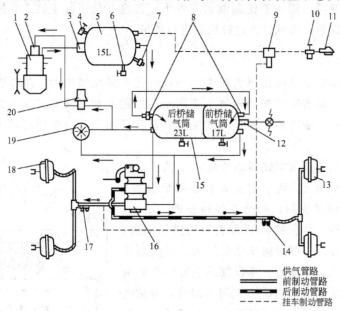

图 12.18 解放 CA1091 型汽车双回路气压制动传动装置示意图

1—空气压缩机；2—卸荷阀；3—单向阀；4—取气阀；5—湿储气筒；6—油水放出阀；7—溢流阀；8—单向阀；9—挂车制动阀；10—分离开关；11—连接头；12—气压过低报警开关；13—后轮制动气室；14、17—制动灯开关；15—储气筒；16—串联双腔式制动阀；18—前轮制动气室；19—双指针空气压力表；20—气压调节阀

压机将压缩空气经单向阀输入湿储气筒进行气水分离,之后分成两个回路:一个回路经过前桥储气筒、双腔制动控制阀的后腔而通向前制动气室;另一回路经后桥储气筒、双腔制动控制阀的前腔和快放阀而通向后制动气室。

当其中一个回路发生故障失效时,另一回路仍能继续工作,使汽车仍具有一定的制动能力,从而提高了汽车行驶的安全性。

装在制动阀至后制动气室之间的快放阀的作用是:当松开制动踏板时,使后轮制动气室的放气路线和时间缩短,保证后轮制动器迅速解除制动。

1. 空气压缩机及调压阀

东风 EQ1090E 型汽车空气压缩机为单缸风冷式,其结构如图 12.19 所示。它固定在发动机气缸盖的一侧,由发动机通过风扇带轮和 V 带驱动。支架上有三道滑槽,可通过调整螺栓移动空气压缩机的位置,来调整 V 带的松紧度。

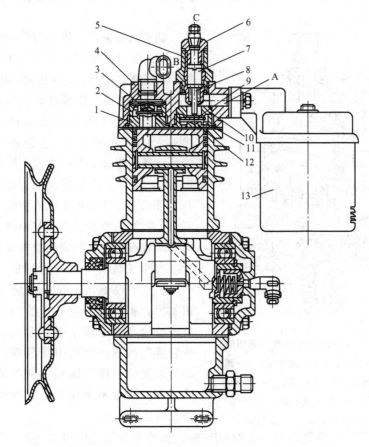

图 12.19　东风 EQ1090E 型汽车空气压缩机结构图

1—排气阀座;2—排气阀门导座;3—排气阀门;4—气缸盖;
5—卸荷装置壳体;6—定位塞;7—卸荷柱塞;8—柱塞弹簧;
9—进气阀门;10—进气阀座;11—进气阀弹簧;
12—进气阀门导座;13—进气滤清器进气口;
A—进气口;B—排气口;C—调压阀控制压力输入口

空气压缩机具有与发动机类似的曲柄连杆机构。铸铁制成的气缸体下端用螺栓与曲轴箱连接，缸筒外铸有散热片。铝制气缸盖 4 用螺栓紧固于气缸体上端面，其间装有密封缸垫。缸盖上的进、排气室都装有一个方向相反的弹簧压紧阀座的片状阀门，进气阀门 9 经进气口 A 与进气滤清器 13 相通，排气阀门 3 经排气口 B 与储气筒相通。

发动机工作时，空气压缩机曲轴随之转动，带动活塞做上下往复运动。当活塞下移时，在气缸内真空度作用下，进气阀门 9 开启，外界空气经进气滤清器 13 自进气口 A 和进气阀门 9 被吸入气缸；活塞上行时，气缸内空气被压缩，压力升高，顶开排气阀门 3 经排气口 B 充入储气筒。

在空气压缩机进气阀门 9 的上方设置有卸荷装置，它是由调压阀进行控制的，卸荷装置壳体 5 内镶嵌着套筒，其中装有卸荷柱塞 7 和柱塞弹簧 8。在空压机向储气筒正常充气过程中，柱塞上方的卸荷气室经调压阀通大气，柱塞被弹簧顶到上极限位置，其杆部与进气阀门之间保留一定间隙，卸荷装置不起作用。当储气筒内气压超过规定值时，卸荷装置才起作用。

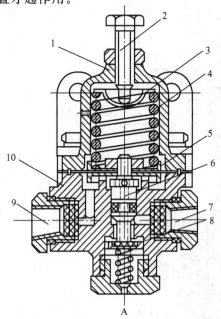

图 12.20　东风 EQ1090E 型汽车调压阀

1—盖；2—调压螺钉；3—弹簧座；4—调压弹簧；5—膜片；6—空心管；7—接卸荷装置管接头；8—排气阀；9—接储气筒管接头；10—壳体；A—排气口

调压阀用来调节供气管路中压缩空气的压力，使之保持在规定的压力范围内，同时使空气压缩机能卸荷空转，减少发动机的功率损失。

东风 EQ1090E 型汽车调压阀如图 12.20 所示。调压阀壳体 10 上装有两个带滤芯的管接头 7、9，分别与空气压缩机卸荷装置和储气筒相通。壳体和盖 1 之间装有膜片 5 和调压弹簧 4，膜片中心用螺纹固连着空心管 6。空心管可以在壳体的中央孔内滑动，其间有密封圈，上部的侧面有径向孔与轴向孔相通。调压阀下部装有与大气相通的排气阀 8。

当储气筒内气压未达到规定值时，膜片 5 下方气压较低，不足以克服调压弹簧 4 的预紧力，膜片连同空心管被调压弹簧压到下极限位置，空心管下端面紧压着排气阀，并将它推离阀座。此时由储气筒至空气压缩机卸荷装置的通路被隔断，卸荷装置与大气相通，卸荷装置不起作用，空气压缩机对储气筒正常充气。

当储气筒气压升高到 0.70～0.74MPa 时，膜片下方气压作用力便克服调压弹簧 4 的预紧力而推动膜片 5 上拱，空心管 6 和排气阀 8 也随之上移，直到排气阀压靠在阀座上，切断空气压缩机卸荷室与大气的通路，并且空心管下端面也离开排气阀，而出现一相应间隙。此时，卸荷室经空心管 6 的径向孔、轴向孔与储气筒相通，压缩空气进入卸荷室，迫使卸荷柱塞克服弹簧预紧力而下移，将空气压缩机进气阀门压下，使之保持在开启位置不动，如图 12.21 所示。这样，空气压缩机便卸荷空转，不产生压缩空气。当储气筒气压降到 0.56～0.60MPa 时，在调压弹簧 4 的作用下，调压阀的膜片、空心管、排气阀又下移，空气压缩机卸荷室的压缩空气经调压阀排气口 A 排入大气，卸荷柱塞在弹簧作用下向上回位，于是空气压缩机恢复向储气筒充气。

2. 制动阀

制动阀是汽车气压制动的主要控制装置，用来控制由储气筒进入制动气室或挂车制动阀的压缩空气量，并有渐进变化的随动作用，以保证作用在制动器上的力与加于制动踏板上的力成正比。

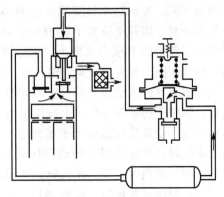

图 12.21 空气压缩机与调压阀的工作原理示意图

制动阀的结构形式很多，其结构随汽车的所用管路不同而异，但工作原理基本类似。

下面以并联双腔膜片式制动控制阀为例加以说明。图 12.22 所示为东风 EQ1092 型汽车的并联双腔膜片式制动阀的结构与工作情况（不制动时）示意图。

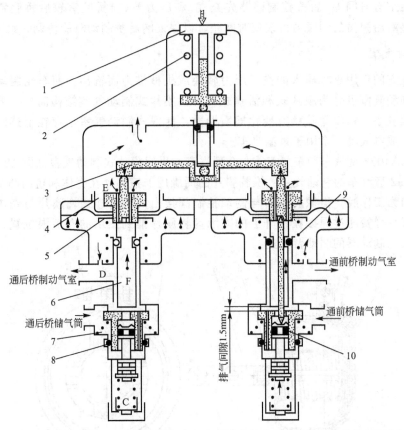

图 12.22 东风 EQ1092 型汽车的并联双腔膜片式制动阀的结构与工作情况示意图
1—平衡弹簧上座；2—平衡弹簧；3—平衡臂；4—上体；5—膜片；6—芯管；
7—下体；8—密封垫；9—膜片回位弹簧；10—密封圈

踏下制动踏板时，拉臂将平衡弹簧和平衡臂压下，并压动两腔室的膜片和芯管。首先将排气阀口 E 关闭，继而打开进气阀口 D。此时储气筒中的压缩空气经进气阀口 D 充入制动气室，推动制动气室膜片使制动凸轮转动以实现后轮制动。同时，因平衡气室内的气压升高，阻碍平衡臂下移的作用力相应增大，于是通过杠杆作用，平衡臂对前桥腔室膜片芯管组的下压力也增大，克服滞后弹簧和回位弹簧的阻力后使膜片芯管组下移，消除排气间隙后推开进气阀，使储气筒中的压缩空气充入前制动气室，使前轮产生制动。

压缩空气进入前后制动气室的同时，还经节流孔 C 进入膜片的下腔，推动两腔芯管上移，促使平衡臂等零件向上压缩平衡弹簧，此时两用阀门将进气阀口 D 和排气阀口 E 同时关闭，制动控制阀处于平衡状态，压缩空气保持在制动气室中。当驾驶人感到制动强度不足时，可继续踩下制动踏板到某一位置，使制动气室气量增多，气压升高。当气压升高到一定值时，进、排气阀口又同时关闭，此时制动控制阀又处于新的平衡状态。

当放松制动踏板时，拉臂回行，平衡弹簧伸张，两腔室的膜片、芯管上移到极限位置，出现了排气间隙，各制动气室的压缩空气经芯管和上壳体中的排气口 E 排入大气中，制动作用解除。前桥腔室中装有滞后机构，由推杆、密封柱塞、可调的滞后弹簧、调整螺塞等零件组成。它的壳体通过螺钉装于阀体下端的螺纹孔内，用密封圈密封，下端螺纹孔装有调整螺塞，并用螺母锁紧，芯管由位于芯管中心孔内的推杆的上端支承。制动时，使两腔室有时间差（后桥控制回路先充气）和压力差（前桥腔室较后桥腔室气压低），且通过调整滞后弹簧的预紧力可改变时间差，以保证前后桥制动时能协调一致。

3. 制动气室

制动气室的作用是将输入的空气压力转换成机械推力而输出，使车轮制动器产生制动力矩。制动气室可分为膜片式和活塞式两种，膜片式制动气室结构简单，但膜片寿命较短，行程较小，蹄鼓间隙稍有变化即需调整。活塞式制动气室不存在上述问题，但结构较复杂，成本较高，多用于重型汽车。

解放 CA1092 型汽车和东风 EQ1092 型汽车均采用膜片式制动气室。图 12.23 所示为东风 EQ1092 型汽车的制动气室。橡胶膜片的周缘用卡箍夹紧在壳体和盖的凸缘之间。盖与膜片之间为工作腔，借橡胶软管与制动控制阀接出的钢管连通，膜片与壳体组成的右腔则通大气。弹簧通过焊接在推杆上的支承盘将膜片推到图示的左极限位置。推杆的外端借连接叉与制动器的制动臂相连。

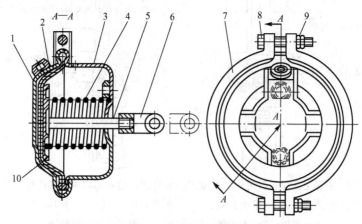

图 12.23 东风 EQ1092 型汽车膜片式制动气室

1—橡胶膜片；2—盖；3—壳体；4—弹簧；5—推杆；6—连接叉；
7—卡箍；8—螺栓；9—螺母；10—支承盘

踩下制动踏板时，压缩空气自制动控制阀充入制动气室工作腔，使膜片拱曲，制动调整臂和制动凸轮转动而实现制动。放开制动踏板，工作腔中的压缩阀的排气口排入大气，膜片与推杆均在弹簧作用下回位，从而解除制动。

12.4 制动力调节装置

如前所述，制动力 F_B 的最大值受车轮与路面间的附着力 F_ϕ 的限制，即

$$F_B \leqslant F_\phi = F_z \phi$$

式中：F_z——车轮对路面的垂直载荷；

ϕ——轮胎与路面间的附着系数。

当 F_B 一旦达到 F_ϕ 时，车轮便停止转动被抱死。车轮一旦抱死便会失去抗侧滑的能力。前轮抱死而后轮滚动时，会使汽车失去操纵性能，无法转向；如后轮抱死而前轮滚动时，会使汽车侧滑而发生甩尾的危险，造成极为严重的后果。因此，要使汽车既能得到尽可能大的制动力，又能保持行驶方向的稳定性，就必须使汽车前后轮同时达到抱死的边缘。其同步的条件是前后车轮制动力之比等于前后车轮对路面垂直载荷之比。但在制动过程中，随着装载量的不同和汽车制动时减速度引起载荷的转移不同，汽车前后车轮的实际垂直载荷比是变化的。另外，轮胎气压、胎面花纹磨损状况不同使得前后车轮的附着系数也不同，因此很难使汽车前后轮都获得最理想的制动力。一些汽车主要是采用各种压力调节装置，来调节前后轮制动器的输入压力，以改变前后轮制动力分配，使之接近理想分配以获得尽可能高的制动性能。

目前制动力调节装置的类型很多，有限压阀、比例阀、感载阀和惯性阀等，它们一般都是串联在后促动管路中，但也有的是串联在前促动管路中。制动力调节的最佳装置是制动防抱死装置，它可使前后促动管路压力的实际分配特性曲线更接近于相应的理想分配特性曲线。

12.4.1 限压阀和比例阀

1. 限压阀

限压阀是一种最简单的压力调节阀，串联于液压或气压制动系的后制动管路中。其作用是当前、后制动管路压力 p_1 和 p_2 由零同步增长到一定值后，即自动将 p_2 限制在该值不变，防止后轮抱死。

图 12.24(a)为液压式限压阀结构图。阀体上有 3 个孔口，A 口与制动主缸连通，B 口分别与两个后轮制动器制动轮缸相连。阀体 1 内部有滑阀 3 和弹簧 2，滑阀被弹簧顶靠在阀体内左端位置。轻踩制动踏板时，制动主缸产生一定的油压 p_1，滑阀左端面推力为 $p_1 a$（a 为滑阀左端有效面积），滑阀右端面受弹簧力 F 作用，此时，由于 $F > p_1 a$，因而滑阀不动，所以 $p_2 = p_1$，限压阀尚不起限压作用。当踏板压力增加，p_2 与 p_1 同步增长到一定值 p_s 后(开始限压的油压)，滑阀左端压力超过右端弹簧的预紧力，即 $p_s a > F$，于是滑阀向右移动，关闭 A 腔与 B 腔的通路。此后，p_1 再增高，p_2 也不再增高，其特性曲线如图 12.24(b)所示。限压点 p_s 仅取决于限压阀的结构，而与汽车的轴载质量无关。

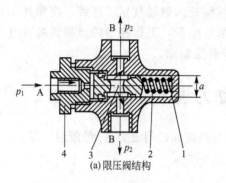
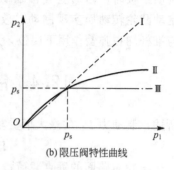

(a) 限压阀结构　　　　　　　(b) 限压阀特性曲线

图 12.24　液压式限压阀及其特性曲线

1—阀体；2—弹簧；3—滑阀；4—接头

Ⅰ—无阀时压力分配特性；Ⅱ—理想压力分配特性；

Ⅲ—采用限压阀时压力分配特性

2. 比例阀

比例阀与限压阀的区别在于油压达到 p_s 以后，输出与输入的油压按一定比例增加，使实际油压分配曲线与理想曲线更为接近。

比例阀的结构如图 12.25(a)所示。不工作时，弹簧 3 将活塞 2 推靠到上极限位置，使阀门 1 处于开启状态。轻微制动时，输出压力 p_2 可随输入控制压力 p_1 从零同步增长，即 $p_2 = p_1$。但是压力 p_1 的作用面积为 $A_1 = \pi(D^2 - d^2)/4$，压力 p_2 的作用面积为 $A_2 = \pi D^2/4$，因为 $A_2 > A_1$，故活塞上方的油压作用力大于活塞下方的油压作用力，并且随着输入压力的增加，两者的差值将越来越大。当活塞上、下两端油压作用力之差超过弹簧 3 的预紧力时，活塞便开始下移，当 p_1 和 p_2 同步增长到 p_S 时，阀门 1 被活塞关闭，进油腔与出油腔隔绝。此为比例阀的平衡状态。当踏板力增大时，p_1 进一步提高，活塞将回升，阀门又重新开启，油液继续流入出油腔，使 p_2 也升高，但由于 $A_2 > A_1$，p_2 尚未增长到 p_1 值时活塞又下落到平衡位置。在任意平衡状态下的平衡方程为

$$p_2 A_2 = p_1 A_1 + F$$

因此
$$p_2 = p_1 A_1/A_2 + F/A_2$$

式中：F 为平衡状态下的弹簧作用力。

由于斜率 $A_1/A_2 < 1$，所以 p_2 的增量小于 p_1 的增量，图 12.25(b)中的折线 OAB 为装用比例阀以后的实际管路压力分配特性线，它更接近于理想分配曲线。

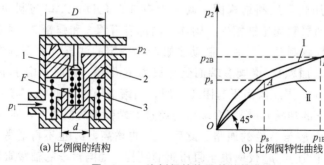

(a) 比例阀的结构　　　　　　(b) 比例阀特性曲线

图 12.25　比例阀结构及其特性曲线

12.4.2 感载阀

有的汽车(特别是中、重型货车)在实际装载质量不同时,其总重力和重心位置变化较大,因而满载和空载下的理想促动管路压力分配特性曲线差距也较大。在此情况下,采用一般的特性线不变的制动力调节装置已不能保证汽车制动性能符合法规要求,故有必要采用其特性可随汽车实际装载质量变化而改变的感载阀。液压系统用的感载阀有感载限压阀和感载比例阀两类。

1. 感载比例阀

当汽车实际装载质量(乘客)不同时,其总质量和质心位置变化较大,因而满载和空载下的理想油压分配及特性曲线差距也较大。一般在非满载、总质量较小时,理想曲线要下移。此时,采用一般的比例阀就不能适应载荷变化对制动力分配作相应变化的要求。故有必要采用其特性随汽车实际装载质量改变而改变的感载比例阀。

图 12.26 所示为一种液压感载比例阀的结构及特性曲线。阀体 3 安装在车身上,活塞 4 右端的空腔内有阀门 2。杠杆 5 的一端由感载拉力弹簧 6 与后悬架连接,另一端压在活塞 4 上。满载时,感载比例阀特性线为 OA_1B_1,而在空载时,感载比例阀的调节作用起始点自动改为 A_2,使特性线变为 OA_2B_2。但两条特性线的斜率是相等的。这种变化是渐近的,即在实际装载质量为任意值时,都有一条与之相应的特性线,调节作用起始点的控制压力 p_s 值取决于感载比例阀的活塞弹簧预紧力。因此,只要使弹簧预紧力随汽车实际载荷的变化而变化,便能实现感载调节。

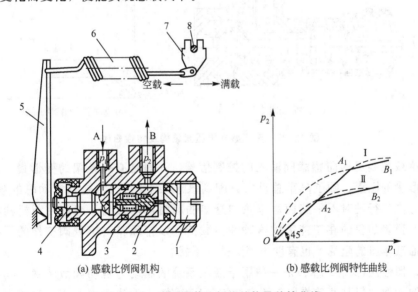

图 12.26 液压感载比例阀结构及特性曲线
1—螺塞;2—阀门;3—阀体;4—活塞;5—杠杆;6—感载
拉力弹簧;7—摇臂;8—后悬架横向稳定杆;
Ⅰ—满载理想特性;Ⅱ—空载理想特性

不制动时,活塞 4 在感载拉力弹簧 6 通过杠杆 5 施加的推力 F 的作用下处于右端极限位置。阀门2右端杆部顶触螺塞1而处于开启状态。

制动时,具有压力 p_1 的来自制动主缸的制动液由进油孔 A 进入,并通过阀门从出油口 B 输出到后制动管路。此时的输出压力 $p_2=p_1$。由于活塞右端承压面积大于左端承压面积,所以活塞将不断地向左移动,最后将阀门关闭达到某一平衡状态。此后 p_2 的增量将小于 p_1 的增量。

这种感载比例阀的特点是作用于活塞上的轴向力 F 是可变的。当汽车装载质量增加时,后悬架载荷也增加,因而后轮向车身移近,后悬架横向稳定杆8便带动摇臂7转过一个角度,将感载拉力弹簧6进一步拉伸。这样,作用于活塞上的推力 F 便增大。反之,汽车装载质量减小时,推力 F 也减小。因此,调节作用起始点控制压力值 p_1 就随汽车的实际装载质量的变化而变化。

2. 感载限压阀

图 12.27 所示为一种液压感载限压阀的结构及特性曲线。由图 12.27 可见,弹簧力 F 与弹簧压缩量有关,从而与推杆行程有关,并可由感载控制机构控制。满载时,感载限压阀特性线为 OA_1B_1,而在空载时,感载比例阀的调节作用起始点自动改为 A_2,使特性线变为 OA_2B_2。但两条特性线的斜率是相等的。这种变化是渐近的。即在实际装载质量为任意值时,都有一条与之相应的特性线,调节作用起始点的控制压力值取决于感载比例阀的活塞弹簧预紧力。因此,只要使弹簧预紧力随汽车实际载荷的变化而变化,便能实现感载调节。

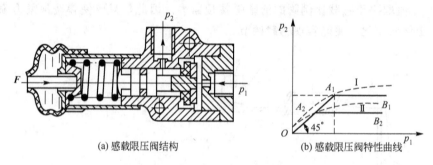

(a) 感载限压阀结构　　(b) 感载限压阀特性曲线

图 12.27　液压感载限压阀结构及特性曲线

通过感载控制机构向感载阀输入的控制信号,一般是有关悬架的变形量。然而,影响悬架变形量的因素,除了汽车总重力分配到该悬架上的载荷(包括制动时的载荷转移)以外,还有汽车行驶时不平路面对车轮和悬架的瞬时冲击载荷。感载控制机构中设置能容量较大的弹簧的目的在于能吸收这种冲击载荷,以排除其对感载阀工作的干扰。液压感载阀中油液本身的阻尼,也有助于消除这一干扰。

此外,惯性阀(又称 G 阀)是一种用于液压系统的制动力自动调节装置,其特性曲线与感载阀的相似,但其调节作用起始点的控制压力值 p_s 取决于汽车制动时作用在汽车重心上的惯性力,即 p_s 不仅与汽车总质量(或实际装载质量)有关,并且与汽车制动减速度有关。惯性阀也分为惯性限压阀与惯性比例阀两类。

另外,不少前盘后鼓式混合制动系统的汽车,在主缸和轮缸之间装有多功能复合阀,使改善制动性能的结构,步入一元化的轨道。例如,一种节流、报警、比例分配三功能复合阀,它是由节流阀、报警阀和比例阀组成。

12.5 制动助力器

为了提高汽车的制动效能，减轻驾驶人的劳动强度，采用液压制动传动机构的汽车多数装有制动助力装置。根据制动助力装置的力源不同可分为真空助力器和液压助力器两种。

12.5.1 真空助力器

图12.28所示为一汽奥迪100型轿车的真空助力伺服（直接操纵真空伺服）制动系统示意图。它采用的是对角线布置的双回路液压制动系统，即左前轮缸与右后轮缸为一液压回路，右前轮缸与左后轮缸为另一液压回路。串列双腔制动主缸4的前腔通往左前轮盘式制动器的轮缸11，并经感载比例阀9，通向右后轮鼓式制动器的轮缸13。主缸4的后腔通往右前轮盘式制动器的轮缸12，并经感载比例阀通向左后轮鼓式制动器的轮缸10。制动主缸4即直接装在真空伺服的气室前端，真空单向阀8直接装在伺服气室上。真空伺服气室工作时产生的推力，也同踏板力一样直接作用在制动主缸4的活塞推杆上。真空伺服气室3和控制阀2组合成一个整体部件，即为真空助力器。

真空助力器是利用真空能（负气压能）对制动踏板进行助力的装置，由踏板机构直接操纵。一汽奥迪100型轿车的制动系统真空助力器的外形如图12.29所示，通过螺栓将其固定在驾驶室仪表板下方。其结构与工作原理如图12.30所示。真空助力器主要由真空伺服气室和控制阀两部分组成。真空伺服气室由前、后壳体1和19组成，其间夹装有伺服气室膜片20，将伺服气室分成前、后两腔。前腔经真空单向阀通向发动机进气歧管（即真空源），后腔膜片座8的毂筒中装有控制阀6，控制阀由空气阀10和真空阀9组成。空气阀

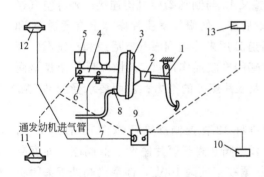

图12.28 一汽奥迪100型轿车的真空助力伺服制动系统示意图

1—制动踏板机构；2—控制阀；3—真空伺服气室；4—制动主缸；5—储液罐；6—制动信号灯液压开关；7—真空供能管路；8—真空单向阀；9—感载比例阀；10—左后轮缸；11—左前轮缸；12—右前轮缸；13—右后轮缸

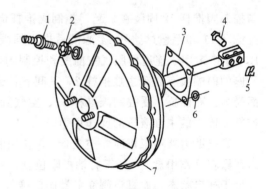

图12.29 一汽奥迪100型轿车的制动系统真空助力器的外形

1—真空管接头；2—密封圈；3—垫片；4—销；5—锁片；6—螺母；7—本体

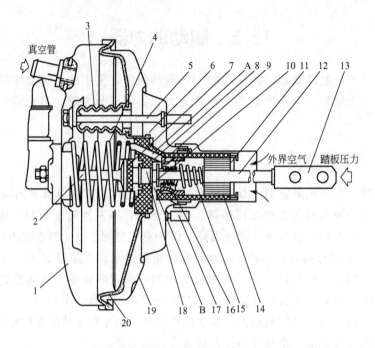

图 12.30 真空助力器的结构与工作原理图
1—伺服气室前壳体；2—制动主缸推杆；3—导向螺栓密封圈；4—膜片回位弹簧；5—导向螺栓；6—控制阀；7—橡胶反作用盘；8—膜片座；9—真空阀；10—空气阀；11—过滤环；12—控制阀推杆；13—调整叉；14—毛毡过滤环；15—控制阀推杆弹簧；16—阀门弹簧；17—螺栓；18—控制阀柱塞；19—伺服气室后壳体；20—伺服气室膜片

与控制阀推杆 12 固装在一起，控制阀推杆借调整叉 13 与制动踏板机构连接。外界空气经过滤环 11 和毛毡过滤环 14 滤清后进入伺服气室后腔。伺服气室膜片座 8 上有通道 A 和 B，通道 A 用于连通伺服气室前腔和控制阀，通道 B 用来连通伺服气室后腔和控制阀。膜片座的前端装有制动主缸推杆 2，其间有传递脚感的橡胶反作用盘 7。橡胶反作用盘是两面受力：右面要承受控制阀推杆 12、空气阀 10 及膜片座 8 的推力；左面要承受制动主缸推杆 2 传来的主缸液压的反作用力。

真空助力器不工作时，空气阀 10 和控制阀推杆 12 在控制阀推杆弹簧 15 的作用下，离开橡胶反作用盘 7，处于右端极限位置，并使真空阀 9 离开膜片座 8 上的阀座，即真空阀处于开启状态。而真空阀 9 又被阀门弹簧 16 压紧在空气阀 10 上，即空气阀处于关闭状态。此时，伺服气室的前后两腔互相连通，并与大气隔绝。在发动机工作时，两腔内都产生一定的真空度。

制动时，踩下制动踏板，来自踏板机构的控制力推动控制阀推杆 12 和控制阀柱塞 18 向前移动，首先消除柱塞与橡胶反作用盘 7 之间的间隙后，再继续推动制动主缸推杆 2，主缸内的制动液以一定压力流入制动轮缸，此力为驾驶人踏板所给。与此同时，在阀门弹簧 16 的作用下，真空阀 9 也随之向前移动，直到压靠在膜片座 8 的阀座上，从而使通道 A 与通道 B 隔绝，即伺服气室的后腔同前腔（真空源）隔绝。进而空气阀 10 离开真空阀

9而开启。空气经过滤环11、毛毡过滤环14、空气阀的开口和通道B充入伺服气室后腔。随着空气的进入，在伺服气室膜片的两侧出现压力差而产生推力，此推力通过膜片座8、橡胶反作用盘7，推动制动主缸推杆2向前移动，此力为压力差所供给。此时，制动主缸推杆2上的作用力应为踏板力和伺服气室反作用盘推力的总和，但后者较前者大很多，使制动主缸输出的压力成倍地增高。

解除制动时，控制阀推杆弹簧15即将控制阀推杆12和空气阀10推向右移，使真空阀9离开膜片座8上的阀座，真空阀开启，伺服气室前、后两腔相通，均为真空状态。膜片座和膜片在膜片回位弹簧4的作用下回位，制动主缸即解除制动作用。

若真空助力器失效或真空管路无真空度时，控制阀推杆12将通过空气阀10直接推动膜片座和制动主缸推杆2移动，使制动主缸产生制动压力，但加在制动踏板上的力要增大。

12.5.2 液压助力器

在组合液压系统中，其助力装置都采用液压助力器。

一汽奥迪100型轿车选装的组合液压系统中的液压助力器如图12.31所示，由助力器壳体1、控制套4、控制柱塞6、压紧活塞5和弹簧3等组成。

当施行部分制动时，踩下制动踏板，控制柱塞6向左移动，打开控制套4上的液压油入口，同时，关闭控制柱塞左端与推杆2之间的回油口。这样在压力腔内建立起了油压，推动控制套向左移动，直到进油口被关闭为止。作用在控制套上的油压力通过推杆传到制动主缸上，帮助驾驶人进行制动。当制动踏板作用力增加时，这个过程将重复进行。

全制动时，制动踏板压杆上的作用力大于13MPa时，控制套入口保持全部打开。因为在制动踏板压杆上的脚压力比控制套上的油压力效果大，此时对制动无助力作用。

当踏板作用力较小时，控制柱塞和控制套在弹簧3的作用下向右移动，关闭控制套入口，而回油口被打开，液压助力器右腔预先吸入的油液通过回油口流回储油罐。

解除制动时，制动踏板回位，液压助力器所需的全部液体流回储油罐。控制柱塞在弹簧的作用下，将控制套压到最右侧并将进油口关闭，制动作用解除。

液压助力器体积小，制动速度快，助力效果好，具有较高的伺服切断点（图12.32），即液压助力器甚至在最高压力下也起助力作用。

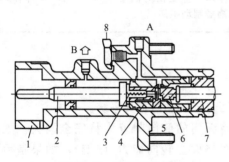

图12.31 液压助力器
1—助力器壳体；2—推杆；3—弹簧；4—控制套；5—压紧活塞；6—控制柱塞；7—踏板压杆；8—压力开关；A—进油口；B—回油口

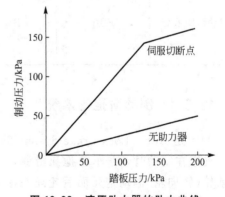

图12.32 液压助力器的助力曲线

此液压助力器的助力系数为 5,即在任何给定的制动压力下,驾驶人只需在踏板上施加 1/5 的力即可。

12.6 汽车主动安全系统

随着科技水平的不断进步,当今汽车的安全性也越来越高。尽管预紧式安全带、安全气囊、缓冲式保险杠、安全转向柱等,在车辆发生事故时都可以有效地保护驾驶人和乘客,但这些被动型的技术却仍然无法避免事故的发生。因此,汽车安全的关键是为防止发生意外事故而采用的主动安全技术,比如 ABS、EBD、EDL、ASR、ESP、BAS 等,见表 12-1。

表 12-1 汽车主动安全系统简介

电子系统名称	德文缩写	英文缩写	功能作用
制动防抱死系统	ABS	ABS	在制动中阻止车轮发生抱死,并保持良好的行驶稳定性
驱动防滑系统	ASR	TCS	对打滑驱动轮施加制动,并降低发动机转矩,阻止驱动轮空转
电子制动力分配	EBV	EBD	ABS 的辅助功能,在 ABS 起作用前,自动调节前、后轴的制动力分配比例
电子差速锁	EDS	EDL	通过对空转车轮施加制动,防止起步和低速时打滑
电子车身稳定装置	ESP	ESP	通过对制动和发动机管理系统施加相应的调整,来阻止车辆的滑移
制动辅助系统	EBA	BAS	利用传感器感应制动踏板踩踏的力度与速度大小,判断如果属于非常紧急的制动,BAS 指示产生更高的制动油压使 ABS 发挥作用,缩短制动距离

12.6.1 制动防抱死系统

ABS 是 Anti-Lock Brake System 的英文缩写,即制动防抱死系统。

汽车在制动时,若车轮抱死滑移,车轮与路面间的侧向附着力将完全消失。如果是前轮(转向轮)制动抱死而后轮还在滚动,汽车将失去转向能力(跑偏);如果是后轮制动抱死而前轮还在滚动,汽车将产生侧滑(甩尾)现象。这些都极易造成严重的交通事故。

如前所述制动力 F_B 最大值不能超过地面附着力 F_φ($F_B \leqslant F_\varphi = F_z\varphi$),当车轮对路面的垂直载荷 F_z 一定时,地面制动力的最大值取决于轮胎与地面间的附着系数 φ,而附着系

数 ϕ 与车轮相对地面的滑移率有关。图 12.33 所示为轮胎滑移率 S 与路面附着系数 ϕ 的关系曲线。

滑移率 S 是指车轮运动中滑移成分所占的比例，可按下式计算：

$$S=(v-r\omega)/v\times 100\%$$

式中：v——车速；
  r——车轮半径；
  ω——车轮角速度。

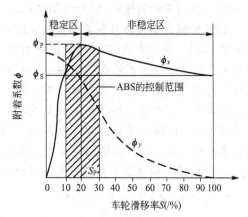

图 12.33 ϕ-S 曲线

S—车轮滑移率；ϕ—附着系数；ϕ_x—纵向附着系数；
ϕ_y—横向附着系数；ϕ_p—峰值附着系数；
S_p—附着系数最大时的滑移率；ϕ_s—车轮抱死时纵向滑动附着系数

由上式可知：当车轮纯滚动时 $S=0\%$，当车轮纯滑动式（制动抱死）时 $S=100\%$，当车轮边滚边滑时 $0<S<100\%$。

当汽车车轮的滑动率在 $10\%\sim 30\%$ 时，轮胎与路面间的纵向和横向附着系数较大。因此理想的制动过程应该是：当汽车制动时，将车轮滑移率 S 控制在 20% 附近，既能使汽车获得较高的制动效能，又可以保证汽车在制动时的方向稳定性。

1. ABS 的类型及组成

ABS 通常是在传统制动系统的基础上增加了电子控制单元（ABS ECU）、轮速传感器、制动压力调节器三部分，如图 12.34 所示。在汽车的每个车轮上各安装了一个车轮转速传感器，将各个车轮的转速信号输入给 ECU，ECU 根据各车轮转速传感器输入的信号对各个车轮的运动状况进行分析判断，并产生相应的控制指令，发送给制动压力调节器（ABS 执行器），由制动压力调节器对各制动轮缸的制动压力进行调节，将车轮滑移率 S 控制在 20% 附近。

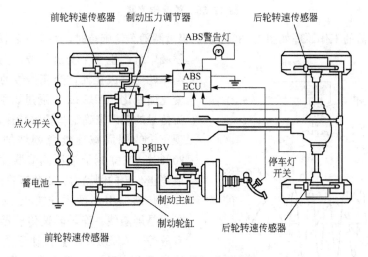

图 12.34 ABS 的组成及布置

ABS 按照产生制动压力动力源的不同，可分为液压式 ABS、气压式 ABS、气液混合式 ABS。在轿车中液压式 ABS 应用最广泛,这里主要介绍液压式 ABS。

ABS 按制动液压调节装置和制动主缸的相对位置关系的不同,可分为分离式 ABS 和整体式 ABS。分离式 ABS 的特点是压力调节装置和制动主缸各自独立,通过制动管路与制动主缸和制动助力器相连,如图 12.34 所示。整体式 ABS 的特点是将制动压力调节装置与制动主缸或制动助力器构成一个整体。

ABS 按照控制方式的不同,可分为独立控制和一同控制。在 ABS 中,能够独立进行制动压力调节的制动管路称为控制通道。独立控制方式指一条控制通道只控制一个车轮的方式,而一同控制方式则为一条控制通道同时控制多个车轮的方式。

ABS 按照控制通道数目的不同,可分为四通道式、三通道式、二通道式和一通道式。

2. ABS 主要部件的结构原理

1) 车轮转速传感器

车轮转速传感器又称轮速传感器,用来测量车轮转速并将信号提供给 ABS ECU。大多采用电磁式轮速传感器。

轮速传感器在每个车轮上安装一个,一般由磁感应传感头与齿圈组成,如图 12.35 所示。传感头是一个静止部件,通常由永久磁铁、电磁线圈和磁极等构成,安装在每个车轮的托架上;齿圈是一个运动部件,一般安装在轮毂上或轮轴上与车轮一起旋转。

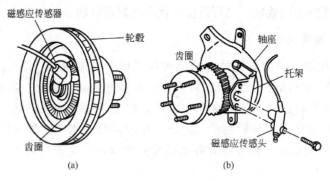

图 12.35 轮速传感器

轮速传感器的工作原理如图 12.36 所示。当齿圈随车轮旋转时,在永久磁铁上的电磁感应线圈中就产生一个交流信号,交流信号的频率与车轮速度成正比,交流信号的振幅随轮速的变化而变化。ABS ECU 通过识别传感器发来交流信号的频率来确定车轮的转速,如果 ECU 发现车轮的圆周减速度急剧增加,滑移率达到 20% 时,它立刻给液压调节器发出指令,减小或停止车轮的制动力,以免车轮抱死。

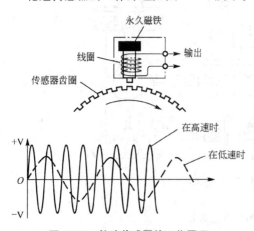

图 12.36 轮速传感器的工作原理
1—线圈;2—磁铁;3—磁极;4—磁通;5—齿圈

传感器引出两根线接入 ECU,这两根线必须是屏蔽线。车轮转速传感器或其线路如果有故障,ABS ECU 会自动记录故障,点亮故障指示灯,显示 ABS 存在故障需要诊断排除。ABS 存在故障时普通制动系统可以继续工作。

2) 制动压力调节器

采用不同形式的 ABS，制动压力调节器也有多种形式。制动压力调节器大体分为真空式、液压式、机械式、空气式、空气液压加力式等，其中液压式应用最为广泛。

在液压式制动系统中，制动压力调节器一般串联在制动主缸和制动轮缸之间，主要由供能装置(液压泵、储液器等)、蓄压器(部分车型有)、电磁阀等组成。其工作原理是通过电磁阀直接或间接地控制制动轮缸压力。通常把直接控制制动压力的形式称为循环式，把间接控制制动压力的形式称为可变容积式。

3. ABS 的工作过程

1) 丰田车系 ABS 的工作过程

图 12.34 所示为丰田车系 ABS 的组成图，ABS 液压系统如图 12.37 所示。该液压系统采用四传感器三通道，前轮独立控制，后轮一同控制方式。制动压力调节器(ABS 执行器)为循环式，由液压油泵、储油罐及 3 个三位三通电磁阀等组成。

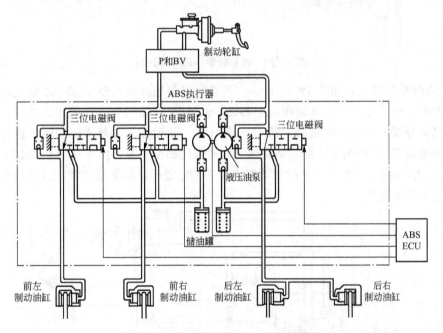

图 12.37 丰田车系的 ABS 液压系统图

下面以前轮为例，讲解 ABS 系统的工作过程。

(1) 常规制动(ABS 不工作)。如图 12.38 所示，在常规制动中 ABS 不工作，ABS ECU 没有电流送至电磁线圈。此时，回位弹簧将三位电磁阀推下，A 孔保持打开，B 孔保持关闭。当踩下制动踏板时，制动总泵液压上升，制动液从三位电磁阀内的 A 孔流至 C 孔，送至盘式制动分泵。位于泵油路中的 1 号单向阀阻止制动液流进泵内。

当松开制动踏板时，制动液从盘式制动分泵，经三位电磁阀内的 C 孔流至 A 孔和 3 号单向阀，流回制动总泵。

(2) 紧急制动(ABS 工作)。在紧急制动中，当任何一个车轮被抱死时，ABS 执行器根据来自 ECU 的信号，控制作用在车轮上的制动液压力，阻止车轮抱死。ABS 会按以下 3 种模式工作。

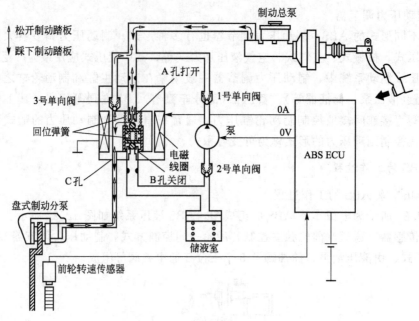

图 12.38 常规制动(ABS 不工作)

"压力降低"模式,如图 12.39 所示,当车轮将要抱死时,ECU 将 5A 电流送至电磁线圈,产生一强磁力。三位电磁阀向上移动,A 孔随 B 孔的打开而关闭。结果,制动液从盘式制动分泵流经三位电磁阀内的 C 孔至 B 孔,从而流入储液室。同时,执行器泵的电动机由来自 ECU 的信号接通,制动液从储液室送回至总泵。由于 A 孔(此时关闭)以及 1 号和 3 号单向阀阻止来自总泵的制动液流入三位电磁阀,结果盘式制动分泵内的液压降低,阻止车轮被抱死。

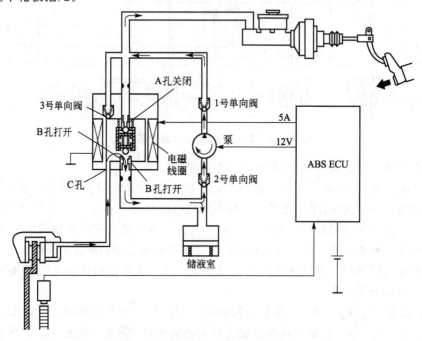

图 12.39 ABS"压力降低"模式

"压力保持"模式,如图 12.40 所示,随着盘式制动分泵内压力的降低或提高,车轮转速传感器传送一个信号,表示转速达到目标值,于是,ECU 供应 2A 电流至电磁线圈,将盘式制动分泵内的压力保持在该值。

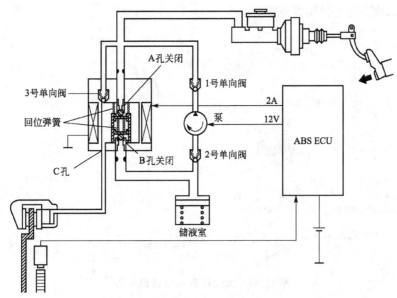

图 12.40 ABS "压力保持" 模式

当提供给电磁线圈的电流从 5A(在压力降低模式)降至 2A(在保持模式)时,在电磁线圈内产生的磁力也减小。于是回位弹簧的弹力将三位电磁阀向下推至中间位置,将 B 孔关闭。

"压力提高"模式,如图 12.41 所示,当盘式制动分泵内的压力需要提高,以施加更大的制动力时,ECU 停止传送电流至电磁线圈,三位电磁阀的 A 孔打开,B 孔关闭。从而使制动总泵内制动液从三位电磁阀内的 C 孔流至盘式制动分泵。

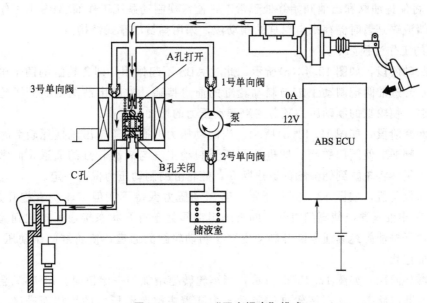

图 12.41 ABS "压力提高" 模式

2) 大众车系 ABS 的工作过程

图 12.42 所示为大众车系 ABS 的组成图。该系统采用四传感器四通道，前轮独立控制、后轮独立控制方式。制动压力调节器（ABS 液压控制单元）为循环式，由液压泵、储液罐及 8 个二位二通电磁阀等组成。

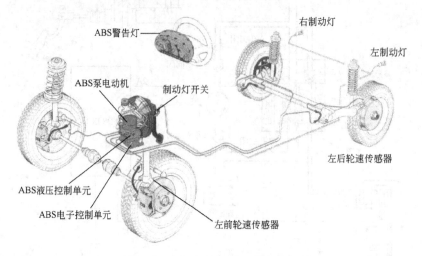

图 12.42　大众车系 ABS 的组成图

电动液压泵将在制动减压阶段流入低压储液罐的制动液及时送回制动主缸，同时在制动增压阶段从低压储液罐中吸取剩余制动液，泵入制动循环系统，增加制动效能。液压泵采用柱塞式结构，由 ECU 控制的直流电动机驱动。

液压控制单元内包含 8 个二位二通电磁阀，每两个电磁阀控制一个车轮。两个电磁阀中其中一个是常开进油阀，另一个是常闭出油阀。它们在制动主缸和轮缸之间建立联系，使制动油液在制动主缸、轮缸以及专门设置的低压储液罐中循环流动。如果 ABS 出现故障，ECU 将使进油阀和出油阀始终处于常态，使常规制动系统工作而 ABS 不工作。

低压储液罐是暂时储存来自轮缸的制动液，采用弹簧活塞式结构。

ABS 的工作过程如下。

常规制动阶段，如图 12.43(a) 所示，此时 ABS 不起作用，即各轮缸的两个电磁阀均不通电。常开进油阀把制动主缸与制动轮缸的通道接通，常闭出油阀则断开了轮缸到储液罐的通道，使轮缸的制动压力随着主缸制动压力的增加而升高。

油压保持阶段，如图 12.43(b) 所示，当制动压力升高到车轮出现抱死趋势时，ECU 给常开进油阀通电使阀门关闭，即进油阀断开制动主缸与制动轮缸的通道，而常闭出油阀因无电压仍然将轮缸到储液罐的通道断开，使轮缸的制动压力保持一定。

油压降低阶段，如图 12.43(c) 所示，若制动压力保持不变但车轮仍有抱死趋势时，ECU 给常闭出油阀通电使阀门打开，即常闭出油阀处于打开状态接通了轮缸到储液罐的通道，而常开进油阀继续通电断开制动主缸与制动轮缸的通道，使轮缸的制动压力减小，防止该轮缸抱死。

油压增加阶段，如图 12.43(d) 所示，当车轮转速增加到一定值时，ECU 又会使两个电磁阀处于断电状态，从而使轮缸的制动压力随着主缸制动压力的增加而升高。如此循环控制，使各车轮的滑移率保持在最佳状态。

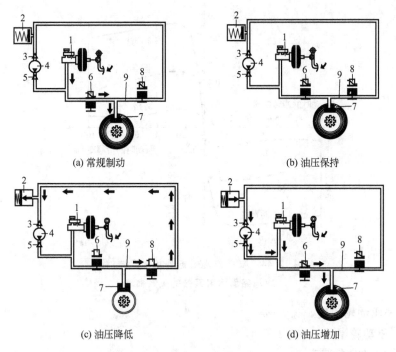

图 12.43 大众车系 ABS 的工作过程

1—制动主缸；2—储液罐；3—吸入阀；4—液压泵；5—压力阀；
6—进油阀；7—轮缸；8—出油阀；9—油路

12.6.2 驱动防滑系统

汽车驱动防滑系统(Anti‐Slip Regulation，ASR)是 ABS 的延伸，它是通过调节驱动车轮的驱动力而对驱动车轮的滑转进行控制的一套电子控制装置。有些车系上将其称为牵引力控制系统(Traction Control System，TCS 或 TRC)。

ASR 可以通过减小节气门开度来降低发动机功率或者由制动器控制驱动轮打滑来达到目的，装有 ASR 的汽车综合这两种方法来工作，也就是 ABS/ASR。ASR 的作用是当汽车加速时将滑动控制在一定的范围内，从而防止驱动轮快速滑动。它的功能：一是提高牵引力；二是保持汽车的行驶稳定性。

ABS 在制动过程中能够随时监控车轮滑移程度，自动调节作用在车轮的制动力矩，以防止车轮抱死拖滑。与此相似，汽车在加速或起步时，若驱动力大于地面附着力时，有可能会发生"滑转"现象，即车轮转动而车身不动(车轮空转)，此时车轮胎面与地面之间就有相对的滑动。驱动车轮的滑转，同样会使车轮与地面的附着力下降。纵向附着力下降，会使汽车不能充分发挥驱动力的作用，而横向附着力的下降又会使汽车在起步、加速及在溜滑路面上行驶时的稳定性下降。图 12.44 所示为 ASR 和 ABS 起作用时滑转(移)率与路面附着系数的关系曲线。

通常用滑转率 S_z 来表示汽车驱动时车轮滑转的程度，驱动轮滑转率可按下式计算：

$$S_z = (v_q - v)/v_q \times 100\%$$

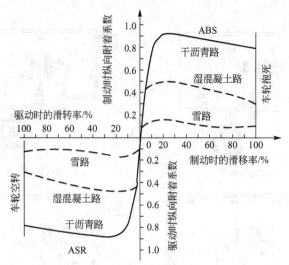

图 12.44 ASR 和 ABS 起作用时滑转(移)率与路面附着系数的关系曲线

式中：v_q——驱动轮速度，$v_q = r\omega$；

r——驱动轮半径；

ω——驱动轮角速度；

v——车速。

由上式可知：当驱动轮处于完全滑转(空转)时 $S_z = 100\%$；当驱动轮纯滚动时 $S_z = 0\%$。

1. ASR 的组成和控制方式

ASR(或 TRC)一般由电子控制单元(ABS 和 TRC ECU)、传感器、执行器三部分组成，如图 12.45 所示。轮速传感器将各个车轮的转速信号输入给 ECU，ECU 根据各轮速传感器信号计算驱动车轮滑转率，若滑转率超出目标范围，ECU 给执行器发出指令，控制车轮滑转。

驱动防滑控制系统对驱动轮的控制方式有发动机功率控制、制动力控制、差速器锁止控制和综合控制等，可分别通过调节发动机的输出功率、施加制动力、差速器的锁止控制等方式控制作用于驱动车轮的驱动力矩，使车轮的滑转率保持在最佳范围内。

(1) 发动机输出功率控制。通过限制发动机的功率输出，以达到抑制驱动轮空转的目的。当两侧驱动轮在附着条件相同的光滑路面上行驶，滑转率已达到其受控的门限值时，ECU 即开始进行发动机的功率控制。在控制过程中，发动机的输出功率、转速会自动降低。常用发动机功率控制方法有三种：一是节气门开度调节，即在发动机原节气门的基础上，串联一个副节气门，ECU 直接调节副节气门，或者对安装电子节气门的车辆，直接控制电子节气门的开度；二是减少或切断喷油量；三是减小点火提前角。

(2) 驱动轮制动控制。通过对单边滑转的驱动车轮施加适当的制动力，使两侧驱动轮同步转动并限制其滑转率。如果两侧驱动轮转速不同，快速侧车轮将被实施部分制动。

(3) 差速器锁止控制。利用一种电控的可变锁止差速器(又称防滑差速器)，在可变锁止差速器向车轮输出端设置离合器，用增减液压的方法来实现差速锁锁止控制。由 ECU 控制电磁阀调节锁止压力，并由压力传感器和驱动轮转速传感器反馈给 ECU 实行反馈控制。

第 12 章 汽车制动系统

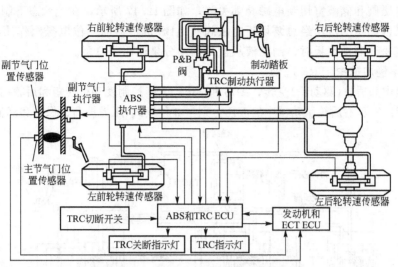

图 12.45　ASR(或 TRC)的组成及布置

(4) 发动机功率控制和制动力控制的综合控制。ECU 根据车轮转速传感器的信号对车辆的运行状况做出判断,使这两种控制装置分别工作或同时工作。

2．ASR 的工作过程

图 12.46 所示为丰田车系 ABS 和 TRC 液压系统。该系统采用四传感器四通道,前轮 ABS 独立控制,后轮(驱动轮)ABS 和 TRC 独立控制方式,其工作过程如下所述。

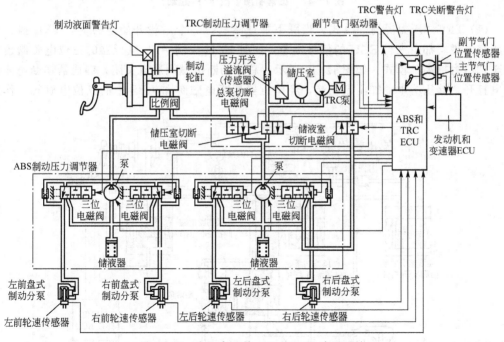

图 12.46　丰田车系的 ABS 和 TRC 液压系统

1) 在正常制动中(TRC 未起动)

当施加制动力时,TRC 制动执行器中所有电磁阀都断电,总泵切断电磁阀打开、储压器切断电磁阀和储液室切断电磁阀都关闭,如图 12.47 所示,在此状态下制动踏板被踩下时,总泵内产生的液压经总泵切断电磁阀和 ABS 执行器的三位电磁阀作用在盘式制动分泵上。当松开制动踏板时,制动液从盘式制动分泵流回到总泵。

2) 在车辆加速中(TRC 起动)

在加速中如后轮(驱动轮)空转,ABS 和 TRC ECU 控制发动机转矩和后轮的制动,以避免发生空转。左、右后轮制动器中的液压分别由 3 种模式(压力提高、保持和降低)控制。

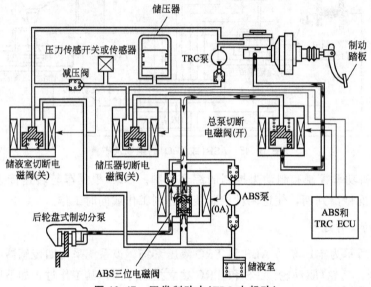

图 12.47 正常制动中(TRC 未起动)

(1) TRC "压力提高"模式。当踩下加速踏板,一个后轮开始空转时,TRC 执行器的所有电磁阀都由来自 ECU 的信号接通,同时 ECU 控制 ABS 执行器的三位电磁阀也转接至"压力提高"模式,如图 12.48 所示。总泵切断电磁阀通电关闭,储压器切断电磁阀通电打开。储压器中的加压制动液,经储压器切断电磁阀和 ABS 中的三位电磁阀,作用

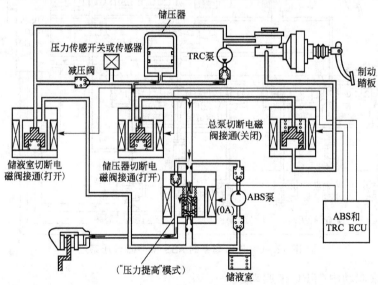

图 12.48 TRC "压力提高"模式

在盘式制动分泵上。当压力传感器检测到储压器中压力下降时，不论 TRC 如何工作，ECU 都接通 TRC 泵以提高液压。

（2）TRC"压力保持"模式。如图 12.49 所示，当后轮盘式制动分泵中的液压提高或降低到所需要的压力时，系统就切换至"压力保持"模式。总泵切断电磁阀通电关闭，储压器切断电磁阀通电打开，ABS 执行器的三位电磁阀切换到中间保压位置（图 12.40）。模式转换是由 ABS 执行器的三位电磁阀的切换完成，保持盘式制动分泵中的液压。

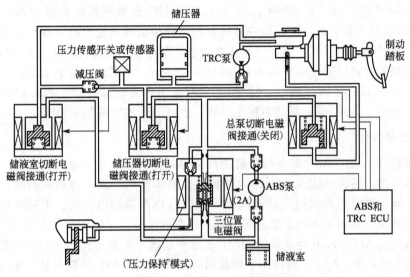

图 12.49 TRC"压力保持"模式

（3）TRC"压力降低"模式。如图 12.50 所示，当需要降低后轮盘式制动分泵中的液压时，总泵切断电磁阀通电关闭，储压器切断电磁阀通电打开，ABS 和 TRC ECU 将

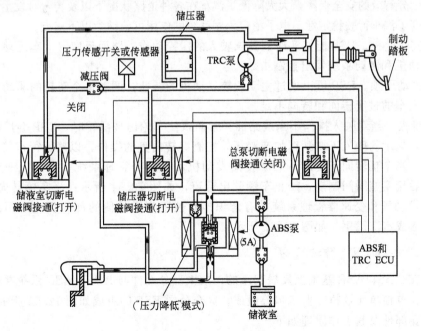

图 12.50 TRC"压力降低"模式

ABS 执行器的三位电磁阀转换至"压力降低"模式(图 12.39)。这就使盘式制动分泵中的液压,经 ABS 三位电磁阀和储液室切断电磁阀流回至总泵储液罐,导致液压降低。这时 ABS 执行器泵保持不工作。

12.6.3 电子车身稳定装置

电子车身稳定装置(Electronic Stabilization Program,ESP)综合了 ABS、制动辅助系统(Brake Assist System,BAS)和 ASR 的功能。ESP 最重要的特点是主动性,ESP 与 ABS 及 TCS 共同工作,可以使车辆在各种状况下保持最佳的稳定性,在转向过度或转向不足的情形下效果更加明显。博世公司称之为电子车身稳定装置(ESP),丰田公司称之为车辆稳定性控制装置(Vehicle Stability Control,VSC),本田公司称之为车辆稳定性辅助装置(Vehicle Stability Assistance,VSA),宝马公司称之为动态稳定控制装置(Dynamic Stability Control,DSC)等,虽然名称不一样,但其原理和作用基本相同。

1. ESP 的功能

ESP 主要在 ABS、ASR 的基础上解决汽车转向行驶时的方向稳定性问题。它能够根据驾驶人的意图、路面状况及汽车的运动状态控制车辆的运动,通过对制动、动力系统的干涉,在转向时修正转向过度或转向不足倾向以稳定车辆的行驶,消除车轮打滑,防止出现危险状况,从而更有效、更显著地提高汽车的操纵稳定性和行驶安全性。

ESP 集成了 ABS、ASR 等系统的功能,在各种情况下都能提高汽车行驶的稳定性,属于汽车主动安全系统。ABS 一般是在车辆制动时发挥作用,ASR 系统只是在车辆起步和加速行驶时发挥作用,而 ESP 系统则在整个行驶过程中始终处于工作状态,不停地监控车辆的行驶状态和观察驾驶人的操作意图,从而决定什么时候通过发动机控制系统主动地修正汽车的行驶方向,把汽车从危险的边缘拉回到安全的境地。ESP 系统为汽车提供了在紧急情况下的一个十分有效的安全保障,大大降低了汽车在各种道路状况下以及转弯时发生翻转的可能性,提高了汽车行驶稳定性。电子稳定程序系统的作用可归纳为以下三点。

(1) 实时监控。ESP 能够实时监控驾驶人的操控动作、路面反应、汽车运动状态,并不断向发动机和制动系统发出控制指令。

(2) 主动干预。ESP 可以通过主动调控发动机的转速,调整每个车轮的驱动力和制动力来修正汽车的过度转向和转向不足。

(3) 警报。当驾驶人操作不当或路面异常而致使车轮出现滑转时,ESP 会用警告灯警示驾驶人,提示驾驶人不要猛踩加速踏板,控制好转向盘的操作,以确保行车安全。

例如,当车辆转向不足时,ESP 使用发动机和变速器管理系统并有意识地对位于弯道内侧的后轮实施瞬间制动,防止车辆驶出弯道,如图 12.51 所示;当车辆转向过度时,ESP 使用发动机和变速器管理系统并有意识地对位于弯道外侧的前轮实施瞬间制动,防止离心力造成汽车甩尾,如图 12.52 所示。

2. ESP 的组成及工作过程

ESP 在 ABS、ASR 基础上发展起来的,故大部分元件与 ABS、ASR 系统共用,也是由传感器、电控单元及执行器三部分组成。大众公司 ESP 的组成如图 12.53 所示。

其主要部件及其工作原理如下。

(1) 转向角传感器。安装在转向柱上,位于转向开关与转向盘之间,该传感器检测并

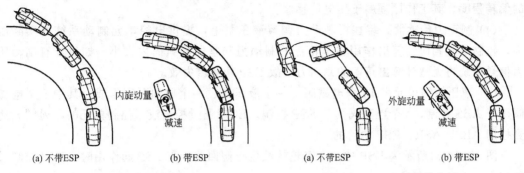

图 12.51　ESP 控制转向不足　　　　图 12.52　ESP 控制转向过度

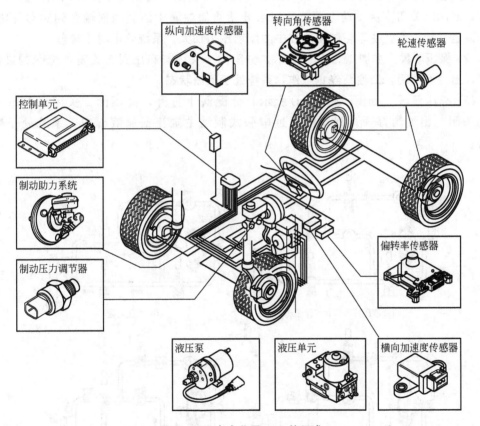

图 12.53　大众公司 ESP 的组成

向控制单元传送转向盘转动的角度信号。若无此信号,则车辆无法确定行驶方向,ESP 功能将失效。传感器测量的角度范围是±720°,属于光电传感器。

(2) 横向加速度传感器。应尽可能靠近车辆重心,所以安装在转向柱下方偏右侧前仪表板内。横向加速度传感器主要是以检测车辆沿垂直轴线发生转动的情况,并给控制单元提供转动速率的信号。当车绕垂直方向轴线偏转时,传感器内的输出信号发生变化,ECU 根据此计算横向加速度。如果无此信号,控制单元将无法计算出车辆的实际行驶状态,ESP 功能将失效,横向加速度传感器属于霍尔传感器。

(3) 偏转率传感器。一般尽可能将其安装在靠近汽车中心处,用于检测汽车沿垂直轴的偏转程度。其工作原理属于压电传感器。

（4）制动力传感器。装在行驶动力调节液压泵上，提供电控单元制动系统的实际压力，控制单元相应计算出作用在车轮上的制动力和整车的纵向力大小。如果没有制动压力信号系统将无法计算出正确的侧向力，故 ESP 功能将失效。

（5）液压控制单元由 12 个电磁阀、一个液压泵、一个回油泵等组成。其中 8 个电磁阀用于 ABS 控制，4 个电磁阀用于 ESP 控制。ECU 通过控制液压控制单元的电磁阀，达到控制 ABS、ASR、ESP 的目的。

图 12.54(a)所示为 ESP 中一个车轮的液压控制回路。当 ESP 起作用时，ESP 控制过程如下。

（1）增压阶段。如图 12.54(b)所示，分配阀 1 关闭，高压阀 2 打开，ABS 的进油阀打开，回油阀关闭。行驶动力调节液压泵开始将储油罐中的制动液输送到制动管路中，回油泵也开始工作，使车轮制动轮缸中的制动压力加大，系统处于增压状态。

（2）保压阶段。如图 12.54(c)所示，分配阀 1 关闭，高压阀 2 关闭，ABS 的进油阀关闭，出油阀关闭，回油泵停止工作，系统处于保压状态。

（3）减压阶段。如图 12.54(d)所示，分配阀 1 打开，高压阀 2 关闭，ABS 的进油阀关闭，出油阀打开。制动液通过串联式制动主缸流回储油罐中，系统处于减压状态。

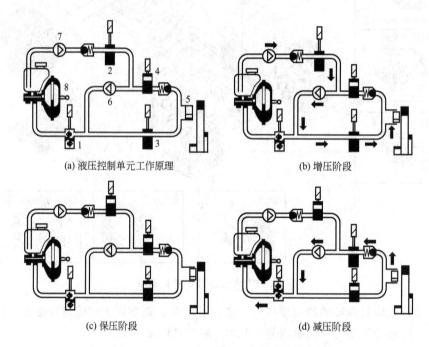

图 12.54　ESP 的液压控制回路及其工作过程

1—分配阀；2—高压阀；3—进油阀；4—回油阀；5—制动轮缸；
6—回油泵；7—动力液压泵；8—制动助力器

思考题

1. 试述制动系统的功用、组成及简单制动原理。
2. 传动系统如何分类?
3. 简述鼓式制动器的类型、结构及原理。
4. 简述盘式制动器的类型、结构及原理。
5. 简述驻车制动器的类型、结构及原理。
6. 简述液压制动系统的组成及制动过程。
7. 简述气压制动系统的组成及制动过程。
8. 制动力调节装置有哪些?各起何作用?
9. 简述真空助力器和液压助力器的结构特点及功用。
10. 简述 ABS 的组成、功用及工作过程。
11. 简述 ASR 的组成、功用及工作过程。
12. 简述 ESP 的组成、功用及工作过程。

第 13 章

汽车车身附属装置

教学提示

车身附属装置是安装于车身之上的附属设备,是保证驾驶人和乘员安全舒适的重要装置,包括车身外部附件及车身内饰件。由于车身附属装置是后续《汽车电器》课程的主要内容之一,所以本章简要介绍车身附属装置的类型及功用,不涉及各元件的结构及原理。

教学目标

了解车身附属装置,如电动天窗、中控门锁、电动后视镜、电动门窗及刮水器、照明和信号装置、汽车组合仪表、空调装置、座椅及安全装置等的安装位置及其功用。

知 识 点	技 能 点
1. 车身附属电器设备及其功用 2. 车辆照明和信号装置组成及功用 3. 汽车组合仪表组成及功用 4. 汽车空调系统类型及工作原理 5. 汽车座椅及安全装置	具备原车识别车身主要附属装置的基本能力

13.1 车身外部附件

作为汽车骨架的车身,其外部安装有各种部件,称为车身外部附件,包括保险杠、电动天窗、中控门锁、电动门窗及刮水器、照明及信号装置等,这些部件有时不好界定是外部附件还是内饰件,但对于安全舒适的汽车是必不可少的。

13.1.1 电动天窗

车顶并不只是避雨,可通过车顶使车身形成厢式结构,提高刚性,汽车侧翻时还能起保护乘员的作用。

普通轿车均为与车身成整体的固定式车顶,另外还有一种去掉部分或全部车顶的敞篷式车顶。一般轿车的敞篷式车顶采用拆卸式和折叠式。

电动天窗的遮阳顶篷(图 13.1)是指车顶的一部分可以像窗户一样翻开,面积较小,关闭后即可得到与固定式车顶一样的舒适空间。遮阳顶篷采用着色玻璃,可以反射太阳光,玻璃内侧设有遮阳板。

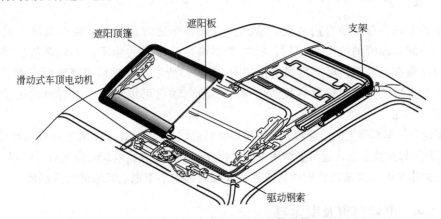

图 13.1 电动天窗的遮阳顶篷结构

遮阳顶篷的开闭大多采用电动式,由于装配这套机构增加了车顶的厚度,所以缩小了头顶间隙(乘员头顶到车顶的间隙)。

13.1.2 中控门锁

汽车行驶中,万一车门打开是很危险的,门锁机构应制作得十分牢固,在发生碰撞时不会因车身和车门的变形使车门轻易打开。操作车内的按钮或拉杆可将车门锁死,拉动车内、外门把手都不会解除门锁。

儿童门锁在搬动车门结合面上的锁定杆后使车门锁死,从车门内侧操作不能打开车门,只能从车外打开车门。防止汽车行驶中儿童顽皮误操作突然打开车门。

电动门锁机构可以通过操作室内的开关或钥匙将全部车门锁死,它采用电磁阀或电动机控制,又称中控门锁。

遥控门锁装置(图 13.2)在点火钥匙内装有微电波或红外线信号发生机构,车门信号接收装置收到解除门锁的信号,并与存储的数据一致时,便使门锁机构工作。使用遥控门锁不用插入钥匙即可解除门锁,只要在汽车附近按动钥匙上的按钮,便可锁死或解除门锁。

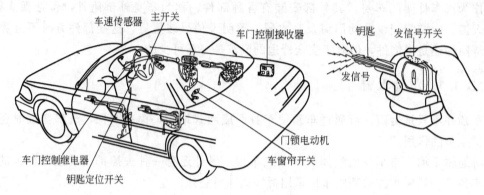

图 13.2 遥控门锁装置

13.1.3 电动后视镜

轿车的车内外都安装有后视镜,从镜内可观察车后方的状态。由于驾驶人的体格和乘坐姿势不同,眼睛的位置也不同,所以需要调整后视镜的角度。手动调整后视镜比较麻烦,因此现在大都采用电动后视镜,如图13.3(a)所示。电动后视镜利用车内开关可以遥控调节后视镜的角度,依靠后视镜内部的小型电动机可以上下、左右对后视镜的位置进行调整。

后视镜是汽车车身上的凸起物,碰到障碍物时应该可以倾倒,或者在窄小场所后视镜妨碍汽车通过时可以折叠起来,过后能够用手使它恢复到原来位置。电动收藏式后视镜图13.3(b)可以通过操作车内开关来折叠镜体,依靠后视镜内部的小型电动机来调整后视镜。

13.1.4 电动门窗及刮水器

1. 电动门窗

轿车后车窗和侧车窗采用钢化玻璃,是一种经过特殊处理的玻璃,受撞击整张玻璃便出现裂纹,玻璃碎片呈细小的颗粒状,不会直接刺伤乘员。由于破裂后裂纹非常细密影响视野,所以前车窗不用钢化玻璃,前车窗采用夹层玻璃,两张玻璃中间夹有树脂薄膜,被石子击中后,只是产生蜘蛛网状的裂纹,不像钢化玻璃那样丧失视野,中间的树脂膜可防止玻璃碎片的飞溅。

前后车窗均采用固定式结构,借助于密封条粘贴在车身上;侧玻璃可以上下升降。玻璃升降器是开闭汽车侧窗玻璃的装置,安装在车门内。玻璃升降器一般都采用X形连杆方式,小车窗采用单杆式。这两种方式都是将连杆的圆弧运动转换为上下运动。

玻璃升降器的动力源有两种,即手动和电动。手动是用手摇动车门内侧的手柄使玻璃升降器工作。电动车窗玻璃升降器内装有小型电动机,可利用驾驶人座椅侧的总开关或各座椅旁的车门开关来操作,如图13.4所示。

第13章 汽车车身附属装置

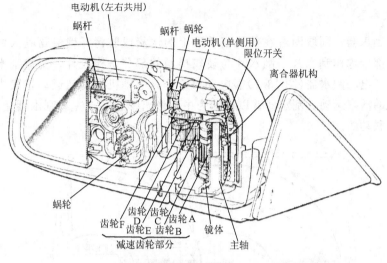

(a) 电动后视镜

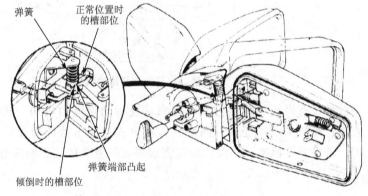

(b) 电动收藏式后视镜

图 13.3 电动后视镜装置

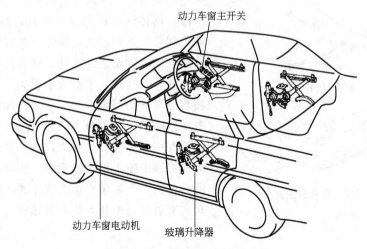

图 13.4 电动车窗玻璃升降器

2. 电动刮水器

汽车装备刮水器，刮取附着在前风窗玻璃上的水滴或脏污，确保驾驶人的视线。刮拭车窗玻璃的部分称作刮水片，刮水片与玻璃接触的部分是橡胶片，支撑刮水片的部分称作刮水器臂。电动刮水器（图 13.5）靠电动机工作，电动机的旋转运动转换为连接在刮水器臂上连杆的活塞运动，刮水器臂以枢轴为中心做扇形运动。左右刮水器用连杆连接，左右刮水器是联动的。

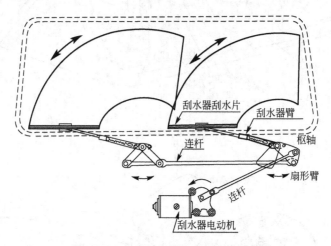

图 13.5 电动刮水器的连杆运动机构

刮水器一般都装有根据雨量和行驶速度来转换运动速度的机构，通常设有低速和高速两个运动方式，有的刮水器还设置间歇式运动方式。刮水器还带有可停止在刮拭范围最下端的机构，若没有该机构，开关切断时刮水器有时就会停在影响视野的部位。

3. 车窗清洗器

在仅用刮水器刮拭车窗仍不能保证视野时，便利用清洗器冲洗。早期车窗清洗器采用手动式，用手按压喷射泵喷出洗涤液，现在均为电动式（图 13.6），只需操作开关便可喷出洗涤液。储存洗涤液的是 1～3L 的树脂容器。电动机和泵装入容器内，操作开关后电动机便转动叶片，向喷嘴输送洗涤液。喷射洗涤液的喷嘴有单孔式和双孔式，喷射效率很高。洗涤液喷嘴的喷射角度分为可调式和固定式，此外，还可采用喷雾式喷嘴。洗涤液为专用液体，稀释后使用。由于专用液体混合比过大，寒冷时会发生洗涤液冻在喷嘴中喷不出来的现象，所以必须注意水的混合比例。冬季需要加大洗涤液的浓度，有的汽车在喷射管路中装有防冻加热器。

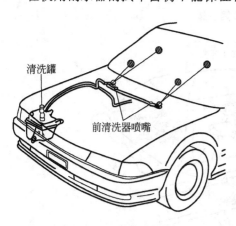

图 13.6 车窗清洗器

13.1.5 照明与信号装置

为了保证汽车的安全行驶，汽车上都装有多种照明设备和灯光信号装置。照明设备主要包括车身外部照明装置和车身内部照明装置。标识信号除了光信号外，还有声音信号，如蜂鸣器、语音、电喇叭等。

1. 车身外部照明装置

汽车车身外部照明设备一般有前照灯、前位灯、后位灯、牌照灯、雾灯、倒车灯等。

（1）前照灯：装于汽车头部两侧，用于夜间行车道路的照明。汽车前照灯必须有远光及近光的转换开关，迎面车开来或前方有车时必须转变为近光。前照灯的基本要求有两点：一是前照灯必须保证车前有明亮而均匀的照明，使驾驶人能看清车前100m以外的路面和物体，现代高速汽车的照明距离应达到200～400m范围；二是前照灯应具有防眩目装置，以免夜间会车时使对方驾驶人眩目而发生事故。

（2）前位灯：用于夜间会车时，使对方能判断本车的外轮廓宽度，又称示廓灯，兼有近距离照明作用。很多客车顶部还装有两只标高灯。

（3）后位灯：用于后车驾驶人判断前车位置，并与之保持一定距离，以免前车制动时发生碰撞，后位灯玻璃为红色。

（4）牌照灯：保证在夜间距车后20m处能看清牌照号码。

（5）雾灯：汽车前后部均装有雾灯，保证有雾雪天、暴雨或尘埃弥漫时，能有效地照明道路和提供信号。前雾灯比前照灯安装位置低，射出的光线斜度大，光色为黄色（波长较长，透雾性能好）、红色或白色。

（6）倒车灯：用于照亮车后路面，警示车后的车辆及行人，表示正在倒车。倒车灯安装在汽车的后部，多为白色，受倒车灯开关控制。

2. 车身内部照明装置

车身内部照明装置包括驾驶室顶灯、车厢照明灯、阅读灯、后备箱灯、轿车车门灯、仪表照明灯等。

3. 汽车信号装置

（1）转向信号灯及闪光器：分装于车身前、后端和左、右端两侧。当车辆转向时，转向信号灯接通，并通过信号闪光器使转向信号灯按一定频率不断闪烁，以此警示其他车辆或行人注意。在汽车仪表板安装有转向指示灯，告知驾驶人汽车的行驶方向，它与转向信号灯并联，且按相同的闪光频率工作。

（2）危急报警信号灯：汽车行驶中发生紧急情况时，对外发出闪光报警信号。通常由转向灯兼任，需要报警时按下危急报警开关，前后左右转向信号灯同时闪烁。它受危急报警开关和闪光器控制。在转向或危急报警信号系统中，用于控制信号灯闪烁的装置称为闪光继电器，简称闪光器。汽车上用的闪光器常见的形式有电容式、电热式和晶体管式等多种。

（3）制动信号灯：装在汽车后部，驾驶人踩下制动踏板时，制动信号灯发出强烈的红光，警示车后驾驶人注意。

（4）喇叭：现代汽车均装有喇叭，用以警示行人及其他车辆驾驶人注意安全。按照原理不同分为电喇叭和气喇叭两种，由于电喇叭声音和谐清脆悦耳、体积小，因而广泛应用于各类汽车上。

13.2 车身内饰件

车身内饰件主要包括组合仪表、空调装置、座椅及安全装置等，主要作用是确保乘坐舒适性、驾驶操作的方便性及车辆的安全性。

13.2.1 汽车组合仪表

为了使驾驶人随时观察和掌握汽车各系统的工作状态，在驾驶室仪表板上装有各种指示仪表。汽车组合仪表主要包括发动机转速表、车速里程表、机油压力表、燃油表、冷却液温度表、电流表及充电指示灯等，如图13.7所示。

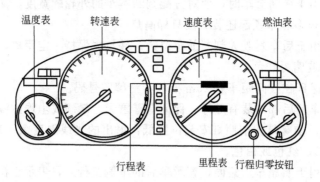
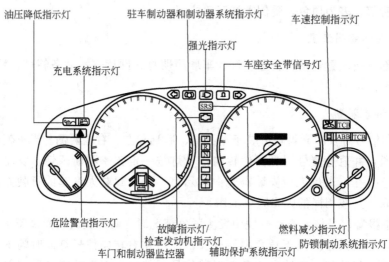

图 13.7　本田 Accord 组合仪表

1. 发动机转速表

发动机转速表用来指示发动机运转速度，常用的有机械式和电子式两种。由于电子式转速表具有结构简单、指示准确、安装方便等优点，因此被广泛应用。

2. 车速里程表

车速里程表是用来指示行驶速度和累计行驶里程数的仪表。常用的车速里程表是磁感应式的，它由车速表和里程表两部分组成。

3. 机油压力表

机油压力表（油压表）用来指示发动机运转时发动机润滑油压力的大小和润滑系工作是否正常。它与装在发动机主油道上的油压传感器配合工作。

指示表根据结构不同可分为电热式（双金属片式）和电磁式。电热式指示表是利用电热线圈产生的热量，加热双金属片，使之变形带动指针指示相应的读数。电热式指示表需要的是断续的脉冲电流。电磁式指示表是利用垂直布置的两电磁线圈通过不同的电流，形成合成磁场磁化转子，转子带动指针指示相应读数。电磁式指示表需要的是连续的电流信号。

传感器是配合指示表使用的，其作用是将被测物理量变为电信号。为测取不同参数，传感器在结构上有所不同，可分为电热式和可变电阻式。

机油压力表的正常指示一般是：发动机低速运转时，油压最低不小于150kPa，正常油压一般应为200～400kPa。电热式机油压力表和传感器在结构上都是可以调整的。

4. 燃油表

燃油表用来指示汽车燃油箱内燃油的储存量。它由装在仪表板上的燃油指示表和装在燃油箱内的传感器两部分组成。燃油表有电磁式和电热式两种，传感器均为可变电阻式。

5. 冷却液温度表

冷却液温度表的功用是指示发动机气缸盖水套内冷却液的工作温度。常用的冷却液温度表为电热式冷却液温度表。它由热敏电阻式冷却液温度传感器和带稳压器的冷却液温度指示表组成。

6. 电流表及充电指示灯

电流表用以指示蓄电池充电和放电的电流值。目前，在进口车辆上，普遍采用充电指示灯。充电指示灯只在发电机不对蓄电池充电时才发亮。驾驶人忘记断开点火开关时，充电指示灯发亮，提醒驾驶人及时断开点火开关，避免蓄电池向发电机转子线圈长时间大量供电而烧坏调节器和发电机，故充电指示灯可起报警作用。

13.2.2 空调装置

汽车用空调装置的目的是使乘员能在任何气候、行驶条件下，都处于舒适的环境中，并能防止车窗上产生雾和霜，以确保驾驶人视线清晰，而能使汽车安全地运行。车用空调由暖风装置和冷气装置一起构成。

1. 暖风装置

暖风装置可根据热源分为非独立式和独立式。非独立式一般利用发动机工作时的剩余热量来制取暖气,如发动机排出的冷却液(热水)。非独立暖气装置具有成本低、经济性好、使用方便等优点,但是其发热量的大小直接受汽车发动机工况的影响。独立式则是利用燃料在燃器中燃烧所产生的热量来制取暖气。独立式暖气装置采用水或空气作为传热介质,可分为空气加热器、水加热器和空气与水的综合加热器。由于有独立的热源,与发动机工况无关,冬季还可用其来预热发动机。

在现代轿车及货车驾驶室中广泛采用一种通风采暖联合装置,如图 13.8 所示。车外新鲜空气经进风口又被风机 3 压入车内以进行强制通风。在寒冷的冬天,将发动机的高温冷却液导入散热器 8 对空气加热,再将加热后的空气引至风窗进行除霜并同时引入车内供暖。室内空气可经由进口 12 导入该装置重新加热,形成内循环。

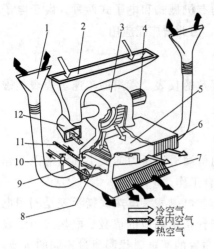

图 13.8 通风采暖联合装置
1—除霜喷嘴;2—冷空气进口;3—风机;4—电动机;5—冷热变换阀;6—冷空气出口;7—热空气出口;8—散热器;9—出水管;10—放水龙头;11—进水管;12—内循环空气进口

2. 冷气装置

冷气装置是专门为解决车辆在炎热季节空气调节用的一种制冷装置。它能在车内创造一个舒适的环境,减轻乘客和驾驶人的疲劳,从而提高行车安全性。冷气装置工作时,必须使门窗紧闭以保证车内良好的密封。

车用空调部件布置如图 13.9(a)所示,主要由空气压缩机、制冷剂、蒸发器、冷凝器、储液罐及膨胀阀等组成。

(1)制冷剂:一种易于蒸发的液体,使用氟利昂 R134a 气体,沸点为 -30℃,在加压状态下可呈液体状存放在密封容器内。

(2)蒸发器:蒸发氟利昂液体使其汽化的热交换器,用来与车内空气进行热交换。蒸发器管中流入液态制冷剂,排出雾状制冷剂,需要吸收热量,因此会冷却散热片表面的空气。送风电动机将车内空气不断吹入蒸发器,使其通过蒸发器表面被吸收热量,变成冷风。

(3)空气压缩机:为使汽化后的制冷剂气体再次变为液体,空气压缩机高压压缩制冷剂气体,促进它变成液体。空气压缩机由发动机驱动。

(4)冷凝器:冷却氟利昂气体使其液化的散热器,用散热风扇提供空气流进行热交换。经空压机压缩后呈高温高压的制冷剂气体,靠外部空气冷却后使其还原成液体。

(5)储液罐:储存液体的制冷剂,内部备有干燥剂除去制冷剂中的水分。

(6)膨胀阀:液体制冷剂通过时,为促进其汽化喷雾用的节流阀,通常与蒸发器安装在一起。

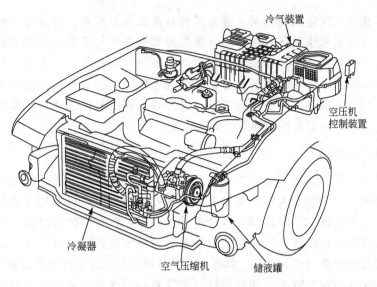

(a) 车用空调部件布置

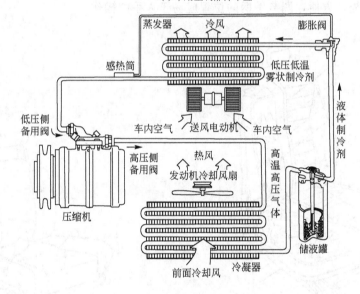

(b) 车用空调制冷循环

图 13.9　车用空调冷气装置

13.2.3　座椅及安全装置

1. 座椅

座椅是对乘员的乘坐舒适性有重要影响的一个构件。座椅分为工作座椅和乘客座椅。驾驶人工作座椅的结构取决于汽车的用途和驾驶人工作的性质；乘客座椅的结构只取决于汽车运行时间的长短。

座椅的构造如图 13.10 所示，座椅主要由骨架、弹簧、缓冲垫、蒙皮及辅助装置等构成。其骨架部分用以支撑整个座椅和人体的重量，因此要求有一定的强度和刚度。而座椅弹簧与缓冲垫则是决定座椅的动、静态弹性特性的重要因素。缓冲垫一般采用泡沫尿烷制成，现代汽车多采用整体式缓冲垫，即用弹簧做芯子与软质的尿烷发泡制成，可以防止弹簧与缓冲垫之间由于摩擦而产生的噪声，而且结构简单、成本低。蒙皮用于对缓冲垫等材料起保护作用，并能体现出独特的外观和质感。要求蒙皮颜色与车内饰搭配协调，手感好，耐光、耐热、耐搓性、透气透湿性好。辅助装置包括座椅靠枕、座椅腰椎支承等为提高舒适性和安全性而增设的附加装置。

2. 座椅的调节装置

座椅的调节装置能够调节座椅的位置及姿态，以满足各种不同身材的驾驶人及乘员的乘坐舒适性要求。调节装置能使座椅具有广泛的适应性，可以利用它变换坐姿，以减少乘员长时间乘车的疲劳。座椅调节装置的种类很多，各种功能之间还可以有不同的组合，其中用得最多的是座椅前后位置调节装置和靠背角度调节装置，另外还有坐垫角度调节，靠枕高度及角度调节，等等，如图13.11所示。在设计座椅调节装置时，应充分考虑装配结构与锁止机构的安全性和可靠性，尤其要确保在受到冲击负荷时的安全性。此外，调节应轻松、方便，调节手柄的位置应易于人手的操作。

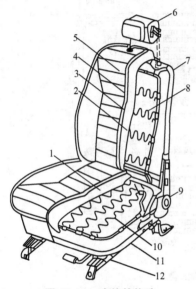

图13.10 座椅的构造

1—座椅缓冲垫；2—靠背缓冲垫；3—衬垫衬布；
4—蒙皮衬垫；5—蒙皮；6—靠枕；7—靠背骨架；
8—靠背弹簧；9—靠背倾斜调节机构；10—座椅
弹簧；11—座椅骨架；12—座椅调节器

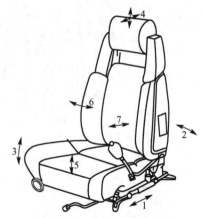

图13.11 座椅的调节装置

1—座椅前后调节；2—靠背倾斜调节；
3—座位上下调节；4—靠枕上下、前后调节；
5—座位前部调节；6—侧背支撑调节；
7—腰椎支撑气垫调节骨架

3. 座椅安全带

座椅安全带是最有效的防护装置，可以大幅度地降低碰撞事故的伤亡率。

图13.12所示是最常用的三点式安全带及头枕组成图。

带子由结实的合成纤维织成，包括斜跨前胸的肩带3，绕过人体胯部的腰带5。在座椅的外侧和内侧地板上各有一个固定点7和8，第二个固定点1位于座椅外侧车身支柱的

第 13 章 汽车车身附属装置

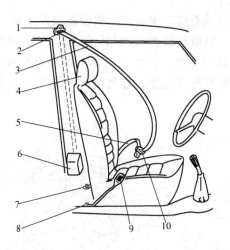

图 13.12 三点式安全带及头枕

1—外侧上部固定点；2—导向板；3—肩带；4—头枕；5—腰带；6—收卷器；
7—外侧地板固定点；8—内侧地板固定点；9—锁扣；10—插板

上方。绕过上方固定点的环状导向板 2，带子伸入车身支柱内腔并卷在支柱下端的收卷器 6 内。乘员胯部内侧附近有一个插扣，插扣由插板 10（松套在带子上）和锁扣 9（与内侧地板固定点相连）两部分组成，这两部分插合后即可将乘员约束在座椅上。按下插扣的红色按钮就能解除约束。收卷器有好几种结构形式，功能较完备的是紧急锁止式收卷器（ELR）。这种结构在正常情况下，安全带对人体上部并不起约束作用。当乘员向前弯腰时，带子可从收卷器 6 经由上方固定点的导向板 2 被拉出；而当乘员恢复正常坐姿时，收卷器又会自动将带子收起，使带子随时保持与人体贴合。但在紧急情况下——汽车减速度超过预定数值时或车身严重倾斜时，收卷器会将带子卡住从而对乘员产生有效的约束。

头枕是在汽车后部受撞击时，限制人的头部向后运动的装置，这样可以避免颈椎受伤，而严重颈椎受伤可能使内部神经受伤，导致颈部以下全身瘫痪。

4. 安全气囊

安全气囊是继座椅安全带之后，又一项作为标准部件装备于汽车上的安全装置。由于正面撞击产生的冲击力很大，就是佩戴好了安全带，驾驶人的头部和躯干有时也会撞击在转向盘上而造成伤害。安全气囊系统可弥补安全带的不足，其使用的基本前提是佩戴好安全带，仅靠安全气囊来缓冲是不充分的。

驾驶人的安全气囊平时折叠在转向盘毂内或仪表板内，在碰撞瞬间，安全气囊迅速膨胀，垫在驾驶人头部与转向盘之间，以防驾驶人头部受伤，如图 13.13 所示。

气囊安全系统主要由传感器、电子控制单元（ECU）、点火装置、充气装置、气袋等部件组成。传感器是该系统的重要部件，大都安装在外面车身前部，其检测和判断碰撞的精度很高，图 13.14 所示就是在汽车

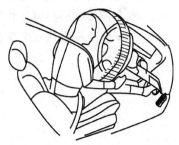

图 13.13 安全气囊充气展开图

前部左、右装有传感器的气囊系统。该系统在汽车碰撞发生时，可在极短的时间(0.03～0.05s)内将氮气充满气囊，以填补驾驶人(或其他乘员)与转向盘(或车内物体)之间的空间。充气装置大多采用气体发生器，当装在汽车内的碰撞传感器发出信号，可点燃雷管炸开高压钢瓶封口或者点燃气体发生剂，使气囊迅速充气，气囊形成一个体积为60L左右的气垫。

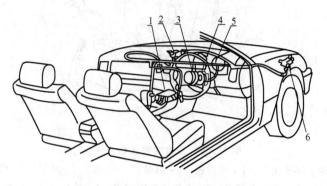

图 13.14　外部传感器式的气囊系统
1—气囊传感器；2—左前部碰撞传感器；3—充气装置；
4—螺旋电缆；5—报警灯；6—右前部碰撞传感器

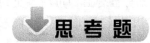

1. 简述电动天窗的功用及组成。
2. 简述中控门锁的组成及功用。
3. 简述电动后视镜的功用。
4. 简述电动门窗的组成及功用。
5. 简述电动刮水器的组成及功用。
6. 简述车窗清洗器的功用。
7. 汽车照明及信号装置有哪些？
8. 汽车组合仪表一般包括哪些仪表？
9. 车用空调的暖风装置的组成及功用分别是什么？
10. 车用空调的冷风装置的组成及功用分别是什么？
11. 汽车座椅有哪些调节机构？
12. 汽车座椅有哪些安全防护装置？

参 考 文 献

[1] 闵思鹏,江冰. 汽车底盘电控系统原理与维修 [M]. 北京:中国林业出版社,北京大学出版社,2007.
[2] 李春明. 现代汽车底盘技术 [M]. 北京:北京理工大学出版社,2002.
[3] 李桐. 新编桑塔纳系列轿车结构与使用维修 [M]. 北京:金盾出版社,2003.
[4] 全国汽车维修等技工考试配套教材编写组. 汽车维修中级工培训教材 [M]. 北京:机械工业出版社,2003.
[5] 黄余平. 汽车构造教学图解 [M]. 北京:人民交通出版社,2005.
[6] [日] GP 企画室. 汽车车身底盘图解 [M]. 宋桔桔,等译. 长春:吉林科学技术出版社,香港:香港万里机构联合出版有限公司,1995.
[7] 杨秀红. 现代轿车构造与检修——底盘及车身 [M]. 北京:国防工业出版社,2001.
[8] 齐闻. 国产汽车电路全集 [M]. 沈阳:辽宁科学技术出版社,2004.
[9] 姚美红,陈涛. 最新汽车传感器检测数据手册 [M]. 沈阳:辽宁科学技术出版社,2004.
[10] 唐艺. 新编汽车构造 [M]. 北京:机械工业出版社,1998.
[11] 关文达. 汽车构造 [M]. 北京:机械工业出版社,2002.
[12] 张为春. 汽车构造 [M]. 北京:机械工业出版社,2003.
[13] 王世震. 汽车构造 [M]. 北京:机械工业出版社,2009.
[14] 陈家瑞. 汽车构造 [M]. 5 版. 北京:人民交通出版社,2006.
[15] 潘伟荣,刘越琪. 汽车结构与拆装 [M]. 北京:人民交通出版社,2011.
[16] 郑劲,张子成. 汽车底盘构造与维修 [M]. 北京:化学工业出版社,2009.

北京大学出版社高职高专机电系列规划教材

序号	书号	书名	编著者	定价	印次	出版日期	配套情况
	"十二五"职业教育国家规划教材							
1	978-7-301-24455-5	电力系统自动装置(第2版)	王伟	26.00	1	2014.8	ppt/pdf
2	978-7-301-24506-4	电子技术项目教程(第2版)	徐超明	42.00	1	2014.7	ppt/pdf
3	978-7-301-24227-8	汽车电气系统检修(第2版)	宋作军	30.00	1	2014.8	ppt/pdf
4	978-7-301-24507-1	电工技术与技能	王平	42.00	1	2014.8	ppt/pdf
5	978-7-301-17398-5	数控加工技术项目教程	李东君	48.00	1	2010.8	ppt/pdf
6	978-7-301-25341-0	汽车构造(上册)——发动机构造(第2版)	罗灯明	35.00	1	2015.5	ppt/pdf
7	978-7-301-25529-2	汽车构造(下册)——底盘构造(第2版)	鲍远通	36.00	1	2015.5	ppt/pdf
8	978-7-301-25650-3	光伏发电技术简明教程	静国梁	29.00	1	2015.6	ppt/pdf
9	978-7-301-24589-7	光伏发电系统的运行与维护	付新春	33.00	1	2015.7	ppt/pdf
10	978-7-301-18322-9	电子EDA技术(Multisim)	刘训非	30.00	2	2012.7	ppt/pdf
	机械类基础课							
1	978-7-301-13653-9	工程力学	武昭晖	25.00	3	2011.2	ppt/pdf
2	978-7-301-13574-7	机械制造基础	徐从清	32.00	3	2012.7	ppt/pdf
3	978-7-301-13656-0	机械设计基础	时忠明	25.00	3	2012.7	ppt/pdf
4	978-7-301-28308-0	机械设计基础	王雪艳	57.00	1	2017.7	ppt/pdf
5	978-7-301-13662-1	机械制造技术	宁广庆	42.00	2	2010.11	ppt/pdf
6	978-7-301-27082-0	机械制造技术	徐勇	48.00	1	2016.5	ppt/pdf
7	978-7-301-19848-3	机械制造综合设计及实训	裘俊彦	37.00	1	2013.4	ppt/pdf
8	978-7-301-19297-9	机械制造工艺及夹具设计	徐勇	28.00	1	2011.8	ppt/pdf
9	978-7-301-25479-0	机械制图——基于工作过程(第2版)	徐连孝	62.00	1	2015.5	ppt/pdf
10	978-7-301-18143-0	机械制图习题集	徐连孝	20.00	2	2013.4	ppt/pdf
11	978-7-301-15692-6	机械制图	吴百中	26.00	2	2012.7	ppt/pdf
12	978-7-301-27234-3	机械制图	陈世芳	42.00	1	2016.8	ppt/pdf/素材
13	978-7-301-27233-6	机械制图习题集	陈世芳	38.00	1	2016.8	pdf
14	978-7-301-22916-3	机械图样的识读与绘制	刘永强	36.00	1	2013.8	ppt/pdf
15	978-7-301-27778-2	机械设计基础课程设计指导书	王雪艳	26.00	1	2017.1	ppt/pdf
16	978-7-301-23354-2	AutoCAD应用项目化实训教程	王利华	42.00	1	2014.1	ppt/pdf
17	978-7-301-27906-9	AutoCAD机械绘图项目教程（第2版）	张海鹏	46.00	1	2017.3	ppt/pdf
18	978-7-301-17573-6	AutoCAD机械绘图基础教程	王长忠	32.00	2	2013.8	ppt/pdf
19	978-7-301-28261-8	AutoCAD机械绘图基础教程与实训(第3版)	欧阳全会	42.00	1	2017.6	ppt/pdf
20	978-7-301-22185-3	AutoCAD 2014机械应用项目教程	陈善岭	32.00	1	2016.1	ppt/pdf
21	978-7-301-26591-8	AutoCAD 2014机械绘图项目教程	朱昱	40.00	1	2016.2	ppt/pdf
22	978-7-301-24536-1	三维机械设计项目教程(UG版)	龚肖新	45.00	1	2014.9	ppt/pdf
23	978-7-301-27919-9	液压传动与气动技术(第3版)	曹建东	48.00	1	2017.2	ppt/pdf
24	978-7-301-13582-2	液压与气压传动技术	袁广	24.00	5	2013.8	ppt/pdf
25	978-7-301-24381-7	液压与气动技术项目教程	武威	30.00	1	2014.8	ppt/pdf
26	978-7-301-19436-2	公差与测量技术	余键	25.00	1	2011.9	ppt/pdf
27	978-7-5038-4861-2	公差配合与测量技术	南秀蓉	23.00	4	2011.12	ppt/pdf
28	978-7-301-19374-7	公差配合与技术测量	庄佃霞	26.00	2	2013.8	ppt/pdf
29	978-7-301-25614-5	公差配合与测量技术项目教程	王丽丽	26.00	1	2015.4	ppt/pdf
30	978-7-301-25953-5	金工实训(第2版)	柴增田	38.00	1	2015.6	ppt/pdf
31	978-7-301-28647-0	钳工实训教程	吴笑伟	23.00	1	2017.9	ppt/pdf
32	978-7-301-13651-5	金属工艺学	柴增田	27.00	2	2011.6	ppt/pdf
33	978-7-301-23868-4	机械加工工艺编制与实施(上册)	于爱武	42.00	1	2014.3	ppt/pdf/素材
34	978-7-301-24546-0	机械加工工艺编制与实施(下册)	于爱武	42.00	1	2014.7	ppt/pdf/素材
35	978-7-301-21988-1	普通机床的检修与维护	宋亚林	33.00	1	2013.1	ppt/pdf

序号	书号	书名	编著者	定价	印次	出版日期	配套情况
36	978-7-5038-4869-8	设备状态监测与故障诊断技术	林英志	22.00	3	2011.8	ppt/pdf
37	978-7-301-22116-7	机械工程专业英语图解教程(第2版)	朱派龙	48.00	2	2015.5	ppt/pdf
38	978-7-301-23198-2	生产现场管理	金建华	38.00	1	2013.9	ppt/pdf
39	978-7-301-24788-4	机械CAD绘图基础及实训	杜洁	30.00	1	2014.9	ppt/pdf
数控技术类							
1	978-7-301-17148-6	普通机床零件加工	杨雪青	26.00	2	2013.8	ppt/pdf/素材
2	978-7-301-17679-5	机械零件数控加工	李文	38.00	1	2010.8	ppt/pdf
3	978-7-301-13659-1	CAD/CAM实体造型教程与实训(Pro/ENGINEER版)	诸小丽	38.00	4	2014.7	ppt/pdf
4	978-7-301-24647-6	CAD/CAM数控编程项目教程(UG版)(第2版)	慕灿	48.00	1	2014.8	ppt/pdf
5	978-7-301-21873-0	CAD/CAM数控编程项目教程(CAXA版)	刘玉春	42.00	2	2013.3	ppt/pdf
6	978-7-5038-4866-7	数控技术应用基础	宋建武	22.00	2	2010.7	ppt/pdf
7	978-7-301-13262-3	实用数控编程与操作	钱东东	32.00	4	2013.8	ppt/pdf
8	978-7-301-14470-1	数控编程与操作	刘瑞已	29.00	2	2011.2	ppt/pdf
9	978-7-301-20312-5	数控编程与加工项目教程	周晓宏	42.00	1	2012.3	ppt/pdf
10	978-7-301-23898-1	数控加工编程与操作实训教程(数控车分册)	王忠斌	36.00	1	2014.6	ppt/pdf
11	978-7-301-20945-5	数控铣削技术	陈晓罗	42.00	1	2012.7	ppt/pdf
12	978-7-301-21053-6	数控车削技术	王军红	28.00	1	2012.8	ppt/pdf
13	978-7-301-25927-6	数控车削编程与操作项目教程	肖国涛	26.00	1	2015.7	ppt/pdf
14	978-7-301-17398-5	数控加工技术项目教程	李东君	48.00	1	2010.8	ppt/pdf
15	978-7-301-21119-9	数控机床及其维护	黄应勇	38.00	1	2012.8	ppt/pdf
16	978-7-301-20002-5	数控机床故障诊断与维修	陈学军	38.00	1	2012.1	ppt/pdf
模具设计与制造类							
1	978-7-301-23892-9	注射模设计方法与技巧实例精讲	邹继强	54.00	1	2014.2	ppt/pdf
2	978-7-301-24432-6	注射模典型结构设计实例图集	邹继强	54.00	1	2014.6	ppt/pdf
3	978-7-301-18471-4	冲压工艺与模具设计	张芳	39.00	1	2011.3	ppt/pdf
4	978-7-301-19933-6	冷冲压工艺与模具设计	刘洪贤	32.00	1	2012.1	ppt/pdf
5	978-7-301-20414-6	Pro/ENGINEER Wildfire产品设计项目教程	罗武	31.00	1	2012.5	ppt/pdf
6	978-7-301-16448-8	Pro/ENGINEER Wildfire 设计实训教程	吴志清	38.00	1	2012.8	ppt/pdf
7	978-7-301-22678-0	模具专业英语图解教程	李东君	22.00	1	2013.7	ppt/pdf
电气自动化类							
1	978-7-301-18519-3	电工技术应用	孙建领	26.00	1	2011.3	ppt/pdf
2	978-7-301-25670-1	电工电子技术项目教程（第2版）	杨德明	49.00	1	2016.2	ppt/pdf
3	978-7-301-22546-2	电工技能实训教程	韩亚军	22.00	1	2013.6	ppt/pdf
4	978-7-301-22923-1	电工技术项目教程	徐超明	38.00	1	2013.8	ppt/pdf
5	978-7-301-12390-4	电力电子技术	梁南丁	29.00	3	2013.5	ppt/pdf
6	978-7-301-17730-3	电力电子技术	崔红	23.00	1	2010.9	ppt/pdf
7	978-7-301-19525-3	电工电子技术	倪涛	38.00	1	2011.9	ppt/pdf
8	978-7-301-24765-5	电子电路分析与调试	毛玉青	35.00	1	2015.3	ppt/pdf
9	978-7-301-16830-1	维修电工技能与实训	陈学平	37.00	1	2010.7	ppt/pdf
10	978-7-301-12180-1	单片机开发应用技术	李国兴	21.00	2	2010.9	ppt/pdf
11	978-7-301-20000-1	单片机应用技术教程	罗国荣	40.00	1	2012.2	ppt/pdf
12	978-7-301-21055-0	单片机应用项目化教程	顾亚文	32.00	1	2012.8	ppt/pdf
13	978-7-301-17489-0	单片机原理及应用	陈高锋	32.00	1	2012.9	ppt/pdf
14	978-7-301-24281-0	单片机技术及应用	黄贻培	30.00	1	2014.7	ppt/pdf
15	978-7-301-22390-1	单片机开发与实践教程	宋玲玲	24.00	1	2013.6	ppt/pdf
16	978-7-301-17958-1	单片机开发入门及应用实例	熊华波	30.00	1	2011.1	ppt/pdf
17	978-7-301-16898-1	单片机设计应用与仿真	陆旭明	26.00	2	2012.4	ppt/pdf

序号	书号	书名	编著者	定价	印次	出版日期	配套情况
18	978-7-301-19302-0	基于汇编语言的单片机仿真教程与实训	张秀国	32.00	1	2011.8	ppt/pdf
19	978-7-301-12181-8	自动控制原理与应用	梁南丁	23.00	3	2012.1	ppt/pdf
20	978-7-301-19638-0	电气控制与PLC应用技术	郭 燕	24.00	1	2012.1	ppt/pdf
21	978-7-301-19272-6	电气控制与PLC程序设计(松下系列)	姜秀玲	36.00	1	2011.8	ppt/pdf
22	978-7-301-12383-6	电气控制与PLC(西门子系列)	李 伟	26.00	2	2012.3	ppt/pdf
23	978-7-301-18188-1	可编程控制器应用技术项目教程(西门子)	崔维群	38.00	2	2013.6	ppt/pdf
24	978-7-301-23432-7	机电传动控制项目教程	杨德明	40.00	1	2014.1	ppt/pdf
25	978-7-301-12382-9	电气控制及PLC应用(三菱系列)	华满香	24.00	2	2012.5	ppt/pdf
26	978-7-301-22315-4	低压电气控制安装与调试实训教程	张 郭	24.00	1	2013.4	ppt/pdf
27	978-7-301-24433-3	低压电器控制技术	肖朋生	34.00	1	2014.7	ppt/pdf
28	978-7-301-22672-8	机电设备控制基础	王本轶	32.00	1	2013.7	ppt/pdf
29	978-7-301-18770-8	电机应用技术	郭宝宁	33.00	1	2011.5	ppt/pdf
30	978-7-301-23822-6	电机与电气控制	郭夕琴	34.00	1	2014.8	ppt/pdf
31	978-7-301-21269-1	电机控制与实践	徐 锋	34.00	1	2012.9	ppt/pdf
32	978-7-301-12389-8	电机与拖动	梁南丁	32.00	2	2011.12	ppt/pdf
33	978-7-301-18630-5	电机与电力拖动	孙英伟	33.00	1	2011.3	ppt/pdf
34	978-7-301-16770-0	电机拖动与应用实训教程	任娟平	36.00	1	2012.11	ppt/pdf
35	978-7-301-28710-1	电机与控制	马志敏	31.00	1	2017.9	ppt/pdf
36	978-7-301-22632-2	机床电气控制与维修	崔兴艳	28.00	1	2013.7	ppt/pdf
37	978-7-301-22917-0	机床电气控制与PLC技术	林盛昌	36.00	1	2013.8	ppt/pdf
38	978-7-301-28063-8	机房空调系统的运行与维护	马也骋	37.00	1	2017.4	ppt/pdf
39	978-7-301-26499-7	传感器检测技术及应用(第2版)	王晓敏	45.00	1	2015.11	ppt/pdf
40	978-7-301-20654-6	自动生产线调试与维护	吴有明	28.00	1	2013.1	ppt/pdf
41	978-7-301-21239-4	自动生产线安装与调试实训教程	周 洋	30.00	1	2012.9	ppt/pdf
42	978-7-301-18852-1	机电专业英语	戴正阳	28.00	2	2013.8	ppt/pdf
43	978-7-301-24764-8	FPGA应用技术教程(VHDL版)	王真富	38.00	1	2015.2	ppt/pdf
44	978-7-301-26201-6	电气安装与调试技术	卢 艳	38.00	1	2015.8	ppt/pdf
45	978-7-301-26215-3	可编程控制器编程及应用(欧姆龙机型)	姜凤武	27.00	1	2015.8	ppt/pdf
46	978-7-301-26481-2	PLC与变频器控制系统设计与高度(第2版)	姜永华	44.00	1	2016.9	ppt/pdf
汽车类							
1	978-7-301-17694-8	汽车电工电子技术	郑广军	33.00	1	2011.1	ppt/pdf
2	978-7-301-26724-0	汽车机械基础(第2版)	张本升	45.00	1	2016.1	ppt/pdf/素材
3	978-7-301-26500-0	汽车机械基础教程(第3版)	吴笑伟	35.00	1	2015.12	ppt/pdf/素材
4	978-7-301-17821-8	汽车机械基础项目化教学标准教程	傅华娟	40.00	2	2014.8	ppt/pdf
5	978-7-301-19646-5	汽车构造	刘智婷	42.00	1	2012.1	ppt/pdf
6	978-7-301-25341-0	汽车构造(上册)——发动机构造(第2版)	罗灯明	35.00	1	2015.5	ppt/pdf
7	978-7-301-25529-2	汽车构造(下册)——底盘构造(第2版)	鲍远通	36.00	1	2015.5	ppt/pdf
8	978-7-301-13661-4	汽车电控技术	祁翠琴	39.00	6	2015.2	ppt/pdf
9	978-7-301-19147-7	电控发动机原理与维修实务	杨洪庆	27.00	1	2011.7	ppt/pdf
10	978-7-301-13658-4	汽车发动机电控系统原理与维修	张吉国	25.00	2	2012.4	ppt/pdf
11	978-7-301-27796-6	汽车发动机电控技术(第2版)	张 俊	53.00	1	2017.1	ppt/pdf/
12	978-7-301-21989-8	汽车发动机构造与维修(第2版)	蔡兴旺	40.00	1	2013.1	ppt/pdf/素材
13	978-7-301-18948-1	汽车底盘电控原理与维修实务	刘映凯	26.00	1	2012.1	ppt/pdf
14	978-7-301-24227-8	汽车电气系统检修(第2版)	宋作军	30.00	1	2014.8	ppt/pdf
15	978-7-301-23512-6	汽车车身电控系统检修	温立全	30.00	1	2014.1	ppt/pdf
16	978-7-301-18850-7	汽车电器设备原理与维修实务	明光星	38.00	2	2013.9	ppt/pdf
17	978-7-301-29483-3	汽车电器设备技术	戚金凤	41.00	1	2018.5	ppt/pdf
18	978-7-301-20011-7	汽车电器实训	高照亮	38.00	1	2012.1	ppt/pdf

序号	书号	书名	编著者	定价	印次	出版日期	配套情况
19	978-7-301-22363-5	汽车车载网络技术与检修	闫炳强	30.00	1	2013.6	ppt/pdf
20	978-7-301-14139-7	汽车空调原理及维修	林 钢	26.00	3	2013.8	ppt/pdf
21	978-7-301-16919-3	汽车检测与诊断技术	娄 云	35.00	2	2011.7	ppt/pdf
22	978-7-301-22988-0	汽车拆装实训	詹远武	44.00	1	2013.8	ppt/pdf
23	978-7-301-18477-6	汽车维修管理实务	毛 峰	23.00	1	2011.3	ppt/pdf
24	978-7-301-19027-2	汽车故障诊断技术	明光星	25.00	1	2011.6	ppt/pdf
25	978-7-301-17894-2	汽车养护技术	隋礼辉	24.00	1	2011.3	ppt/pdf
26	978-7-301-22746-6	汽车装饰与美容	金守玲	34.00	1	2013.7	ppt/pdf
27	978-7-301-25833-0	汽车营销实务(第2版)	夏志华	32.00	1	2015.6	ppt/pdf
28	978-7-301-27595-5	汽车文化（第2版）	刘 锐	31.00	1	2016.12	ppt/pdf
29	978-7-301-20753-6	二手车鉴定与评估	李玉柱	28.00	1	2012.6	ppt/pdf
30	978-7-301-26595-6	汽车专业英语图解教程(第2版)	侯锁军	29.00	1	2016.4	ppt/pdf/素材
31	978-7-301-27089-9	汽车营销服务礼仪(第2版)	夏志华	36.00	1	2016.6	ppt/pdf
电子信息、应用电子类							
1	978-7-301-19639-7	电路分析基础(第2版)	张丽萍	25.00	1	2012.9	ppt/pdf
2	978-7-301-27605-1	电路电工基础	张 琳	29.00	1	2016.11	ppt/fdf
3	978-7-301-19310-5	PCB板的设计与制作	夏淑丽	33.00	1	2011.8	ppt/pdf
4	978-7-301-21147-2	Protel 99 SE 印制电路板设计案例教程	王 静	35.00	1	2012.8	ppt/pdf
5	978-7-301-18520-9	电子线路分析与应用	梁玉国	34.00	1	2011.7	ppt/pdf
6	978-7-301-12387-4	电子线路CAD	殷庆纵	28.00	4	2012.7	ppt/pdf
7	978-7-301-12390-4	电力电子技术	梁南丁	29.00	2	2010.7	ppt/pdf
8	978-7-301-17730-3	电力电子技术	崔 红	23.00	1	2010.9	ppt/pdf
9	978-7-301-19525-3	电工电子技术	倪 涛	38.00	1	2011.9	ppt/pdf
10	978-7-301-18519-3	电工技术应用	孙建领	26.00	1	2011.3	ppt/pdf
11	978-7-301-22546-2	电工技能实训教程	韩亚军	22.00	1	2013.6	ppt/pdf
12	978-7-301-22923-1	电工技术项目教程	徐超明	38.00	1	2013.8	ppt/pdf
13	978-7-301-25670-1	电工电子技术项目教程（第2版）	杨德明	49.00	1	2016.2	ppt/pdf
14	978-7-301-26076-0	电子技术应用项目式教程(第2版)	王志伟	40.00	1	2015.9	ppt/pdf/素材
15	978-7-301-22959-0	电子焊接技术实训教程	梅琼珍	24.00	1	2013.8	ppt/pdf
16	978-7-301-17696-2	模拟电子技术	蒋 然	35.00	1	2010.8	ppt/pdf
17	978-7-301-13572-3	模拟电子技术及应用	刁修睦	28.00	3	2012.8	ppt/pdf
18	978-7-301-18144-7	数字电子技术项目教程	冯泽虎	28.00	1	2011.1	ppt/pdf
19	978-7-301-19153-8	数字电子技术与应用	宋雪臣	33.00	1	2011.9	ppt/pdf
20	978-7-301-20009-4	数字逻辑与微机原理	宋振辉	49.00	1	2012.1	ppt/pdf
21	978-7-301-12386-7	高频电子线路	李福勤	20.00	3	2013.8	ppt/pdf
22	978-7-301-20706-2	高频电子技术	朱小祥	32.00	1	2012.6	ppt/pdf
23	978-7-301-18322-9	电子EDA技术(Multisim)	刘训非	30.00	2	2012.7	ppt/pdf
24	978-7-301-14453-4	EDA技术与VHDL	宋振辉	28.00	1	2013.8	ppt/pdf
25	978-7-301-22362-8	电子产品组装与调试实训教程	何 杰	28.00	1	2013.6	ppt/pdf
26	978-7-301-19326-6	综合电子设计与实践	钱卫钧	25.00	1	2013.8	ppt/pdf
27	978-7-301-17877-5	电子信息专业英语	高金玉	26.00	2	2011.11	ppt/pdf
28	978-7-301-23895-0	电子电路工程训练与设计、仿真	孙晓艳	39.00	1	2014.3	ppt/pdf
29	978-7-301-24624-5	可编程逻辑器件应用技术	魏 欣	26.00	1	2014.8	ppt/pdf
30	978-7-301-26156-9	电子产品生产工艺与管理	徐中贵	38.00	1	2015.8	ppt/pdf

如您需要更多教学资源如电子课件、电子样章、习题答案等，请登录北京大学出版社第六事业部官网 www.pup6.cn 搜索下载。

如您需要浏览更多专业教材，请扫下面的二维码，关注北京大学出版社第六事业部官方微信（微信号：pup6book），随时查询专业教材、浏览教材目录、内容简介等信息，并可在线申请纸质样书用于教学。

感谢您使用我们的教材，欢迎您随时与我们联系，我们将及时做好全方位的服务。联系方式：010-62750667，329056787@qq.com，pup_6@163.com，lihu80@163.com，欢迎来电来信。客户服务QQ号: 1292552107，欢迎随时咨询。